U0111578

內家醍醐

劉楊 著

編輯者言

《潛確類書》卷六十載：

李白少讀書，未成，棄去。道逢老嫗磨杵，白問其故。曰：「欲作針。」白感其言，遂卒業。

李白聰穎，他能「感其意」，並付諸有效的行動。

學功夫，最難的恐怕不是下不了苦功，而是不能「感其意」。

以前，武者多椎魯不文，常借用日常之物、勞作之事來表達其意，這倒不失為樸素的好辦法。世代同鄉同里，風俗早就滲進血脈裡，所見所感自然無須多費口舌。悟性好的，能「感其意」而化於自身，肯花工夫，功夫終究能上身。

但，離了此情此景，憑幾句口訣、幾篇拳譜，很難推斷出其具體練法。

到如今，科學昌明，武術傳承之法也不再局限於口傳、身授、心記，圖文、影片等都可作為記錄手段。書刊之豐富，前所未有。可是，不論是手抄本，還是出版物，抑或是師徒之間的授受，隔山、隔紙、隔煙的困惑從未消失。

這其實是一個匪夷所思的現象。

即使受限於文言之於白話的難懂、方言之於普通話的障礙、授者與受者水準高低之不同，功夫，總歸是「人」這一個統統是軀幹加四肢的有形之體承載下來的，怎麼會變成一門難以自明的學問呢？

於是，不泥古、不厚今，剖開表象，覓求功夫的實質，找到具體而有效的訓練方法，讓更多人受益於其健養之效，進而對防衛有一定裨益，乃至獲得修養之資糧，就是這套叢書的緣起。所以，不限年代，不限國別，不論是藉助多學科的現代分析，還是側重明心見性的東方智慧，只要是對功夫這種探究人體運動的學問有精誠探索的讀物，都在本叢書所收之列。

當然，我們已知的科學不能窮盡功夫的原理，更不能窮盡人體的奧秘。正因為如此，我們不應排斥先賢的智慧，更不應止步於此。

共勉。

2019 年 9 月

序

　　傳承了五千年的中華文明，蘊含著豐富的精湛技藝，其中有文藝亦有武藝，而傳統拳術乃武藝之一也。傳統拳術門類雖數不勝數，但練習的根本原則不外乎對身體的改造及對精神的修煉。劉楊的新書《內家醍醐》對弘揚中華拳術的方法、解讀內家拳修煉的理論與實踐有著獨特的見解。

　　傳統的東西需要我們不斷發掘、歸納、總結，切不可故步自封。傳統的，尤其是優秀的技藝需要我們一代代人傳承下去，並不斷地發展、豐富及完善。本書的內容正是本著以上宗旨對內家拳理論給予層層闡述。

　　劉楊是個善於思考的習武者。對於前輩們留下的豐富遺產，他細嚼慢嚥，從中品出真味，以樸實、淺顯的語言闡述明瞭，以便於現代人去理解和實踐。

　　以上數語，小小感悟，權作劉楊新書之序。在此，祝新書成功出版，並祈望廣大內家拳愛好者從中獲益。

阮濟雲詠春（廣州）陳慶君

2022 年 8 月 8 日

前言

　　本書並非是要發些陳詞濫調之言，說些雲山霧罩、不著邊際的話語，亦非單純地尋章摘句、咬文嚼字、死摳字眼。

　　本書不是為一家一門著書立傳之作。本書的主要目的是在拙作《內家拳的正確打開方式》（以下簡稱《方式》）的基礎上，和大家一起進一步探究內家拳功法體系的建構過程。

　　《方式》側重於理論，試圖幫助初學者建立一個對於內家拳的認知框架，大致屬於認識論範疇。

　　本書則嘗試著對內家拳的各種具體功法進行歸納整理，幫助初學者更好地理解內家拳術的思想脈絡、技術要素和訓練流程，從而建立一個自己修煉的技術框架，基本上屬於方法論範疇。

　　簡單來說，本書想回答初學者的以下疑問：

　　一門內家拳法大致由哪些功法組成？

　　這些功法是按照什麼邏輯編列成一個體系的？

　　體系化的功法能夠產生什麼樣的效果？

　　上述問題也可以理解為：

　　我要學一門內家拳大概需要練習哪些功法？哪些是非練不可的？哪些是錦上添花的？

　　功法這麼多，我先練哪些，再練哪些？每個階段中哪些功法是重點，哪些功法是輔助？

　　我練到什麼程度算是練成了？練成了能有什麼效果？

　　上述疑問每個內家拳愛好者在練習之初都會遇到。如果能早點搞清楚這些問題，訓練效率肯定會大大提升。

　　為了儘可能地把這些問題闡述清楚，書中選取了一些比較能體現內家拳功理的功法、拳式，作為直觀的案例供大家參考。這些功法、拳式是筆者經十年尋師訪友、十年代師授藝總結出來的比較有代表性的技術，可以說是「門裡人」練的東西。但是，我希望大家不要花費過多的精力去關注、探究這些具體的功法——內家拳的體系、主線、邏輯才是本書想要強調的重點。

　　如果大家看完這本書後只記得「噢，原來宋氏形意拳的劈拳裡還有這麼個訣竅」，或者「啊，原來孫存周先生嫡傳的太極拳架還有那麼個秘要」，那麼我覺得就有點買櫝還珠了。

　　就像文學作品一樣，沒聽說誰把前人的名句串聯起來就能攢出一篇驚世大作。大家練內家拳應當有自己的目標，然後有自己的取捨。練出一點實在功夫勝過收集十種秘傳功法。所以，千萬不要變成「功法收藏家」。

　　本書的具體內容，從純技術角度而言，其實就是給內家拳的「內功」訓練捋出一條主線來。這條主線可以歸納為構建內型—形成內動—引發內勁三個階段。其中，構建內型主要靠樁功，形成內動主要靠拳架，引發

內勁是內動在神意激發下加速運行產生的自然結果，而支援三者的底層技術要素是易筋和洗髓的功夫。

本書的章節排列是按照一個內家拳練習者的「長功」順序安排的。也就是說，一個沒有功底的普通人開始練內家拳時應該先練習易筋經功法，同時可以瞭解和涉獵洗髓經功法。

對於筋骨有一定體認之後，可以開始進行樁功訓練，逐步構建內型。

待到內型初步穩定，則可以開始選擇一種適宜自己的拳架進行盤練，比如形意拳、八卦掌、太極拳等，以建立相應的內動模式。

等內動模式已經圓熟之後，則可嘗試內勁外放。內勁能隨意輸出，則這門拳法可稱達標。

當一門拳法的基礎夯實後，如果想百尺竿頭更進一步，則應當及時升級拳架、強化勁力，或者參研另外一門拳法，以彌補原先拳架的短板。

拳學的最終目標是使各種勁力疊加融合，邁向渾圓境界，同時推動自身運動能力走向極致……

按照這條線索練習內家拳，訓練的總目標和階段性目標會很明確，選取的訓練方法也會更有針對性。一般的內家拳愛好者只要找到一個比較系統、完整的師承，參考本書的模組化訓練思路，根據自己的時間和精力，把師門所傳功法梳理一下，堅持練習數年，基本上都能具備一定的「功夫」，斷不致虛耗青春。

本書的表達方式可能稍嫌口語化，因為很多表述源自我們自己求學時師長的隨緣點化，以及我們後來在推

廣內家拳的實踐中保留的原始教學資料。

　　當時很多內容是一問一答式的。我們把問答的內容收集起來後，本打算加以整理，但是發現這種鮮活的表述方式可能更容易讓讀者身臨其境，所以就沒有再特意去修飾。此外，本書意在和大家探討內家拳的訓練思路，而不是整理出一份××拳標準教程，所以用這種近於隨筆或札記的風格，可能更利於讀者發揮自己的理解力和想像力。若行文之中有疏漏跳脫、詞不達意之處，希望大家諒解。

　　筆者見識淺陋，所書為美芹之獻，卻係肺腑之言，還望諸君勿哂。

目錄

第一章

内功辨析

本書面向內家拳的初學者，主要進行一些內家拳基礎概念的介紹，所以第一章我們還是得從一個俗不可耐的問題開始：什麼是內家拳？

關於這個問題，不說一千個讀者心中就有一千個哈姆雷特吧，一千個內家拳練習者至少能給出一百個答案。

如果和稀泥式地承認誰說的都有道理，那麼本書就沒有存在的必要了。所以，我們還是要先假設有一個最大公約數的答案，至於大家認不認可，可以在看完本書之後再做判斷。

我們姑且對內家拳下一個定義：內家拳是以內功體系為支持的拳法。

這個定義包含以下三層含義。

一是要承認內功的存在。

畢竟，沒有內功，還談什麼內家拳呢？這個無須多言。同時，我們還要認識到內功是可以被準確定義、正確理解、理論化研究、系統化掌握的東西。不必一聽「內功」二字就雲裡霧裡地往玄學上想。

二是內功要形成完整的體系，至少要達到「邏輯閉環、體系自洽」的程度。

傳統武術中的各家拳法誰家沒有點伸筋拔骨的功夫？誰家沒有點吐納導引的法門？如果說有一兩項內功就算內家拳，那麼又成了天下各家拳法都可以算是內家拳了。所以說，我們必須選取那些已經形成了比

較成熟的內功體系的拳法作為研究對象。

三是內功體系要能構建起這門拳法的應用體系。

也就是說，作為一門內家拳法，不僅要有內功，而且它的應用技術也是要由其內功體系派生出來的。內功與應用技術兩者是一體兩面的，統一於這門拳法對於人體改造的成果，如此才能說是真正的自成一家。不能練一套用另外一套。

如果大家能暫時認可這個內家拳的定義，那麼，下面咱們就可以開始研究具體的技術問題了。

第一節

何為內功

其實在《方式》一書中，我們就對內功進行過一些論述，只是分散在各個章節之中。

這次我們要把這些內容再整理一下，幫助初學者建立一個系統的概念。

在《方式》一書中我們提出，要從整體上建立對人體的認知，即在「氣一元論」的基礎上將人體看作由筋骨、氣血、經絡、臟腑、神意五個子系統構成的一個巨系統。所以，從人體構成的原理上講，內功指的是對人體五大系統（筋骨、氣血、經絡、臟腑、神意）進行改造的方法。

在傳統武術理論中，伸筋拔骨、擰筋轉骨、摩筋擦骨、潤筋開骨、接骨鬥榫、筋骨合槽歸位等說法大致指的是鍛鍊筋骨的功法。

無極功、丹田功等功法側重於涵養或強壯精氣血。

周天功、呼吸吐納、導引術等功法主要練的是經絡和臟腑。

觀想、意念假借、勁意、靜功等明顯是神意訓練的方法。

當然，首先，這個分類只是原理上的、純理論層面的解析。在實際操作中，各種功法多是融合疊加的，很少有某種

功法單純只練人體的某一系統，而絲毫不涉及其他方面。所以，大家對這種分類解讀只是先從理論上作以瞭解。

其次，從表現形式上看，內功可表現為樁功（分動樁、靜樁）、打坐、盤拳走架，還有一些專項功法，如活身法、伸筋法、拍打功、摸勁法，等等。

這個分類方法對初學者而言其實也沒有太大意義。所有內家拳大致都是由這些功法形式組成的，只不過不同拳種、不同支派在動作姿勢、要領、功法強度等方面有些差異。大部分練習者就是根據自己的身體素質、個人愛好，選取自己生理、心理上比較親近的功法而已。各種形式之下的本質就是對人體五大系統的系統化改造。

最後，從實際操作上看，拳學中的內功其實可以歸納為構建內型——形成內動——引發內勁的方法。這才是內家拳的練習者要認真去研究和練習的具體內功修煉方法。

具體來說，就是練習者按照自己所修習的拳法的指導思想，對自己的身體進行改造，從而在體內形成新的筋骨結構。這個新結構是由體內骨節、肌肉、筋腱、筋膜重組而成（具體內容我們在後面的章節再論述）。

但是，旁人從我們的身體外形上看似乎我們並沒有發生太大變化，因此叫作**內型**。

內型的運動由新結構中的丹田——脊柱這個中樞發動，經肩軸、胯軸轉換，在樁架表層結構上的某個點、某條棱、某個面釋放力量，所以四肢、軀幹的外形動作幅度非常小，因此叫作**內動**。

內動產生的力量是從體內的力源產生的，沿著勁路（筋骨鏈條）傳導到樁架表層的力點才爆發出來，其中大部分行

程是在人體內，所以叫作**內勁**。

內勁能夠發之於外，再配合能夠發揮此類勁力之優勢的用法、技巧，以應對臨敵時的各種變化，基本上就可以成為一門拳法了。

看到這裡，可能有的讀者會覺得這種解釋太不玄妙、太不神秘、太不震撼、太不……

但是從筆者多年來學習、實踐和教學的經驗來看，這種解釋雖然不夠廣博、不夠精深、不夠玄妙，但是對於普通人來說已經足以指導其開展初級乃至中級階段的拳術訓練了。

首先，這套理論從邏輯上是自洽的。

練習者在習拳初期常見的理論問題，比如，什麼叫筋骨，什麼叫內氣，什麼叫周天，什麼叫丹田，為什麼要練放鬆，為什麼要站樁，為什麼要練拳架，為什麼剛開始盤拳時宜慢不宜快……基本都能夠在這個邏輯框架下給予適當的解釋。

按照這套理論練習內家拳，不至於出現某天師父嘴裡突然蹦出來一個名詞、一句歌訣或一項心法，徒弟百思不得其解，甚至可能很多年都不明白這個詞、這句話是哪幾個字，想表達的到底是什麼意思，或者對同一句話，師兄弟之間在理解上會產生分歧、爭執的情況。

其次，這套理論基本上能夠給傳統內功中的各種功法做一個清晰的排序，也就是解決先練什麼、後練什麼的問題。這個排序原則的底層邏輯是人體改造的一個基本流程。

功法可以隨便編排，但是人體改造有自己的一套規律，是逐層起效的，不是說先練高級功法就能取得高層次的效果。按照人體改造的順序練功，可以大大提高出功夫的效

率。

　　說到這裡，不得不提一句：過去有些師父傳拳時隨意性很大，往往會出現脫節、跳級或亂序的情況。

　　比方說，某一天，師父一時興起，向你傳授了本門一項很高級的功法或技法，而你卻苦練多年而不能運轉如意。此後，可能是在某個不經意的場合，比如聽師父或師兄弟閒聊時，或者和其他門派的朋友交流時，才發現原來是差一項基本功，或者缺一個細節上的小要領，又或者是和另一項功法的順序顛倒了。有時候可能就這麼一兩句話，就絆住了你幾年甚至十幾年。

　　最後，這套理論和它的配套技術，每一步都是可操作、可檢驗、可複製的。大家會發現，這套理論中的三要素全部是形而下的、具體而物質的。

　　內型出來沒有？看自己身上的骨架結構變化和經筋挑起來的程度，有就是有，沒有就是沒有。

　　內動做得對不對？看身體上樞紐和關鍵節點的聯動形態。已經會動且動作到位的，旁人肉眼可見。即使剛開始時內動幅度不夠，旁人看不清也沒關係，讓檢驗者用手按住相應的部位，練習者骨節、筋肉在皮下一動，檢驗者立刻就能直接感受到。

　　內勁出來沒有？那就更簡單了，讓檢驗者戴好護具，或者用右胸、中腹、肩側等肌肉堅實的部位接一下就行了。疼不疼、透不透，還能感覺不出來嗎？

　　所以說，練功者只要按照這個理論框架下的流程和要領操練，肯定能取得對應的成果。區別就是，時間精力投入多、訓練強度高的人，可能進步就快一點，成就就大一點；

訓練耗時少、強度低的人，進步就慢一點、成就就小一點。如此而已。

至於內家拳的內氣、神意等形而上的元素，其實在這個理論框架內也是有其位置的，具體內容在後面章節中我們會提到。總的來說，內氣、神意之於內型、內動是附著其上、隱含其中、貫穿始終的，所謂「陰在陽之內，不在陽之對」。所以，我們在初建框架的時候就不把它們單獨拿出來講了。

這套比較具象化的內功練法，我們姑且稱之為內家拳學的內功體系吧。

第二節
內型──內動──內勁與
常見內家功法的對應關係

我們暫定拳學內功的主要框架就是內型──內動──內勁，那麼我們具體當如何去練呢？這就是本書所要重點論述的內容，從本節開始我們將一步步為大家講解。

先要明確一下，我們並不是新創了一套內型功、內動功、內勁功，而是把傳統的內家功法按照人體改造的進階次序劃分為三個階段，並且強調了每個階段的訓練重點。

所以，具體修煉方法還是要採用傳統的各項內家功法。

我們先把修煉階段和具體功法之間的對應關係初步梳理一下，以免大家看到後面的章節時又陷入「探索武林各大門派功法秘籍」的思維慣性中去。

我們把內家拳法中的功法粗分為四類：易筋、洗髓類功法，樁功，拳架，各類專項功法（屬於以上三類功法的輔助、補充，但是也非常重要）。四者彼此之間是相互關聯的。

一 易筋、洗髓功夫是內功體系的基石

對於內家拳的發展來說，易筋、洗髓經功法及理論的融入可以視為一個重要的里程碑。它為內家拳清晰地指明了內

功訓練的原理、原則、對象、方法，為內家拳學內功體系的構建奠定了基礎。

1. 易筋、洗髓經的理論體系及術語、概念為內家拳的人體改造工程提供了理論基礎

易筋、洗髓經的重要價值在於其關於人體鍛鍊的理論，即構成人體的要素是什麼；由此推導出如何改造人體這些構成要素；進而又推導出人體改造的目標是什麼、要達到怎樣的效果。

易筋、洗髓經在理論層面比較明確地回答了以上問題。

2. 易筋、洗髓經的功法為拳學所需的人體改造思想提供了具體的操作方法

易筋、洗髓經對人體的鍛鍊有一些具體的方法：由姿勢特殊的功架拉伸經筋；由自我按摩的方法揉煉內膜；由打坐入靜的方法固本培元，增強神經敏感性、提高感知能力，乃至開啟智慧等。

這些功法給內家拳前賢設計拳學內功的形式和方法提供了範本和範例。至今，在內家拳的某些經典拳架中仍然能看到易筋經功架的影子。

反過來說，當我們練習內家拳的某些具體功法遇到疑難問題時，反本溯源地研究《易筋經》和《洗髓經》這兩部功法，就更能理解很多拳學功法的本質。例如，由《易筋經》的思路來看形意拳，由《洗髓經》的思路來看八卦掌，以這兩種功法的主旨來審視形意拳和八卦掌的各種功法、技術動作及鍛鍊要求，便能發現這兩種拳的立意和主旨，更容易參

透這兩種拳的「原始程式碼」。

二 樁功是構建內型的高效手段

易筋、洗髓經的本意是強化筋骨，是為了祛病、健身，並不是為武學服務的。武者看中了易筋、洗髓經的強化筋骨的功能，把它吸收進來，變成了中國傳統武術的有機組成部分。在這個過程中，原始的易筋和洗髓類功法肯定會為了適應武學發展的需要進行一些調整、做一些改變。

樁功就是易筋和洗髓類功法逐步拳學化的產物。它一方面繼承了易筋和洗髓類功法在強化筋骨方面的特長和優勢，另一方面又兼顧了拳學所需的優化人體結構的問題。樁功練出來的新的筋骨結構就是內型。

打個比方，原始的易筋和洗髓類功法好比是普通煉鋼廠，只要把鋼煉出來就行了，成品可能是個鋼錠，也可能是根鋼條。但是樁功好比兵工系統的煉鋼廠，在最後軋鋼的時候就要考慮下一步要製造的是哪種兵器。如果是造大炮，那就要把成品製成圓鋼，準備鑽孔，做無縫鋼管；如果是造坦克裝甲，那就要製成鋼板……這樣效率就會相對提高。

所以說，樁功其實是處於功法和拳法之間的交集領域。

因此，當初學者接觸到「樁功」這個詞時，一定要重視，甚至要警惕。一定要深究這個樁功到底是偏向練功還是偏向練拳。因為在過去的拳法傳承中，樁功像個筐，什麼都可以往裡裝。今天，樁功這個大概念已經包含了非常複雜的乃至混亂的訊息。

當年，王薌齋先生向世人公開傳播樁功時揭示了其中一

部分奧秘。他在自己的學術體系中明確表示：樁法其實分為養生樁和技擊樁，兩類樁法的訓練目的和內在要求其實是不同的。比如，同樣外形的渾圓樁，養生和技擊是兩種截然不同的練法。

其實樁功細分起來何止兩類。

放鬆安靜、固本培元、涵養氣血的樁可歸為一類，如無極樁。

伸筋拔骨以求筋長骨堅、骨節靈活是一類，如渾圓樁、三盤落地樁。

調配間架、排兵佈陣、統合周身三盤九節的又是一類，如形意拳之三體式、八卦掌的推磨式、太極拳的手揮琵琶式。

摸勁試力、以意行拳的是一類，如意拳的分水、扶按、扶雲、托嬰等樁。

布形候氣、實戰臨敵的是一類，如上下子午、矛盾、獅子張口等樁。

但是過去前輩或是為了保密，或是為了強調本門樁功的重要性或高境界，並不加以區分，甚至有意識地把很多內功訓練內容都塞到一個樁形裡。

所以，練習者在練習樁功的時候首先要清楚樁功是塑造內型的。內型是下一步功法——拳架的基礎。不同拳種的拳架需要不同的內型。這樣，站樁時才能確保修成正確的內型。

在向老師學習樁法的時候一定要問清楚現階段重點練什麼。您是看我身體弱，讓我站樁強身；還是看我天生筋骨條件好，讓我伸筋拔骨、拉開間架？不清楚具體訓練內容就盲

目傻站，不說南轅北轍吧，至少浪費時日是肯定的。

以我們繼承的樁功訓練體系而言：無極樁類主要用來涵養氣血，渾圓樁類主要用來強筋壯骨、初建間架，子午樁、三體樁類主要用來構建內型。

後續其他的功能完全可以交由更適宜的功法來承擔。

三　拳架是訓練內動的主要方法

常人往往難以理解內家拳的拳架訓練。比如，練習形意拳的五行拳，直愣愣地站一會兒，直通通地打一拳，又站一會兒，再打一拳，姿勢單調，動作乏味，節奏緩慢。

而八卦掌的基礎八掌則是身體上上下下的關節都擰成一個很彆扭的姿勢，接著就是轉圈，連個發力的動作都沒有，讓人完全想像不出這個拳怎麼致用。

太極拳就更獨特了。人們常說「百打百破，唯快不破」，太極拳盤架偏偏講究一個「慢」字。人們都說「兩點之間直線距離最短」，太極拳盤架偏偏強調一個「圓」字。

其實內家拳的拳架是具有易筋和洗髓效果的樁架與真正技擊時運用的拳式之間的一個過渡功法。總體上來說，它更偏向於練功夫用的功架，當然其中也考慮到了以後技擊的需要，保留了部分拳的要素，所以稱之為拳架。

練習者站樁有得，內型初步穩固，但是運動起來時身體的用力習慣還是普通人的運動模式。此時驟然加速，內型必然散亂。所以，要透過行拳走架讓內型反覆地磨合，尤其是站樁時沒有徹底鍛鍊到的體內筋、骨、膜、經絡的細微之處，要進一步打磨、微調。然後還要練習從這個樁架慢慢變

化到那個樁架。這個練習過程至少要持續到身體徹底適應新的運動模式為止，即在高速運動中還能保持樁態，並能做劇烈的轉折變化。

可以說，內家拳運動模式的本質是內動。

傳說中神奇的內勁其實也是內動產生的一種力學效果，而不是外形上採用了什麼動作。

所以，練習內家拳一定要重點鑽研其拳架，搞清楚每個拳架的作用，然後徹底完成其中包含的內動訓練。

四 內勁是內功訓練的最終成果

從拳術應用的目的來看，內功訓練的終極目標就是生成內勁。再往後便是拳法的內容，也就是應用層面的訓練了。至於內功產生的其他一些「神奇」功效，其實與拳學無關。如果有興趣，閒暇時可以去探索一下，但是對於拳學訓練來說完全沒必要去考慮。

理論上講，拳架練好了，內動做對了，自然會產生某一拳種的內勁。但是，對於還沒有系統學習過內家拳、沒有親身體驗過內勁的初學者來說，腦海裡對內勁的印象可能還是來自武俠小說或影視作品，如「用掌輕輕一按，就在木頭桌子上留下一個手掌印」，或者「從丹田處提起一股能量，沿著經絡送到手上，然後從掌心或指尖吐出去便能夠穿石破壁」之類。

所以，這裡要特別講解一下內勁的性質和表現形式。

內勁是一種複合性質的力量，是人體五大系統經過樁功——拳架的訓練整合後綜合起效的產物。簡單來說，它包含以

下幾個方面。

1. 經內功改造後的人體自然具備的特性

例如，內家勁力中最基礎的鬆沉勁兒來自站椿後筋骨密度的提高、品質的增加，還有肌肉放鬆和經筋放長後肢體各部分重心的改變。

舉個例子，站過椿的人的手掌會變得特別厚實、沉重，握拳之後前臂像木柄，拳頭像鐵錘頭，重心在拳心處。這時如果他把手甩到受力者身上，產生的打擊效果像用錘子砸人。

還有結構力，它是由椿架結構形成的。比如，三體式站得對不對，檢驗標準之一是前手能不能被人輕易推動。這個效果的產生是因為手臂根部的筋腱和脊柱連通，而脊柱又「插」在骨盆裡，而骨盆又被後腿從下向上的筋骨結構的支撐力托住。

也就是說，三體式練習者的體內隱藏著一個從後腳跟直通前臂肩胛骨的牮柱式筋骨結構。檢驗者推練習者前手的力量，其實是被這個結構直接傳導到地面了，所以出現了「推不動」的效果。

由此拓展開，內家拳的「六面力」「支撐八方面」等效果都是由體內三維立體的多向支撐結構產生的，並不是練習者主動向各個方向做勁。

這類勁力其實更像是人體椿架結構自帶的一種特殊屬性。它不同於一般人的打拳踢腿，要專門做出踢、打的動作才能產生相應的勁力，動作結束後，勁力就消失了。

這個怎麼理解呢？

大概可以參考錘頭的沉重、刀刃的鋒利，是器物自身的材料和形制決定的。你就是把刀、錘放在桌子上，這種特性也依然存在，跟你是否揮動刀、錘無關。

2. 內動的特殊運動形式產生的特殊效果

一般人一聽到發勁就聯想到打擊。其實在常見的搏擊技術中，打擊也不是唯一的發力形式。戰勝對方的方式是多種多樣的，如擒拿、摔跌、絞技這些技術，它們採用的並不是打擊力。

內家拳裡同樣含有類似的技術元素，或者用來控制對方肢體，或者用來撕開對方間架，或者用來破壞對方平衡。

比如，形意拳拳手出手時總愛用前臂骨的骨棱碾銼對方手臂的皮肉，所以有出手如銼、回手如鉤的說法。

八卦掌的白猿扳枝是利用軀幹的沉墜勁，加上自身走轉運動自帶的旋轉效果，撅對方肘部。

太極拳的纏絲圈是用經筋纏、絞、擰對方的肢體關節，而靠法是用自己的軀幹撞擊對方的重心。

但是，這些用法還遠稱不上特殊。

內勁的特殊性是可以把這種控制性勁力與打擊性勁力合二為一，是打中有拿，拿中有打，而不是先拿後打，或者先打後拿。而這種勁力的物質載體就是內家拳架中「起鑽落翻、撐裹纏繞」的內動模式。

這個如果不好理解，大家可以參考一下槍法。一般槍法是「攔、紮」或「拿、紮」這麼個節奏。而內家槍法卻是在攔、拿的同時就紮，或者說是在紮的同時用攔、拿技術控制對方的槍桿。

明明只有一根槍桿，卻透過特殊的螺旋運動同時完成了控制和攻擊兩種勁力釋放效果，即拳譜中所謂「顧打合一」之說。「顧打合一」還不夠，而是「顧打本一」，本來就是一個東西。這對初學者直觀理解「內勁是多種勁力疊加」的概念是非常具有參考意義的。

3. 意象、勁訣等心法與身體運動相結合產生的特殊效果

內勁是有靈性的，類似書法和寫意畫，具代表性的如形意拳的十二形。以龍形練法中的「龍行大走」為例，因為步幅特別大，所以初學者剛練的時候往往特別容易動作僵硬，看起來像螞蚱在蹦躂。而老先生指點的時候會說：龍又不是走獸，所以不能想著自己是在地上練，而是要在空中練，起為「騰雲」，落為「降雨」。思想認知一扭轉過來，動作的韻味就變了，身上（特別是脊柱）就有點神龍遊空、一波三折的磅礴氣勢了。

內勁還帶有「戰術思維」，它不是單純的力量釋放。也就是說，內勁並不一味追求力量的絕對值，而是要綜合考慮採用什麼樣的技術、配合什麼性質的力量來取得預期的戰術效果。所以，內家拳講究勁訣，也就是用勁的竅門。

下面是內家拳老前輩總結的歌訣，供大家體會：

> 走避開合順，翻騰定化黏。
> 提頓搬扣擰，截拿崩按攔。
> 掛捋滾搖錯，冷驚靜綿纏。
> 擠靠趔拓就，伏起吸空盤。
> 挑頂鑽雲領，經勁斂沉含。

> 挪閃縱橫正，分撥一寸間。
>
> 運轉須神固，動變精氣涵。
>
> 八法十四要，琢磨待師傳。

可能很多朋友看了以後有一種高深莫測的感覺。到底是怎麼回事呢？

打個比方，解放軍步兵著名的「三三制」戰術。要是外行人看，不就是一群人衝上去，然後，看到有的人在開槍、有的人在臥倒、有的人在奔跑。好熱鬧啊，如此而已。

而內行人一看，這是三人一組，三組一班，構成了一個相互配合的整體突擊陣形。雖然看起來都是在奔跑、開槍，但是，一組的職責是進攻，一組的職責是掩護，還有一組的職責是支援。到下一波次，梯隊之間的職責又產生了交替。這才能被稱作步兵班組突擊戰術。

把這種戰鬥過程放到一個拳手身上，就是內勁的運用。

如果你還是不太明白，也不用著急，可以把整本書看完，再來思考這個問題。現階段只要把「內勁就是發力」這個成見打消就行。

綜上所述，雖然內家拳的拳種、分支眾多，功法浩如煙海，但是我們還是可以從訓練體系的角度梳理出一個基本框架。這個內型——內動——內勁理論姑且算是我們的一個視角，供大家參考。

本書的後續內容基本上就是對這個訓練體系框架的拓展和細化。一些具體的問題，我們會在後續章節中予以解說。

第三節

幫助普通人理解內功的思維工具

　　關於內功的理論，有內家拳傳承、有一定功底的人可能會比較好理解。大多數從未系統學習過內家拳的人，可能看了還是如墜五里霧中。所以，我們單獨介紹一種理解內家拳和內功概念的「方便法門」。

　　中醫有云：「用藥如用兵，醫人如治國。」傳統武術的人體觀基本源自中醫的人體理論。所以，修煉內家拳不妨先把自己的身體看作一個國家，然後從治理國家、發展國防的角度來思考和理解內家拳的練功思路。

　　說到這裡，你會發現「內家拳修煉」這個看起來很神秘、很陌生的課題其實可以轉化為一個我們用社會常識即可理解的問題。

　　練習者的主體意識中的「我」就相當於這個國家的君主。「我」的身體就相當於這個國家，其中包括了自然和社會兩方面的要素。

　　習武相當於這個國家要建設國防事業，也就是要把這個國家的各種資源和功能轉化為戰鬥能力，其目的就是要應對可能發生的戰爭。

　　內家拳作為武術的一種，相當於君主選擇的一種獨特的建軍之路。

先構建這樣一個簡單的認知框架，然後我們再去解讀內家拳的各種構成要素和功法理論，這時你會發現，很多含糊不清甚至違背人體運動「常理」的概念和說法就比較好理解了。

一 如何看待人體的五大系統

對於普通人來說，這個國家（身體）是什麼樣子的呢？

筋骨就是自然國土、山川平原。肌肉相當於生活在國家裡的百姓。

精氣神，就是國家的自然資源和社會資源，是能轉化為社會財富的東西。

經絡，相當於資源，或者說物資循環交換的通道，如同道路和江河。

臟腑，相當於國家的工業部門，負責各種資源的加工、存儲和運輸。

神意，相當於君主與執行部門。

這五大系統的運行機制、相互關係和協作機制就相當於這個國家的生產方式和社會組織形式。

二 內功對人體五大系統的實用化改造

1. 易筋經功法對人體的作用

易筋經的改造對象主要是人體的骨骼、筋、膜。這相當於從國土中開採礦石，然後冶煉鋼鐵。然後就是打造盔甲和

兵器，把老百姓武裝起來。

肌肉就是普通老百姓。

筋、膜就相當於士兵的盔甲。骨節鋒棱就相當於士兵的刀劍。

沒有披甲持刀，再強壯的老百姓也不能稱其為士兵。所以古代衡量一個國家的軍事力量，要用「甲士」這個概念。

因此，易筋經功法把筋、膜作為訓練的主要內容，而內家拳繼承了這一思路，注重易骨、易筋。不是不重視肌肉，而是把肌肉納入筋骨鍛鍊的整體訓練框架中。肌肉訓練的重點也是以提高爆發力為主。

關於筋、膜在《易筋經》中的闡釋，可以參考《方式》第七章第二節，在此不再贅述。

2. 洗髓經功法對人體的作用

《孫子兵法》云：「軍無輜重則亡，無糧食則亡，無委積則亡。」俗話也說：「兵馬未動，糧草先行。」甲士再精，兵士再壯，如果士兵吃不飽飯，也沒有戰鬥力。所以，一個國家想加強軍事建設，物產要豐富、倉儲要充足、運輸要通暢。國富才能兵強。

洗髓經的改造對象就是人體的氣血、經絡、臟腑。洗髓經功法對於內家拳的意義相當於建設軍隊後勤系統的方法。涵養氣血，就像鼓勵耕種、多打糧食；強化五臟，就像儲備物資、充實倉庫；疏通經絡，就像修路、修交通壕，確保糧食和其他物資能順利送到軍營，保證戰士們在訓練或戰鬥期間能吃飽吃好。

所以，別看內家拳叫作「拳」，但是功法體系裡面很大

一部分是養生功、強身功。

3. 椿功對人體的作用

一群老百姓吃飽了、練壯了，披上甲、拿上刀劍就能成為一支軍隊了嗎？肯定還不行。

軍隊首重紀律，沒有軍紀約束，再多的人也只是一群烏合之眾。到了戰場上，不能誰想衝鋒就衝鋒，誰想後退就後退。所以，平時訓練就必須培養士兵的紀律意識。只有做到令行禁止、整齊劃一，才可以說，這群老百姓從思想上已經轉變為軍人了。

然後，作為軍人，個體要有專業的軍事技能，集體要會熟練配合運用各種戰術。戰術的具體體現就是陣形。衝鋒用鋒矢陣、防禦用圓陣、包抄敵人用鶴翼陣……而且陣形得穩固，得能扛得住敵人的衝擊，同時還必須靈活多變，不能站在原地不動，要「聚散如常為上」。

此外，打仗不光是一線作戰士兵的事，後勤和技術兵種也得是精兵強將。

所以，大家看一下椿功的訓練內容。

拳學中的站椿（除了純粹的養生椿）首先就是訓練周身骨節卡樺、經筋貫通，使這一身三盤九節整體連通，達到所謂的「形整」。

然後就是訓練椿架變化。對於接敵時常用的各種椿架形態，平時練功時就得一個個認真練。

比如，衝擊對方間架時用錐形結構的子午椿，撕開對方間架時用鉗形結構的扶按椿，消解對方衝擊時用菱形結構的小天星椿，等等。

此外就是養丹田氣、通周天循環，要讓氣血充足，而且流注全身，補充筋骨練功時的消耗。有些前輩年輕時功夫很好，卻英年早逝，或晚年多病，就是太偏重於練，養的方面做得不足，如同國家窮兵黷武，透支了國力。

4. 拳架對人體的作用

拳架的作用就像軍事演習，是對一支軍隊作戰能力的綜合檢驗。如果說站樁如同一支軍隊在操場上排陣形、走佇列、慢慢地熟悉陣形變化之道，那麼拳架就是把這支軍隊拉到野外去，模擬實戰時在急行軍、衝鋒、廝殺、撤退等高強度對抗場景下各種陣形的變化。

所以說內家拳的套路其實不是真正的套路，它不是為了把這一拳種、門派的動作串聯起來，它練的是拳架的連續變化，比如形意拳裡的「馬前三箭」，即鑽、劈、崩組合，不是隨意打三下。

鑽拳是「問」，相當於派一哨人馬，衝一下敵陣，試探對方的反應。

劈拳是「顧」，相當於全軍壓上，逼近對方陣營，擠壓對方的運動空間。

崩拳才是真正的「打」，是整體爆發，是重擊手，相當於集合重兵突擊對方的中軍大帳。

這一節的內容看似聊天，與具體的功法、技術沒有實際關係，其實這是我們從眾多老師處搜集的內家拳心法的匯總。師父們經常用各種例子講解練功、做拳中的道理。我們有時候看拳譜、功法、拳式，有不明白的地方，經師父們這麼一講解就豁然開朗了。

其實，練內家拳，單純的技術困難並不可怕，可怕的是思維障礙難以突破。有的時候一個念頭轉不過來，真可能會束縛你，使你多少年不得寸進。

所以，我們特意將這個思想工具分享給大家，供大家理解、梳理內家功法的層次和邏輯。當然，大家也不必拘泥於我們舉的軍事訓練的例子。經商的朋友可以用管理公司的思路，當老師的朋友可以用管理班級的道理。總的來說，內功訓練體系就像是人體內部各個部位、器官、系統構成的小世界、小社會的「組織行為學」。

俗話說，「隔行如隔山」，但是隔行不隔理。大家用自己熟悉的思維方式、思考工具去理解、分析內家拳，其實比硬去鑽研拳譜、拳訣強。

《方式》和本書都是想幫助大家先把整體思維框架建立起來，把思路打通，大家此後再在功法訓練方面勇猛精進，才能更高效地掌握內家拳這門「知行合一」之學。

如果大家能先理解了這一點，再看後面關於具體功法的各個章節，應該就不會產生過多誤解。

第二章

易筋經

前文我們強調過，易筋經既是內家拳內功理論的源頭之一，又是人體改造的基礎步驟，所以，當本書開始介紹具體功法時，理所應當地把它放在第一位，而且會不惜篇幅地對它進行分析和解讀。

關於易筋經的基礎知識和部分功法，在《方式》中已經簡略地做了一些介紹，但有讀者朋友回饋說希望看到更詳細的練習方法。所以，本書會把易筋經十二式的後九式功法完整地介紹給大家。

提前強調一下：本書介紹的易筋經功法是在內家拳門裡流傳的，有武學方面的理論內容和技術設計，與其他流派傳承的易筋經體系有所不同。

所以，本書對易筋經功法的所有分析和解讀僅限於筆者的個人觀點，僅供大家參考，也不否定、排斥其他易筋經功法的解讀。望讀者不要有任何誤解。

第一節

拳學內功中易筋經的立意

　　易筋經最初是作為調理人體的功法出現的，並且自成體系，其原始出處不可考，有達摩創始說，也有道家源頭說，不一而足。但不管源頭如何，易筋經功法的本質是不變的，它是運用特殊的動作調理肌體、強化筋骨，以應對日常生活的各種活動、彌補衰老對人體功能造成的種種傷害。

　　這種傷害是日積月累、潛移默化的，因為普通人在生活中很少去關注自己身體運動的狀態所以難以發覺。

　　大家剛看到這個提法的時候可能是一頭霧水——我天天都這麼生活，怎麼還傷害到自己了？

　　其實，大家反思一下，自己在日常生活中身體的各種行為、狀態有多少是舒適、暢快的呢？

　　尤其是學生和上班族，大多是在巨大的社會壓力下本能地被動而行，自己既無主動把控的意識，也缺乏主動改變的方法。比如，久坐、熬夜、長時間書寫、長時間看手機、長時間盯著電腦螢幕等，慢慢身體就會歪斜、扭曲。身姿長時間不正就會逐漸影響到肌腱、神經，甚至壓迫內臟。

　　最後，「滑鼠手」、肩周炎、頸椎病、椎間盤突出等問題就會出現。大家所知道的多種現代都市病、亞健康狀態往往源於此。

　　所以說，日常生活中的各種身體運動形式難免會逐漸傷害我們的身體，但好在這些問題是我們長時間使用身體不當造成的，我們完全可以透過調整使用身體的方式來慢慢糾正。

　　古人曾經也面臨同樣的問題，並且也嘗試去解決這些問題。因此，修身養生類功法及其理論在我國歷史上很早就出現了，且一直傳承至今。所以，我們現在能看到大量的養生法資料及各種實用的功法。易筋經就是其中的優秀成果之一。

　　筆者之所以推崇易筋經，是因為從內家拳角度來說，易筋經功法成功地解決了內家拳功力訓練中的一系列關鍵性技術問題。

一　解決了內家拳的「入內」問題

　　前文提到了修煉拳學內功的目的是為了有效地改造身體。改造身體的具體項目其實就是改造人體的五大系統，即筋骨、氣血、經絡、臟腑和神意。

　　但是，我們怎麼能確保自己體內的五大系統得到了切實的改造呢？

　　改造的前提是要能感知到自己體內的五大系統。這對普通人來說其實是非常困難的，因為普通人的感知是向外的，而非向內的。

　　五大系統中最表層、最易於感受到的是筋骨系統，但平時我們並不會關注它。除非我們的手腕踒了（猛折而筋骨受傷）、脖子扭了或者腳崴了（扭傷），疼痛感才會讓我們意

識到，噢，原來筋骨受傷了這麼難受啊！等傷好了，我們慢慢又會「忘了疼」。

有形的身體部分尚且會被我們忽視，更何況無形的氣血、經絡了，甚至有許多人否定它們的存在。

所以說，內感知是一種能力，必須用專門的方法去培養和鍛鍊。

因此，內家拳前輩把內家拳的修煉進度分為兩個階段。前一個階段是以外導內、以形導氣，也就是靠正確的外形動作來調整內部五大系統。這是為還沒有培養出內感知能力的初學者準備的。

你感知不到自己的內裡沒關係，按照前輩精心設計的功架或拳架運動，所謂「形正則氣順，勢正則力順」，如此慢慢地自然會影響、鍛鍊到內裡。等內裡的變化積累到一定程度而產生很明顯的「動靜」了，你就可以感知到了，進而可以駕馭它們，由此便進入後一個階段，即以心行氣、以氣導形，變成以內禦外了。到了這個層次便可以自主地鍛鍊和運用體內五大系統。這才可以算是功夫「登堂入室」了。

這個由外而內的關鍵性轉變就叫作功夫「入內」。

這一關跨不過去，就得依賴拳架外形來獲得鍛鍊效果，而且練出來的功力並不完全聽自己的使喚。

而跨過了這道門檻，那就是「從心所欲不逾矩」。王薌齋先生把這個階段的鍛鍊要領稱為「不求形骸似，但求神意足」。

從理論上講，認認真真站樁或者盤架，遲早可以「入內」，但是樁和拳包含的資訊太多，初學者的注意力很容易被外在的調形要領所吸引，很難把感知力完全集中在自己體

內的變化上。這時候易筋經的作用就突顯出來了。

在拳學修煉的框架內，易筋經首要的功能和意義在於引導我們平時流散於外的意識回歸自身、深入體內，幫助我們真正地辨識自身。易筋經在培養我們建立內感知、辨識自身能力方面的價值遠比它作為一種拉筋健身術要大得多。

這裡需要強調的是，易筋經是從身心兩方面鍛鍊我們的這種辨識自身的能力的，而不是僅練習動作以強化肉身而已。這一點請大家一定注意！

具體來說，練習易筋經，先是透過動作將我們的肢體伸展到「要抻著筋」或「要撐到筋」的臨界點上，即再過一點兒可能就會拉傷。在這個臨界點上，我們會清晰地感知到自己筋骨的存在，從而引導我們的意識加強對自己的肉身內部狀態及變化的關注。

在此基礎上，我們的意識會逐層深入，逐漸感知到體腔內的骨節、筋膜，進而感知到氣的存在和運行，從而感知到經絡……

與此同時，我們又能由這一過程「意識」到自己意識的存在與運行。例如，我們的注意力是否集中，我們的意識是否能夠精準感知到身體的細微變化、是否能夠精確支配肢體運動，等等。當我們分神、懈怠的時候，我們的動作就會不到位、走樣，對體內的感知就會減弱、中斷，甚至消失。這時我們就會自我覺察：啊，我的意識開小差了，注意力不集中了。

這個觀點可能跟常見的易筋經解讀角度不同，但這卻是我們深入理解易筋經的入手處。從這個角度思考，我們就更能理解易筋經的深層內涵，進而真正理解為何易筋經功法在

內家拳體系中如此受重視，甚至被推崇到「聖經」的層次。

二 解決了整體鍛鍊、鍛鍊整體的方法問題

《方式》一書中，我們提出了內家拳「整勁為魂」的原則，而整勁又是由整體運動產生的。

整體運動就意味著筋、骨、膜、肉、氣、血、臟腑、意、神等所有人體構成要素都動起來。

這怎麼動？

在日常的運動中，我們很難找到一種鍛鍊形式能讓我們把這些要素都調動起來。

靠拳架慢慢磨也是一個辦法，但是訓練週期長，而且練習者的功夫不能「入內」的話，很難保證能把五大系統全部鍛鍊到。

易筋經的解決辦法是先把所有人體構成要素納入一個整體框架，即筋骨結構。透過人體筋骨結構這個「一」的運動，把其他四個要素都喚醒、帶動起來。

這也就是易筋經明明五大系統都要練，而偏偏從命名上要突出強調「筋」這個概念的原因。

從人體結構的構成方式來看：

（1）人體是由骨架撐起來的。骨架是由一塊塊骨頭組成的。每一節骨骼外面都包裹著骨膜。骨膜是筋膜的一種。骨節和骨節之間是由韌帶和關節囊連接的，韌帶和關節囊屬於筋。

（2）每塊肌肉其實是由肌纖維組成的，外面包裹著肌內膜。肌內膜也是筋膜的一種。肌肉不是直接和骨骼連接，

而是經由肌腹兩端的肌腱附著在骨骼上的。肌腱屬於典型的筋。

（3）在中醫理論中，構成人體經筋結構的十二經筋其實是由位於身體不同部位的肌肉串聯貫通的鏈條狀人體組織。但是這根「鏈條」不是由肌纖維直接「長到一塊兒」去的，而是由這條線路上的肌腱、韌帶和筋膜串接起來的。

（4）五臟是包裹在筋膜裡面，繫附在體腔內的。

（5）胸腔和腹腔之間有個橫膈膜，它是一大塊盤狀肌肉，對用呼吸調節體內壓有重要作用。

綜合起來看，只有筋貫穿我們全身內外，所以，練筋就能直接影響到其他系統。

那麼，易筋經鍛鍊的功效強大到什麼程度呢？

就易筋經功法本身來說，任何人只要堅持練就能有很好的效果，甚至跟懂不懂易筋經的道理、掌握的動作全不全都沒關係。哪怕只會其中兩三個動作，堅持練就會有不錯的養生效果。

但是練內家拳的人對易筋經的鑽研卻不能止步於此。選擇修煉內家拳，應該是對自己的生命品質有更高的追求，不僅僅是為了健健身、少得病，而是要獲得超乎常人的健康水準和強健體魄，從而使我們的生命過程更美好、更舒適、更安全。所以，我們的目標不是拉拉筋、出出汗那麼簡單，而是要從根本上改造身體。這就需要我們對易筋經功法有更深刻的認識和理解。

第二節

易筋經養生健身
的基本原理

一　易筋經的功理和中醫醫理同源

我們說，易筋經賦予我們對內感知、辨識自身的能力，但這並不是像醫院做 CT（電腦斷層掃描）、拍 X 光片那樣，讓咱們直接看到自己的骨頭、臟腑的影像。易筋經是自有一套觀測方法和判斷標準的。這套方法和標準來自我國傳統醫學的人體認識論。

中醫觀察人體健康狀況的關鍵性指標是氣血。臟腑系統是氣血的「工廠」和「倉庫」。經絡系統是氣血運行的管道。經筋是經絡的有形載體。神意是臟腑系統的功能。骨、肉、皮、毛是五臟系統的衍生物。

所以，中醫有云：「通則不痛，痛則不通。」氣血充足，證明臟腑功能好。氣血循環通暢，證明經絡通暢。

易筋經的功法理論與中醫醫理是一致的。氣血、臟腑、經絡（經筋）是易筋經改造人體所要把握的關鍵元素。

易筋經中的易是改變，筋是指經筋。易筋經就是鍛鍊、改造人體的十二經筋的功法。

十二經筋為手三陰、三陽經筋，足三陰、三陽經筋。其實，作為內家拳體系裡的易筋經還要再加上任脈、督脈。這

是我們鍛鍊的具體目標。

易筋經十二式是由十二個「特殊功架」，對經筋進行辨識、塑形、構架、伸展、舒張，以達到通經絡、導氣血、強筋骨、壯臟腑的目的。

從這裡也可以看出來，易筋經的功法邏輯是基於傳統醫學中的「經絡──經筋」理論的，這是易筋經的理論根基，它所有的功法理論和技術手段都是建立在傳統人體觀的理論知識之上的。所以，懂一點中醫的人練本門的易筋經會更容易理解。

易筋經中對人體經筋的鍛鍊主要採用伸展、擰轉、曲折、震盪、開合、鼓盪等方法，這些我們會在後文中講解。

要想獲得易筋經所講的強筋壯骨的效果，不能簡單地比劃外形動作，而是必須將上述方法應用到位，切實地鍛鍊到經筋。這點並不容易做到，是易筋經的難點。所以說，這叫練「功」，要真下工夫才有好的效果。

可能會有朋友覺得，練個健身功法，還得去學中醫嗎？那當然大可不必。望聞問切、針灸開方之類的專業技能確實用不到，但是，對於中醫的醫理還是應該瞭解一些。

曾有一位中醫朋友跟我說過，要想生活舒適，有必要懂些醫學道理。即使不為自己，為了家人、親友，也有必要懂些醫理。金代張從正編撰的醫書《儒門事親》，書名就是取「唯儒者能明其理，而事親者當知醫」之意。

中醫首先是研究人體內氣血、臟腑、經絡等系統的運行機理，然後再探索調理這些系統運行狀態的方法。其中很重要的一項就是研究人體能否透過某些運動祛除疾病，使自身更健康、更強壯。

　　而易筋經的本質是在瞭解自身的基礎上更精細化地掌控自身。內家拳則是在易筋經的基礎上按照正確的方法使用自身。從這個層面上講，中醫的醫理和內家拳的功理可以說是本質相通、一體兩面的。所以，不論我們練習內家拳，還是只練易筋經，都應該瞭解一些醫理，這樣在練習過程中就可以有效地解決一些理論方面的問題，取得更好的鍛鍊效果。

二　內家拳拳理對易筋經功法的反哺

　　內家拳門派裡的易筋經功法的內涵很豐富，因為研究人體結構及其運動規律是內家拳的強項，而易筋經功法恰恰是由一系列動作構成的。所以，一些內家拳的理論成果對易筋經功法是具有補充、完善作用的。

　　例如，本門易筋經在行功過程中就吸取了內家拳理論中的幾個重要理念，如中軸、平衡、均衡等。透過這些理念，我們可以將意識對人體的辨識細化到人體筋骨結構及其運動狀態層面。

　　有人可能說，易筋經，顧名思義，就是練筋。練易筋經時，注意拉筋就行了，有必要瞭解那麼多原理、概念嗎？

　　假設我們要煲一鍋好湯，按理說，我們要先知道湯的配方，即主料、輔料和調味品的正確搭配。然後，要知道下料的次序和時間，還要知道不同時間段的火候，及時調節火的大小，才可能熬製成功。

　　練習易筋經功法也是如此。想要練出比較理想的效果，我們就需要知道這套功法是由哪些「原材料」構成的，這些「原材料」裡誰是主、誰是輔、誰是調味品，它們如何搭

配，在熬製過程中能起到何種效果。

如果練習者不把這些東西搞清楚，那就不叫煲湯，而叫亂燉。除了味道不好外，弄不好還會鬧肚子。

別的流派的易筋經我們不便隨意解讀，但是內家拳門裡的易筋經，絕不是只靠掌握簡單的伸筋拔骨要領就可以撐起一個龐大的功法體系的。

不僅如此，易筋經的功效雖然主要表現為筋骨得到了鍛鍊和增強，但是起效因素也絕不只是筋骨。《易筋經》原文中直截了當地說明了「煉筋必須煉膜，煉膜必須煉氣」「修煉之功，全在培養血氣者為大要也」。

由此可知，易筋經的養生健身功效是人體五大系統的綜合性作用，而這個過程又需要相應的理論指導。這是我們必須事先弄清楚的道理。

下面，我們透過本門易筋經產生健身效果的基本原理來給大家解讀人體各大系統是如何在易筋經功法中發揮作用的。再次請大家注意，這是本門心法，不同於其他流派。如果見解不同，則不做爭論，遵各宗所學即可。

本門易筋經養生健身的基本原理如下。

（一）主動以氣血滋養筋骨，以求筋強骨壯

練習易筋經功法，如果單純只做伸筋拔骨，確實可以拉長筋腱，間接地促進氣血循環，但是不足以使筋骨強壯起來。內家拳因為拳學的需要，只是筋骨的拉伸量增加和靈活度提高還不行，必須要提高骨骼的硬度和重量，以及筋腱的粗大程度和彈性。所以，內家功法中的易筋經強調在完成外形動作時必須同步伴有「貫氣」之法，以氣血滋養筋骨。氣

血旺盛，運行通暢，濡養全身，才能養壯人體、強壯筋骨。

　　這是內家拳中易筋經起效的關鍵。注意：**這裡說的氣血包含氣和血兩個概念**。有關氣血的具體定義可以參看拙作《方式》，這裡不再贅述。有些朋友不想看也沒關係，只需記住氣血是滋養人體的精華就可以了。

　　要引導氣血灌注身體各個部位以養壯筋骨，就必須具備調動氣血的能力。具體的方法是內家拳的呼吸法和功架。

　　易筋經功法不需要有那種「我要流多少汗、吃多少苦」的心態。雖然在伸筋拔骨的過程中人體是必然會產生酸痛感的，但這時我們要明白，強壯的筋骨是氣血滋養出來的，並不是酸痛感折磨出來的。所以，做動作時不可有意地較力、使勁，甚至刻意追求酸痛感。要保持平和的心境和放鬆的狀態。「有所求」的心態其實並不利於易筋經的鍛鍊。反而是站內家拳的無極樁時，那種恬淡虛無的心態更有利於氣血對身體的滋養。

（二）以身體中軸為基準，建立平衡和均衡的身體結構，以取得最佳的長筋騰膜的效果

　　傳統的易筋經伸筋拔骨主要靠動作。而本門的易筋經則藉助了拳法中間架的優勢，使伸筋拔骨的功效更加立體、全面、透徹。

　　其中，中軸、平衡、均衡三個概念出自內家拳的間架理論。

　　中軸（圖 2-1）即身體的虛軸（虛軸的定義請參看《方式》中的第九章第三節）。

　　懂中醫的朋友姑且將衝脈當成中軸的投影也可以，這樣

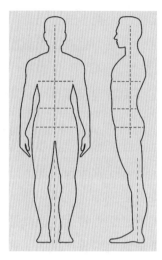

圖 2-1 人體中軸

能有個實際的指代物，不至於因為「中軸」的概念太虛幻而無所適從、無從下手。

不懂中醫的朋友也可以把脊柱（實軸）當成中軸的投影。雖然兩者是不同的東西，但是實在沒感覺的朋友也可以這麼嘗試一下，這算是沒有辦法的辦法。

為什麼練易筋經需要有中軸的概念呢？因為本門的易筋經功法始於對人體結構的搭建。

我們知道，易筋經的每一個動作都是一個功架（有關概念後文會有介紹），易筋經十二式的功法運作全部是在功架狀態下進行的。而功架的構建要求我們必須有一個「中軸」的概念。

功架相當於是把我們的身體塑造成一個三維立體的結構架子，所以必須有一個中軸作為核心，才能使我們的身體（包括筋骨、經絡、內膜、臟腑等）在三維立體狀態下充分舒展開，不至於有阻塞、蜷縮的部位。同時，中軸作為身體的尺規或參照物，使我們在運轉功架時能有清晰的平衡感和均衡感，尤其是在做那些身體偏轉、起落、俯仰的動作時。

總而言之，中軸是我們釐定身體架構、讓我們的動作做得標準到位的保證。

平衡和均衡是由中軸引申出的兩個次級概念。平衡是指身姿不歪斜，保持端正，尤其是骨盆和脊柱。骨盆是我們軀幹的底座，脊柱是我們身體的支柱。這二者不歪斜，身體就

能大致保持平衡。均衡是指身體在各個方向（上下、前後、左右）上都要有對稱的感覺，哪邊都要不過不失。身體在做動作時要飽滿，身體各部分儘量都運動起來。同時，動作要舒展到位，讓身體內外各部分都得到充分的鍛鍊。這兩個概念代表了易筋經功架的重要鍛鍊目標，即獲得能在日常生活中自然保持平衡態和均衡態的人體結構。

　　對照第一節中我們分析的日常生活的運動形式對身體的傷害過程可以知道，練習易筋經功法是為了恢復人體的平衡態和均衡態。這才是人體正確的體態，是體弱者恢復健康、健康者更加強壯的基本保證。比起強筋壯骨，這是修煉易筋經功法更重要的目標。

　　易筋經功法只要正常練習，肯定有強筋壯骨的效果，但是強化筋骨並不能保證人體的平衡和均衡。人體上下半身、左右半身本來就有強有弱，單純強化很可能導致強弱差異加大。如果這種差異太大，反而會給身體造成新的負擔。相反，守住中軸，保持平衡和均衡，我們就不難獲得更高品質的強筋壯骨效果了。

　　現在大家看這三個概念覺得很虛，等到後面講到功架、間架、身架等概念的時候，大家就能逐漸理解這三個概念多麼重要了。現在請先記住：中軸很重要！平衡很重要！均衡很重要！

（三）以丹田為樞紐，統合人體架構做整體運動

　　易筋經十二式的原始動作及指導理論是逐條進行經筋鍛鍊。但是這存在一個問題：人的各條經筋的敏感度不同，有的經筋很容易就有功感了，有的可能就體會不到。這對普通

人健身需求的影響可能不大。但是，內家拳要求的是整動整勁，根據木桶理論，你的運動能力和勁力輸出一定會受到那條較弱經筋的限制。

為了解決這個問題，內家拳就把拳學中的丹田概念和相關功夫轉移到了易筋經功法裡面。

1. 丹田的基本概念

內家拳中的丹田不是一個簡單的概念，也並非指一個體內的能量團或者一個實體化的人體組織。

它的含義比較複雜：從身體的筋骨結構角度說，這個區域位於骨盆和脊柱的交匯處，也是人體經筋網路的交匯區域。從能量角度說，它是經絡（氣血）的樞紐。從力學角度說，它是人體總重心所在。

一般拳學中所講的丹田多指下丹田，即下腹部的整體空腔區域。對於這個位置，我們不必強求一個清楚的具體描述，也不必認為一定就是哪裡，甚至不必非要指出一個坐標空間來。

另外，丹田是一個隨著你的功力提升而生長發展的東西。根據練功的不同階段和練習的不同科目，丹田所指代的內容是不同的。具體含義需要根據具體情況來解讀。

總的來說，大家可以把丹田大致理解為一個「樞核」的綜合性概念。打個比方，丹田類似於古代軍隊的「中軍大營」。

2. 丹田的重要作用

從人體架構的整體運動角度來講，因為從內到外的各個部位都在動，所以需要有一個「中心」來協調身體各部分的協作關係，以明確主動、從動的秩序。這個人體運動中心就

是丹田。

從物質實體方面看，很多維持人體平衡和控制人體運動的關鍵性肌肉都位於這一區域。

如果把人體上下分區、左右分區、內外分層（深層和淺層），那麼居中連接的正好是丹田。

當人體上下、左右、內外各局部做整體運動時，丹田區域的肌肉可以透過經筋控制各部分肢體，以保持動作的整體協調性。經筋是經絡的載體，經絡是氣血的通道。鍛鍊和運用丹田也有助於氣血從臟腑向全身推送。

從人體的力學關係看，人體的總重心位置也位於丹田。人體總重心是人體所受重力的合力作用點。人體靜止直立時，重心位置一般在臍下、第三骶椎前方 7 公分處。人體在做整體運動時，如果想保持平衡就必須對自身重心有明確的感知和精準的操控。

總體來說，腰腹區域擔負著控制人體姿態、維持人體結構、掌控人體重心、操控人體運動的職能。所以，內家拳有專門的丹田功，透過控制腰腹區域，主動實現姿態控制、結構維持、重心穩定、運動協調等功能。因此，內家拳的易筋經自然也就包含了丹田功的部分內容。

3. 培養丹田的方法

要想由丹田驅動人體間架，在進行易筋經練習時丹田最好保有基本的氣感。

氣感一般表現為一種溫熱感。如果沒有氣感的話，至少要時刻保持充實感。當然，這個充實不是讓你強行繃緊腹肌，而是一種自然生成的狀態。

如果丹田感覺發空、發癢，甚至發涼，建議先站內家拳

的無極樁或練習丹田呼吸法，以充實自身氣血。具體操作時可以先從腹腔內部神闕穴後面的那個空間位置開始體認，採用丹田呼吸法（在《方式》裡有介紹，這裡不再贅述）。

丹田出現了充實感和溫熱感，代表著呼吸、氣血、重心等元素都納入易筋經功法中來了。不過要提醒大家，真正的丹田遠不止這點感覺。具體的丹田狀態會隨著個人修為的提高而呈現出各階段的不同特點。但是，說出來的是空的，練出來的才是真的，所以就不在這裡一一介紹了。

4. 易筋經的「自然呼吸法」其實是內家拳的自然煉氣法

內家拳過去被稱作「自然氣功」，就是說練內家拳不用專門練氣功，最好連想都不要想這個問題，因為「單求氣，為氣所傷」。

練習者就按照拳學要領，規規矩矩練拳，自然會獲得煉氣的效果。其中的關鍵就是呼吸和動作自然配合。

這裡請大家注意，呼吸和動作配合不是說吸進來、吐出去的那口氣跟動作配合，很多人總愛琢磨怎麼折騰那口氣。

其實，呼吸是體內的一個動作，是胸腔、腹腔、膈膜共同完成的一個動作。所以，說呼吸和動作自然配合指的是體內的動作和體外的動作高度協調。這樣是不是就比較好理解了？

本門的拳法講究「鬆靜自然、玩而求之」。所以，本門的呼吸法也是只要求自然呼吸。

修煉易筋經時也是如此。一定不要刻意地做什麼順腹式呼吸、逆腹式呼吸等。如站樁、盤架時一樣，身體放鬆後，心神安定，呼吸綿長，若有若無，即為易筋經所需要的呼吸方法（圖 2-2）。

圖 2-2 如樹木般不顯於形的呼吸

呼吸越深長越好，外形動作越緩慢、柔和越好，讓呼吸與動作自然地配合、呼應。這是一種「無為」的呼吸法，或者說是一種內在運動的放鬆態。正如我們的無極樁以沒有要領為要領，從一無所求中產生各種身體變化。

易筋經的呼吸法雖然是從自然呼吸入手，但是不會永遠停留於自然呼吸的層面。

自然呼吸只是讓內部器官在完成呼吸運動時保持放鬆狀態的一種手段，也就是避免胸部、腹部或其他部位局部緊張。隨著所練功法的晉級，呼吸法也會在保持放鬆的前提下改變、升級、深化。

具體來說：一般人的自然呼吸是胸式呼吸。這並不錯，但只是階段性現象罷了。隨著練功深入，自然呼吸會呈現為腹式呼吸。

注意：**這是身體自然改變的，不是練習者主觀去做的。**

再繼續深入就會進入胸肋的開合式呼吸。

　　開合式呼吸繼續拓展又會形成體腔的鼓盪式呼吸。這是內家拳想要的理想呼吸。

　　所謂理想呼吸是指整個身體都參與進來的呼吸動作。呼吸時，整個體腔從上到下（頂部到底部）、左右兩側（邊到邊）、從前到後（體前到體後）都要膨脹、收縮。這樣才能與內家拳架的開合鼓盪之動勢相匹配，達到理想練功狀態。

　　前文我們提過，呼吸是易筋經功法中調動氣血的重要手段，與氣血鼓盪息息相關，其實指的是這種內外相合的理想呼吸法。這是一種功夫的境界，是隨著練功深入而自然達到的，不是刻意追求就能馬上做到的。

　　有了這種呼吸法，易筋經的調理功能才可以從身體表層的十二經筋向身體深層的內膜滲透，其過程大致如下：

　　表層的十二經筋可以用四肢伸展的動作鍛鍊。

　　關節等結構複雜的部位要用螺旋擰轉的動作疏通。

　　四肢經筋與軀幹的結合部，我們稱作筋根，就要由軀幹擰轉的動作刺激才能感知到和鍛鍊到。

　　筋根跟體腔內膜銜接過渡的地方就要配合體腔的呼吸鼓盪，從內部接引，才能打通、連接。體腔內膜、膈膜就得透過深度呼吸法才能鍛鍊到了。

　　大家看這個流程，是不是和內家拳的拳架修煉有異曲同工之妙？

　　以上是本門易筋經改造人體的原理的大致總結。

　　看完這些，你應該對「煲好易筋經這鍋湯」有個大致印象了，進而對於如何正確理解易筋經功法有了一定的概念。接下來，我們就可以逐步地開始研究易筋經功法的具體內容了。

第三節

易筋經功法理論中
的常用概念

本節把易筋經功法所涉及的一些基本概念向大家解釋一下，以便大家在練習之前對易筋經有一個更清楚的認識。

一 「筋」的概念

易筋經所涉及的第一個概念當然是筋。

《方式》和本章前面的文字已經對什麼是筋做了詳細的論述。

下面我們從具體行功的角度，再把相關概念梳理一下。

易筋經剛開始要鍛鍊的筋主要指經筋。經筋本來是中醫理論中的概念。具體的經筋的名稱、走向在中醫書裡都有，有興趣可以去查一查，大致知道一下就可以，不用深究，也不影響具體鍛鍊效果。

為何易筋經要把經筋作為鍛鍊人體時的目標物呢？

經筋處於我們身體的最表層，透過四肢的伸展性動作，我們可以直接鍛鍊它們。經筋鍛鍊小有所成之後就會感受和鍛鍊到筋膜。

《易筋經・膜論》中論述：「俟煉至筋起之後，必宜倍加功力，務使周身之膜皆能騰起，與筋齊堅，著於皮，固於

內，始為子母各當。否則筋堅無助，比如植物無土培養，豈曰全功也哉。」

所謂筋膜是指包裹、懸掛、支撐身體全部結構，並與全部結構連接的結締組織。這是一種網狀的身體組織，內家拳中將人體骨架與筋膜的關係描述為「玉樹掛寶衣」，即指這種狀態。

經筋和筋膜在外連絡骨骼、肌肉，在內包裹、支撐五臟六腑，是構建我們的軀體結構的主要組織。我們身體的正確姿態的維持、身體結構的保持有賴於經筋和筋膜良好地發揮其功能。但是普通人的經筋和筋膜是比較孱弱的，是依附於後天的骨骼——肌肉的運動模式之中的，尚未形成經筋——筋膜獨立的架構。所以我們還要繼續改造它。

二 「易」的概念

「易」的第一層含義，肯定是強化經筋和筋膜的強度，這毋庸多言。

它的第二層含義，就是塑造以經筋——筋膜為主的新型身體空間結構。內家拳中的內型以及由內型構成的樁架，即這種經過鍛鍊形成的經筋——筋膜結構。

它的第三層含義，是疏通經絡，加速氣血運行。

人體的各種能量和營養有賴於由經絡來送往身體各處，而經筋是經絡的物質載體。假如說肌肉、骨骼、臟器等是田地，氣血是水，那經絡就是河流，而經筋就是河道和水渠。要引導河水灌溉田地，就必須保證河道水渠的通暢。反過來說，河道和水渠的通暢和穩固，也需要流水的沖刷和滋潤，

如果水流減弱了、消失了，那麼水道也會淤塞、乾裂，甚至變為平地。

因此，鍛鍊經筋和筋膜是為了疏通經絡、運行氣血，如同把天然的小溪拓寬成人工的運河，從而輸送更多的氣血以滋養全身，為改造全身奠定物質基礎。

它的第四層含義，是改變身體的運動模式。

一般常識對人體運動的簡單解讀如下：關節是支點；四肢的骨骼可以看作運動的槓桿；肌肉是動力來源，由收縮或舒張來支配骨骼運動；韌帶作為肌肉與骨骼、肌肉與關節締結的橋樑，並且防止運動的過度形變以及一定的扭曲耐受，可以理解為複雜槓桿中的加強緩衝構件。

而我國傳統醫學和內家拳理則認為是經筋和筋膜主導著人體的各種運動功能，因為關節處有關節囊；骨骼外面被骨膜包裹；肌肉纖維外面包裹著筋膜，肌肉塊兩端有筋腱連接著骨骼；軀幹內的腔膜撐起了體腔的空間結構，為內臟提供了一個穩固、安全的存放空間。

所以，在中醫和習武人眼中，人體就是一個筋膜構成的大皮囊，裡面嵌套、包裹著骨骼、肌肉等零件，由經筋把它們貫穿起來。

經筋──筋膜系統才是人體運動系統的主體框架。假設我們是汽車，經筋──筋膜系統就是車的底盤和廂體，其他器官是在這個主體框架上增添的零件。所以，如同改良車體設計，我們藉由對經筋和筋膜的改造，來更好地控制和增強自己身體的整體運動功能。雖然易筋經一直具有這個功效，但是到了內家拳階段會體現得更明顯。這裡大家先瞭解這個概念即可。

　　易筋經之所以稱為「易筋經」，而不是叫「伸筋經」「強筋經」，就是強調其整體改造身體五大系統的功效。

三　「用意」的概念

　　本門易筋經的功理一直強調：易筋經功法雖然是一種側重煉體的功法，但是同時也在對意識進行鍛鍊。

　　修煉易筋經如同在掌握一種意識與身體對話的方式，好比給電腦下指令需要使用電腦語言，像 C++、JAVA，等等。而練習易筋經就是在學習一種意識指揮身體完成特定功架的語言。這個理論貫穿易筋經訓練的始終，並一直延伸到內家拳拳架的訓練過程中。

　　簡單來說，在練習易筋經過程中有一個必不可少的步驟，也是一個必須經歷的階段，同時又是一種行之有效的方法：不斷運用意識體察自身，清晰瞭解自己的身體狀態，尤其是經筋和筋膜的狀態，並設法與之建立起一種互動機制。

　　這裡所說的「運用意識」並不是要求你主觀想像什麼、做什麼，只需你放鬆心神，體察自身在完成易筋經功架時產生的回饋即可，這是一種被動接受身體資訊的狀態。

　　當意識體察自身的能力增強到一定程度時，身體的回饋與頭腦中的反應就會建立起一種順暢的互動關係，身體的任何微小變化，頭腦都能敏銳地捕捉到。而頭腦中一個瞬間的指令，身體都能精確地執行。

　　如果能練到這一步，證明我們的意識也已經得到了相當程度的鍛鍊，並初見成效。

　　這種能力可以為我們以後練習內家拳時儘快理解和掌握

拳架的筋、骨、皮的「外」和神、意、氣的「內」，以及兩者之間的關聯，打下堅實的基礎。

四 「不用力」的概念

內家拳的要領中常有「用意不用力」的要求。這裡要特別解釋一下，所謂「不用力」是指不必為了追求筋腱的拉伸感、筋膜的緊繃感而故意繃緊肌肉，甚至故意憋氣。

其實，做易筋經的動作時肢體運動幅度很大、強度很高，怎麼可能不用力呢？

正是因為完成易筋經的規範動作已經很用力了，所以必須給初學者反覆強調「不用力」這個概念。這樣才能避免初學者再用多餘的力。

思想上不用力，按照動作的規範做，做到位，就是恰到好處的「用力」。如果主觀上再添一把力，那就過頭了。以後練內家拳的拳架也要依據這個原則。

這裡要額外多囉嗦一點：我們在思想上不必把肌肉和筋骨對立起來，更不要把自己的精力、注意力和腦力浪費在判斷內家拳鍛鍊用力還是不用力上。

其實結合前文，大家應該能理解，強調「筋骨」概念是為了明辨其與肌肉的區別，並非是要與肌肉對立，更不是要否定肌肉。很多人總認為練筋骨就要弱化肌肉，這個認知是錯誤的。

這裡再次強調，在內家拳理論中，肌肉是筋的附屬物。所以，我們不把單獨的肌肉塊作為訓練重點，如此而已。想練肌肉，可以；想追求肌肉力量，也沒問題，但是一定要把

它納入人體的筋骨結構的整體框架內。比如，抖大杆子、揉石球、抖重鐵鍊、抖大繩都是內家拳練肌肉力量的傳統方法。

這一點可以用古代訓練軍隊打比方。筋骨是盔甲，肌肉是士兵，作戰是甲兵列陣而戰。在將軍眼裡，士兵就是驅動盔甲和兵器的人形發動機，以及構成戰陣的零件。每位將軍當然都希望手下的士兵個個是壯漢，但是這些壯漢如果天天只練力氣，而不練習披甲作戰的技戰術，不熟悉戰鬥陣形變化，那他們不過是一群身強力壯的平民而已。反過來說，如果這群士兵軍紀嚴明、戰法嫻熟，將軍當然希望每個士兵力氣更大。

所以，大家在練習易筋經時，一方面要明確，我們鍛鍊的目標是筋骨，暫時不必考慮肌肉力量；另一方面，也不要因為怕肌肉用力了就連動作都不敢做到位。要有點辯證思維。

五　「功架」的概念

「功架」的概念非常重要。明確了這個概念，有助於理解本門易筋經的立意，甚至對於今後掌握各類內家功法、拳法都會有所幫助。

首先要指出，本門這套易筋經十二大式是由一個個功架構成的。

一般人看待易筋經，會覺得它是由一個個動作組成的。從普通人健身的角度來說，這樣理解也不是不可以。但若是想真正地修煉易筋、易骨的功夫，就要在頭腦裡樹立「功

架」的概念。然後，根據這個概念去理解和運用後續的功理和功法才會有好的效果。

功架，顧名思義，是練功的外形姿勢和動作，但它有別於常人日常生活和一般體育運動的動作。不是所有的動作都可以稱為功架。

所謂功架是指可以最佳地調節人體某種運動功能或是最佳地發揮人體某方面運動能力的動作（動）或姿態（靜）。請注意「最佳地」這幾個字。

人體可以呈現多種姿態，也可以做出很多動作，如一般站立、扭轉胳膊、伸展身體、彎曲身體，等等。所有這些動作都會牽動身體很多地方，需要深層和淺層的筋肉、骨骼等諸多部位的協調配合才能完成。

這些動作有些很簡單、很基礎，有的則有一定難度。如果把它們分門別類再研究一下，就會發現每一個種類的動作其實都代表著一種人體的運動功能。

在現代健身領域，對人體運動功能進行評估時，也是以完成某種動作的程度作為檢驗標準的。這些動作並不是非要選高難度的，而是選能代表人體某一方面運動能力的。這是一樣的道理。

易筋經的功架也是來源於一類代表性的動作。當然它的思路和選擇標準不同於現代健身。

易筋經是以傳統的經筋理論為指導。它研究和鍛鍊的是人體經筋協調動作的能力，由經筋的協調，更好地發揮人體的某些運動功能和運動能力（比較直觀的案例就是內家拳）。所以說，易筋經採用的動作是經過多少代人的反覆實踐、總結經驗，最終篩選出來的。而十二式易筋經更是從全

本易筋經百十個式子中優選出來的，所以不可等閒視之。

可以說，易筋經的每一式都有其道理。一式對應一套理論。

六　「間架」的概念

在大家瞭解了「功架」這個具體概念之後，我們還有必要專門講解一下「間架」的問題。這並非畫蛇添足。

間架俗稱架子，指的是人體的空間結構佈局。功架是服務於練功的空間結構。與之對應的還有拳架的內容，也就是服務於練拳的空間結構。

功架、拳架既有相通之處，又有所區別。所以，間架需要做一個詳細的解說，讓大家理解這個比較抽象的概念。

「間架」這個概念最初是拳裡的，是內家拳「反哺」給易筋經的。因為它在易筋經體系內更側重於練功，所以產生了「功架」的概念。

圖 2-3 單線形態的棍

從健身角度講，練易筋經不必有架子，怎麼伸筋不是伸呢？只有做拳時才需要「拉個架子」，也就是俗話說的「把式把式，全憑架勢」。這個架勢在內家拳裡格外受到重視，並由站樁功加以強化，也就是我們常說的樁架。所以，我們總強調本門易筋經是內家拳門裡的易筋經。

什麼算是我們說的間架呢？

大家想想，一維的結構，比如一

根棍子或者一根繩子（圖 2-3），無論怎麼拉伸，它也沒法構成「架」。

至少是交叉的兩條線狀物，才能算「架」，比如十字架（圖 2-4）。

如果有長、寬、高三個維度的結構，那就更符合咱們頭腦中「架」的概念，比如房屋的框架結構（圖 2-5）。

圖 2-4　交叉是「架」形成
　　　　的基礎

圖 2-5　數個交叉形成複雜的
　　　　「架」結構

同樣，身體的結構框架也是三維的，因為我們有胸腔、腹腔，軀體不是一個完全平面。我們在建立自身結構的時候，必須考慮長、寬、高三個方向上的支撐，才能明確人體經筋、筋膜、內腔的空間位置，然後進行鍛鍊。這跟蓋房子的道理一樣，即先有了房屋框架結構，才能往上面蓋屋頂、建牆面、鋪地板。

這個三維的人體結構框架如何建立起來呢？

簡單來說，就是用我們的骨骼搭建起來的，這不是普通人自然的骨骼狀態，而必須是人體根據「功法要領」，並且

「做到位」後，所形成的立體支撐的骨架結構。

這種骨架結構，我們姑且稱之為身體間架。「間架」概念之所以重要是因為人體結構的穩固、合理（符合功理要求）才是功法能正確運行的基礎。

這裡需要再強調一下，「功架」與「間架」概念是有區別的：間架是初級概念，就是先有了這麼個「架子」。功架是高級概念，就是這個間架要能用來練功，也就是引發我們五大系統的改變。也就是說，「功架」概念向下相容「間架」概念。

練習易筋經，不論是完成動作，還是求得功效，都必須先確定一個身體間架。在身體形成間架的基礎上，再去鍛鍊經筋、筋膜，運行氣血。只有經筋、筋膜、氣血乃至我們的意識都調動起來，並統合到鍛鍊過程中，我們的動作才能上升到功架的層次。

我們可以做個不太恰當的比喻，這就好像種葡萄，應先搭個架子（身架），讓葡萄藤能爬上去，充分生長。葡萄藤長壯了，而且爬滿整個架子，等於又加固了這個架子，這個架子才能被稱為葡萄架。可以結葡萄後，葡萄成為這個架子的主題——這才構成了功架。

建立間架僅僅靠骨骼還不夠。骨骼是一節一節的，它自己形不成架子，必須由經筋把它們串接起來。

間架的構建首要的是挑起從腳後跟到頭頂的這兩條大筋，在身體上形成一個「人」字形的支撐。這兩條大筋叫足太陽膀胱經筋（圖 2-6）。

它是從腳後跟向上，經過尾閭、骨盆後緣，上升到人體背部，左右夾住脊柱，最後直到後腦。像兩根長藤把腿骨、

骨盆、脊柱、顱骨串聯起來。如
果兩腳分開，那麼這個筋骨結構
就像「人」字梯一樣特別穩固。
所以說，它是基礎的身柱大筋，
是身架的根本支柱。

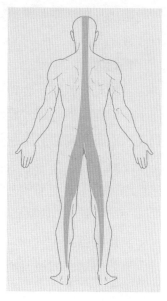

易筋經功法裡無論練習何種
姿勢，這兩條筋必須先挑起來。
即使是做動作時，也要維持住這
兩條大筋，不可鬆軟，不可有死
彎子。這是基礎要求。

在易筋經的要領中，凡是強
調頭有上頂之意、足有下踩之意
的時候就是在舒展這條大筋。

圖 2-6 足太陽膀胱經筋

身柱大筋挑起來之後，以這個為基礎，其他的經筋就好
練了。

如果說從腳到頭的足三陽、三陰經筋像房屋的柱子的
話，那麼手臂的經筋好比房屋的橫樑。有了柱子和樑，這就
構成了人體的筋骨構架。

這就是由間架逐步演變成功架的過程。

七　「心法」的概念

修煉易筋經，不光要學動作，還要有心法配合。所謂心
法，相當於行功原則、要領。

易筋經的心法總則可以用八個字概括：形正氣順，身鬆
心靜。說白了，就是擺正身體，使氣血通暢。

擺正身體則需要遵循如下細則。

1. 鬆靜

身體充分放鬆，心神安定、安寧，心思專注於練功和動作上。只有身鬆心靜才能體認到筋，進而保證行功動作鍛鍊到筋，而不是局部肌肉運動。

「鬆、靜」二字心法是易筋經功法生效的保證，可以說是易筋經的「藥引子」，不可輕忽。

2. 反觀自身

易筋經功法的練習絕對不是把姿勢一擺，咬牙堅持住就算完事了。

易筋經行功中一個很重要的要求就是「反觀自身」，也稱「內察」，就是注重體認功法帶給自己身體的各種變化、各種體感、各種回饋。在練功的過程中不斷深入瞭解（透過自己的感知能力）自身的各個部位（肢體、器官、筋骨，等等），體察各個部位的狀態，可以更好地掌控、協調各個部位的動作。

在這個「行功—身體回饋——根據回饋微調身體運作——獲得更好回饋」的模式下，易筋經鍛鍊才能獲得良好的效果，這才是練習易筋經功法的正確方法。

這種練法的要求是心神安定，神意不受（或者說很少受）外部環境影響，注意力集中於自己的身體內部，把握身體每一處的狀態、捕捉每一點細微的變化。這種練法還能很好地鍛鍊神經的控制能力和敏感度。

隨著練習的深入，身體的控制能力會不斷增強，進而重

塑我們的運動模式，由「外動」演變為「內動」（易筋經本
身也有內動練法），這就逐漸接近內家拳的要求了。

3. 動作到位

易筋經鍛鍊全身的筋骨時，周身所有的經筋、筋膜都要
參與。換句話說，任何一個動作都不是局部動作，而是手腳
和軀幹的淺層、深層的肌肉、筋膜等共同參與的結果。

為了真正鍛鍊筋骨，充分調動全部筋骨，每一式的易筋
經動作都要儘量做到位。所謂的到位就是儘量把動作做到自
己的極限程度。

這裡我們需要明確：易筋經的動作都是自內而外、從根
到梢地舒展筋骨，而不是很多人想像的靠三兩個骨節之間，
甚至梢節與根節之間的對爭來抻拉筋骨，那是低效練法。

正確的行功方法，簡單來說，就是伸懶腰似的感覺，只
不過我們要把伸懶腰的動作做深、做透。一般人伸懶腰，不
過是伸展兩臂、擴胸、舒背罷了。我們則要從頭到腳、從丹
田到四梢伸個大大的、通透的懶腰。

易筋經動作必須練到位。只有在把「伸懶腰」動作做到
位的情況下，才能全面、深入地刺激全身的筋骨。否則，要
麼是刺激不到筋骨，或是鍛鍊不到該練的地方，使易筋經淪
為拉伸體操；要麼是刺激不到深層次的筋、膜，導致它們得
不到鍛鍊，功效打折。

當然，在實際操作中還是應該循序漸進，逐步隨著自身
的進步將功法做到位。切切注意不可操之過急，想一下就達
到極限是比較危險的。尤其是平時缺乏運動的朋友，特別是
老年朋友，筋硬骨脆，更要注意這點。

建議這些朋友在練習時先將動作做到自己能承受的程度，堅持一會兒，然後放鬆一下，適應後再嘗試向到位方向突破一點點，從而一步一步穩穩地取得進展。尤其注意嘗試突破時一定要緩緩從之，不要一下子加大幅度。在到達自己的極限後，停留一會兒，再放鬆，然後再到極限，再放鬆。如此反覆做，直到自己能適應。一切以自己的承受能力為限度，寧可慢，不要急。

此外還有一種方法，就是剛開始練習時先選擇一個自己能承受的筋骨拉伸強度。然後，維持這種練習強度，如此經過一段時間，比如三個月左右，感覺動作和功法都熟悉了，身體比以前柔軟了，再嘗試更大一點強度的練法。這是一個更穩妥的做法，尤其適合初學者、中老年朋友。

4. 動作連貫流暢

本門易筋經全盤共十二式。十二個姿勢／動作並非是互無關聯、孤立存在的，而是應該被視為一個整體，或者說是一個動作被分為了十二份。

故而在練習易筋經時，動作不可停頓、不可有斷續。我們不是一式一式獨立、間斷地完成它，而是要讓動作流暢連貫起來。一式完成後自然就轉變到下一式，下一式是上一式自然的承接，且毫無刻意、頓挫之感。

動作連貫流暢，氣血也就會流暢通順起來，連綿的動作也意味著身體的經絡和經筋的運轉功能良好，同時有利於身體的協調和控制力的提升，這也意味著身體的功能在全面改善。

初期先注重動作的連貫流暢，待動作熟練後再提升要

求，逐步達到「勁、意、氣」一氣呵成、連綿不絕的程度。簡單地說就是要把易筋經當太極拳練（同樣，等我們以後練太極拳的時候又要帶著易筋經的功感盤架子）。

5. 行功過程中保持功態

易筋經練習對身心兩個層面都有要求。有關身心的準備，前文已經介紹了，就是身鬆心靜。

當身心的狀態都達到了要求的標準，並且隨著練功深入，身心逐步達到互相協調的程度，練功時精神也能集中，全身心都能投入練功之中時，身體就進入了功態。這時所獲得的練習效果是最佳的。

這個功態很重要，是易筋經功法起作用的關鍵。

6. 時刻牢記養練法

養練法是本門易筋經功法的根本理念，非常重要，所以需要再次強調。練習本門易筋經，切忌硬拉硬拽、蠻力拉伸式的訓練，而是應以正確的

功態，營造良好的、能充分滋潤經筋及調和身體狀況的身心環境，以促進經筋的強健，進而恢復身體、營養身體、強壯身體，故稱之為養練法。

這點請有心練習者切切注意，否則謬以千里。

經由上面的解說，如果大家已經能夠比較深入地瞭解易筋經了，那麼，接下來我們就進入對易筋經功法動作的介紹。

第四節

易筋經十二式全盤動作

　　《方式》一書中介紹了本門易筋經前三式。很多朋友覺得不過癮，強烈要求我們介紹全部動作。這裡就全盤介紹給大家。

　　前三個動作已經介紹過了，這裡就不贅述了，僅對前三式再補充一些必要的論述。

　　從第四式開始再加以詳細介紹。

　　易筋經的通用練法是每個姿勢擺到位後，保持姿勢不變，靜待 49 個呼吸，呼吸越深長越好。這樣便是調身、調心、調息皆練了。

　　每一式的解說中如無特殊說明，都是如此訓練。

一　韋陀獻杵三式

　　所謂韋陀獻杵三式就是韋陀獻杵（圖 2-7）、橫擔降魔杵（圖 2-8）和掌托天門（圖 2-9）三個動作。

　　這三個動作雖然有所區別，實則共同服務於一個目的，故常常被視作一套動作。

　　此三式是易筋經開始動作，有領起全篇之意。結尾處則由打躬、吊尾二式總結、昇華全篇。兩者一始一終，形成了

完美的呼應。

此三式作為易筋經功法的起手，是以鍛鍊人體自身的「坐標軸」（圖2-10）（解剖平面圖）為目的的。

圖2-7 韋陀獻杵

圖2-8 橫擔降魔杵

圖2-9 掌托天門

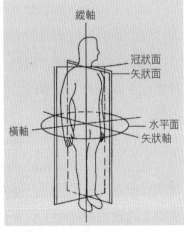

圖2-10 人體「坐標軸」

簡單而言，就是透過此三式的鍛鍊定下人體的上下、前後、左右的基本狀態。

此三個方向也是人體最基本的受力和施力方向，因此是我們鍛鍊的基礎。

我們在講解功架的概念時曾說過：功架是指可以最佳地調節人體某種運動功能或是最佳地發揮人體某種運動能力的動作或姿態。

此三個功架就是練習人體的前後、左右、上下方向上的姿態。

其中，第一式韋陀獻杵練「前後」，第二式橫擔降魔杵練左右，第三式掌托天門練上下。

第一式「前後」之所以加引號是因為易筋經裡其實是沒有一般意義上練前後姿勢的，因為人體的前後方向不必特意鍛鍊，普通人就能掌握。普通人所欠缺的只是力不夠均衡，有很多不足和有餘的缺憾。

所以，本式體現的是「抱元守一」的均衡態概念，強調中正安舒、無偏無倚，而不是強化某一方向的東西。

因此，說本式練「前後」，僅是因為手在身體的前方，身體在手的後方，兩者的空間相對位置如此，並不是僅練習前後方向的筋骨架子。

這點望大家能完全理解。

韋陀獻杵三式練完後，身體的上下、前後、左右的基本框架就確定了。人體這三個方向的坐標軸練紮實了，在這個基礎上再練後面的式子就會有收益疊加的效果。所以說，韋陀獻杵三式是領起全篇的三式。

二 從第四式到第十二式

起式必須先立好足太陽膀胱經筋這條身柱大筋，這是基本要求，千萬不可輕忽。

（一）第四式 摘星換斗

1. 動作講解

本式分為左右兩式，以位於背後的手為判斷標準來區分左右式。練習時先練左式，即左手位於背後，右手上舉的姿勢。之後再練右式。

起式先將兩臂向左右平伸，身體呈類似十字架形態。然後，左手從左腋下反穿向身後（有點像穿袖子時的感覺），貼於命門處；而右手則同時上舉高過頭頂，掌心朝下，覆於頭頂。此時兩肘的肘尖分別朝向身體左右方。

如此，基本姿勢就算擺好了（圖 2-11、圖 2-12）。

圖 2-11 摘星換斗（正面）

圖 2-12 摘星換斗（背面）

2. 要點強調

後手的動作需要特別強調。注意要先向體側（如果是左手，則向身體右側）穿出，穿的動作要做到極限，在此基礎上再往上夠（達到一定的限度），同樣夠到極限。然後，在此基礎上再往外（身背後的方向）撐，也要撐到極限。

做到「穿、夠、撐」這三點後要保持住由這三個小動作牽引出來的筋骨活動量，再慢慢將手背貼向命門。

在內家拳中，這三個小動作連起來叫作掖（比如八卦掌中就有專門的一式──掖掌，跟這個動作頗有相近之處）。為了便於大家理解，我們舉個例子：咱們過去家裡可能有那種用被子一層一層堆起來的被垛。假設咱們背對著被垛站著，不回頭，用手向後伸，把一塊毛巾塞進被子夾層的縫隙中，這個動作就叫掖。

這個後掖手的動作必須做到位，因為這是引出筋骨活動量的手段。可以說，本式的重點同時也是最容易被忽略之處就是這個後掖手的動作。

一般人練這一式時後手往往是往身後隨便一背就算完了，而把訓練重點放在舉起來的那隻手上。

但本門的易筋經的鍛鍊要領中非常強調均衡的原則，功架中的任何細節動作都有其意義，哪一點都不可輕忽。所以，在「摘星換斗」中後掖這個動作非常關鍵，它是由後掖手在我們背後的撐繃擰轉來鍛鍊相關經筋。這一點非常重要，大家一定要重視，並且認真做到位。

本式上手是覆掌（即手心朝下），掌心勞宮穴對準頭頂百會穴，此時勞宮、百會、會陰三點形成一條垂直於地面的線，從而強化「中軸」在身體內的感覺。

　　上舉手的動作之意是：以身體中線為分界線，上舉手與同側的軀幹、腿、足部形成一個整體，然後整體向身體另一側以傾倒之勢壓下去。

　　做動作時有這個意識就可以了，不必真的在外形上表露出來。有這個意識則身體與四肢就是整的，而不是散的。這樣才可以充分拉伸軀幹的肋側和腿外側的經筋，同時舒張筋膜。

　　下手（背於身後的手）則是勞宮對準命門，而命門則照住神闕（肚臍），三點形成一條平行於地面的直線。呼吸的深入、鼓盪引發命門與百會呼應，同時內氣則隨著呼吸在衝脈上形成鼓盪。

（二）第五式　倒拽九牛　▶

1. 動作講解

　　（1）首先以高位橫馬步姿勢站立，兩手左右伸展呈「十字式」姿勢。此時要脊柱正直，骨盆放平，使身姿平衡，同時確保身柱大筋已張開。

　　（2）張開中脈，或者可以理解為找准自己的中軸，也可以說是找準自己的脊柱，以此為標準，確保身體左右兩邊處於平衡狀態。

　　（3）本式動作是以中軸／中脈／脊柱（可以任選一個自己能理解的標誌物）為軸，身體左右兩邊同時轉動。

　　（4）本式也是分左右二式的。本書以右式（右手在上）為例講述動作：身體正面面向前方時為起始狀態，然後身體中軸向右轉動，帶動身體變成正面面向右方時停止，此時右手在身前、左手在身後。

圖2-13 倒拽九牛

（5）在身體向右轉動的同時，右手由俯掌狀態被中軸的向右轉動所帶動而發生擰轉，直到變為向上鑽出的狀態。手型也由掌變拳。此時右手的高度為「高不過眉，低不過口」，目視右手，右手位於身前。

（6）身體右轉的同時，左手由俯掌狀態被中軸的向右轉動所帶動而發生擰轉，直到變為向下鑽出的狀態。手型由掌變拳。此時左手高度大約與命門齊高（或略低於命門的高度），左手位於身後。

（7）隨著中軸的右轉，身體站姿也由高位橫馬步變為高位橫弓步。前腿弓，後腿伸直，保證後腿的從後腳跟到頭的這條大筋充分拉伸。

如此，基本姿勢就算擺好了（圖2-13）。

2. 要點強調

（1）本式動作是以中軸（或脊柱）擰轉來帶動肢體的擰裹動作的。中軸（或脊柱）的轉動為根本的動作，整個式子的發動是由這個動作帶動的，這是基本要點，必須注意。

（2）式子到位後，兩手前後撐開，儘量在擰轉狀態下保持伸展，並盡自己的能力做最大的伸展。這是舒張的動作，身體不要因為擰裹的動作而變成收縮的狀態（這是最易犯的錯誤）。

（3）式子到位後，身體重心位於兩腿之間，也可以略靠向前腿一點，比如按照前六後四的比例進行重心分配。但注意重心不能壓在任何一條腿上，前腿和後腿都不行。重心一旦壓在腿上（由某一條腿來承重）就不能拉伸腿部筋骨了。

（三）第六式　出爪亮翅　▶

1. 動作講解

（1）下半身步型為高位馬步姿勢，上半身為「十字式」姿勢，此為起始姿勢。

（2）左右雙掌往腋下回穿，最後收於腋下，在此過程中由掌變拳，拳心朝上，拳面朝前，肘尖朝後（圖2-14）。

（3）雙拳螺旋向前推出，在此過程中由拳變掌，到位後變成立掌，指尖朝上，掌心朝前，五指張開。

（4）此時儘量做到肘窩朝上，膀根伸盡，但肘窩不要伸直，應略有一定弧度。如此，基本姿勢就算擺好了（圖

圖2-14 出爪亮翅起式

圖2-15 出爪亮翅

2-15）。

（5）姿勢到位後，可以保持姿勢不變，隨著深呼吸的節奏（吸氣收回，呼氣推出），不露外形地收回手臂，然後再次推出，重複做七次，做得越慢越好。這是不露外形的伸縮鼓盪。

（6）不露外形的動作如果體會不佳，也可以做出動作，隨著深呼吸的節奏，收回手臂，然後再次推出，也是重複做七次，做得越慢越好。這是露外形的伸縮鼓盪。

2. 要點強調

（1）手臂推出到位後，雙臂既不是平行狀態，也不是分開狀態，而是相合相抱。這是隨著雙膀伸盡後自然形成的，不要刻意做。

（2）在手臂推出到位的過程中，重心可以隨之下沉，高馬步姿勢變低一些，以自己能承受住為限。身柱大筋的「人」字架要撐起來。

高馬步姿勢不變，重心不沉也可以。但身柱大筋的「人」字架必須撐起來，這個是關鍵。

（3）在手臂推出的過程中，最好要有手臂和身體的對爭，同時身體還有起落，呼吸還有鼓盪。

（4）手掌由握拳變為張開，然後再由張開變為握拳，這是由手的抓握和張開來鍛鍊手掌的筋。

（四）第七式　九鬼拔刀　▶

1. 動作講解

（1）本式依然是由「十字式」姿勢起式。

（2）本式是以在下方的手為標準區分左右式的，本書以左式為例介紹動作。

（3）由「十字式」姿勢起式，左手反向往下、往身後穿出，伸向背後。在此過程中，儘量做到像「摘星換斗」式一樣的「穿、撐、夠」三字訣，做不到的則可以在「撐」上打些折扣。左手伸到背後之後盡力往上夠，在指尖到達至陽穴（圖2-16）高度時，由掌變拳。同時，右手以用手掌摸自己後脖子的動作背向背後，在手掌到達自己脖頸時由掌變拳。

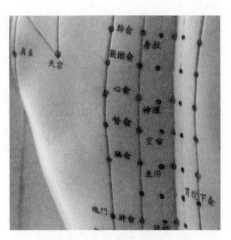

圖 2-16 至陽穴位置

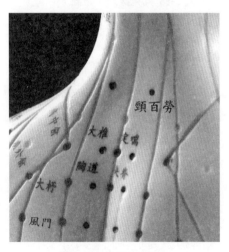

圖 2-17 大椎穴位置

（4）右手（上手）握拳，拳眼朝下，此時食指貼近大椎穴（圖2-17）。

注意，這時整個手虛虛挨近（即，不要離自己身體太遠，好像挨上，但是不要貼死）自己的脖頸，拳頭好像握住自己的頸骨一樣。左手（下手）握拳，拳眼朝上，食指貼近至陽穴，整個手也是虛虛挨近自己的背部，拳頭好像握住自

圖 2-18 九鬼拔刀（正面）　　　　圖 2-19 九鬼拔刀（背面）

己的胸椎骨一樣。

　　如此，基本姿勢就算擺好了（圖 2-18、圖 2-19）。

　　如果剛開始手做不到虛貼身體，也可以先貼上。熟練後可做到虛虛挨近。

2. 要點強調

　　（1）本式名為九鬼拔刀，取意兩手暗含帶動脊柱上下抻拉開合之勢，如同拔刀和收刀，有將脊椎骨節節鬆開之意，但只要暗含此意即可，不可真做出勁來。同時，要注意是整條脊柱都要節節鬆開，不可僅是頸椎或胸椎鬆開。

　　（2）本式的另一關鍵點在雙手上下呈「∞」形。左右手臂按照此軌跡運動，暗含上下、左右擰轉開合之意，可鍛鍊頸項、肩胛、手臂和胸肋的經筋和筋膜。

（五）第八式　三盤落地　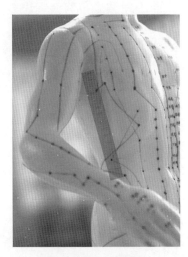

1. 動作講解

（1）練本式時兩腳間距應該大一些，三腳到三腳半左右的間距比較適合。

（2）十趾（包括前腳掌）抓地，腳跟踩實，拉起身柱大筋，這一點在本式中尤其重要。身柱大筋拉起，則練本式時不會傷到膝蓋。身柱大筋拉不起，則膝蓋會受重壓，對膝蓋不利。切記！

（3）本式依然是由「十字式」姿勢起式。翻轉手臂，轉到掌心朝上。雙手沿身體冠狀面向上、向內合抱，當在額前相遇時，雙手變為下按。雙掌按到肩膀高度時分開，平行於腋窩，雙手中指指尖在大約腋下高度（略低一些）相對。雙掌繼續下按，同時左右自然分開。

（4）雙手分開後分別位於軀幹左右兩邊，以兩手掌的虎口挾著身體左右兩邊的腋中線繼續下按，注意虎口不必貼身，但是意識裡要有虎口摩擦腋中線上及附近的穴道（圖2-20）的意思。

雙掌從腋下開始下按時，身體隨之自然下沉。注意不要上半身往下壓或下半身往下坐，而是身體直接沉下去。重心下沉，軀幹高度降低，好像把軀幹插到兩腿中間一樣，把

圖 2-20 腋中線位置

兩腿向左右兩邊「擠開」，這樣可以保證襠胯是橫向打開，而不是前後窩折的。

（6）兩腿要配合軀幹下沉主動向左右「讓開」，這時自己會感覺腹股溝深處開了一條縫。兩腿隨著重心下沉而自然受力彎曲，注意是隨著重心下沉而彎曲，不是主動彎曲的，這樣保證腿部的經筋因重力而得到進一步伸拉，不會因為主動做彎曲動作而被折疊擠壓。

（7）身架隨著軀幹高度降低而自然變成橫馬步型。開始時可以取高位橫馬步型，以後隨著練習深入而變成中位橫馬步型。不必追求低位橫馬步，一切以自己的承受能力為限，不要急於求成。

（8）雙掌最終下按到左右大轉子骨旁即可。此時指尖朝前，五指張開，腋下張開，兩肘張開，總之手臂不要夾緊自己身體即可。

（9）呼吸要自然，本式強度較大，注意不要因動作變化而出現憋氣、努氣等現象。

如此，基本姿勢就算擺好了（圖 2-21）。

2. 要點強調

（1）此式的重點在於重心下沉，把體重沉到腳底。動作到位後，體重沉到腳底時會有一種紮實、厚重的感覺從腳下升起，感覺身體像金字塔一樣，雙腿和胯（骨

圖 2-21 三盤落地

盆）就像是厚實的底座，一起撐起上半身。要有下半身比上半身沉實、壯實很多的感覺。

（2）從本式體認重心與呼吸之間的微妙關係，感受呼吸與重心沉實之間的呼應。隨著呼吸持續，重心愈加下沉，像一個鐘錘，已經入地三尺了。

重心與呼吸之間要建立一種關聯。一般人是感覺不到自己的重心所在的。我們經過鍛鍊可以體會到重心所影響的身體部位有一種鬆沉的感覺，從而可以透過微調身形來調整重心。自然鬆出來的「沉」是可控的，否則是純物理概念上的重心，基本不可控。

（3）兩腳間距要求三腳半是為了充分打開襠部。同時，身體沉下來後一定要有胯窩，這是襠部乃至大腿根部大筋得到正確刺激的標誌。

（4）本式的沉身要領暗含著身形起落的要求。不是單純的下沉，是沉中有起。沉是明的，而起是暗的。重心有沉有起，身體也有起落，這就是脊柱的起落，同時這個起落還與呼吸一起帶動周身的鼓盪開合。大家可多體會。

（六）第九式　青龍探爪　　⏵

這裡介紹的是一個適用率較高的功架姿勢。

1. 動作講解

（1）起式雙手在胸前如捧物狀，此時雙手指尖相對，掌心朝上，高度大約與胸口齊或略高於胸口。

（2）兩腳間距與肩同寬或比肩略寬，膝蓋微屈。

（3）本式也分左右兩式。這裡以右式為例給大家講解

圖 2-22 青龍探爪

動作。首先，雙手由掌心朝上變為掌心朝下，交叉後分別向身體左右方穿（伸）出。右掌在上方，向左方穿出，此為主動作；左手在右手下方，向右方穿出，此為輔動作。

（4）右掌向左方穿出時頭亦隨之向左轉，目視左方。

（5）身體可以略向左方轉動，以不超過 45° 為限。

（6）右腿、右腳也可隨之轉動，以能把右半身的經筋舒張開為度。

如此，基本姿勢就算擺好了（圖 2-22）。

姿勢到位後，靜待 49 個呼吸。換式時先回到胸前捧物的姿勢，然後雙手俯掌下按，氣沉丹田。再起「胸前捧物」動作，然後做另一側的動作。

2. 要點強調

（1）注意兩手是「穿」的動作，而不是「抱」的動作，即在身體的水平面上畫一個圓的話，兩手臂走的是與這個圓相切的軌跡，而不是弧形與圓重合的軌跡。但同時注意兩手不可以貼緊自己的身體，須留有一定空間。

（2）兩手用力須均衡，盡力向左右穿出。注意此時腋下需要空開，有一定的空間餘裕，不可夾緊，否則就會窩胸、憋氣。

（七）第十式　餓虎撲食

這裡介紹給大家的是「餓虎撲食」的「空練法」，即不藉助任何外物的練習姿勢，而原本餓虎撲食式練習時是要藉助地面或是牆壁的。

這是因為原式練法強度太大，並不適合大多數人，而空練法則穩妥有效，適合朋友們隨時隨地的練習需求。

1. 動作講解

（1）起式雙腳自然平行站立。

（2）以右式（右腳在前的姿勢）為例，雙手抬起，向前伸出，如同做出掌亮翅式的動作一樣，掌心朝前，五指分開，略與肩齊，肘尖朝下。同時，左腿向後退一步，注意不是向前邁一步，而是往後退一步。退步才能拉伸後腳跟到頭頂這條經筋。前腳（右腳）的腳後跟往下踩。

（3）雙手前伸、頭領起身軀向上拔與左腿後伸、右腳下踩形成一組反向勁力，彼此掙拉，從而舒展全身經筋、筋膜，伸張以後半身經筋為主構成的身體「大龍」。

如此，基本姿勢就算擺好了（圖 2-23）。

維持姿勢，靜待 49 個呼吸。

圖 2-23 餓虎撲食

2. 要點強調

（1）用力程度仍然以自己能做到而又不辛苦的程度為限。注意這是放鬆狀態下的舒張用力，要找到「伸懶腰」的感覺，而不是緊張、費力地做動作。

（2）越練身體應該越舒展、感覺越放鬆才對。只要感覺到緊張、費力就是做錯了。

（八）第十一式　打躬式　●

1. 動作講解

（1）以高位橫八字步起式。兩腳間距可以大一些，有利於舒張陰陽兩側經筋，便於練習本式。

雙手呈捧物姿勢置於胸前，然後手掌緩緩升高，當高度超過肩部後雙手左右分開，分別繞到耳後。雙手位於耳後時翻轉前臂，由掌心向上變為掌心朝前，然後雙手捂在耳後，兩手勞宮穴對準腦後風池穴，四指交叉，上顧腦戶穴、玉枕穴，下顧風府穴。兩手大拇指位於頸側，扶住頸側從翳風穴到缺盆穴這條大筋（圖 2-24～圖 2-26）。

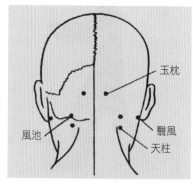

圖 2-24 腦後各穴位 1

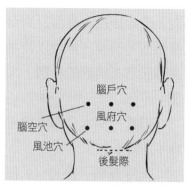

圖 2-25 腦後各穴位 2

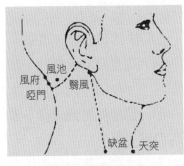

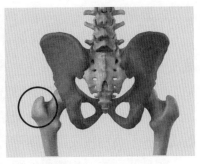

圖 2-26 腦側各穴位　　　　圖 2-27 大轉子位置

（2）注意此時兩肘左右張開，不要抱攏。

（3）口齒閉合，舌抵上齶，搭好「鵲橋」。

（4）然後緩緩躬身。注意是從髖關節大轉子處（圖 2-27）開始彎折身體，不是彎腰。將頭探至兩腿之間。

如此，基本姿勢就算擺好了（圖 2-28、圖 2-29）。

保持 49 個呼吸後起身。兩手從腦後、過頭頂、經面前下按，按至胸前膻中穴高度時反轉手掌變為手心朝上，呈雙手捧物姿勢，靜靜調理一下。然後，雙手再次變為俯掌繼續下按，按至肚臍高度，雙手左右分開至體側，繼續下按至胯旁。收式即可。

圖 2-28 打躬式（正面）　　　圖 2-29 打躬式（側面）

2. 要點強調

（1）雙手抱頭，緩緩躬身下去時腰胯要放鬆，這點一定要注意。一邊彎腰俯身，一邊放鬆，這是同時進行的，甚至也可以說腰胯放鬆是俯身的基礎。

注意：躬身是從尾閭骨開始一節一節地從尾到頭鬆下去形成的。千萬別做成用頭頸帶著身體壓下去。

躬身要到位，想像要將頭探向兩腿之間。將頭探到什麼程度？盡自己所能即可，以自己俯身垂頭的極限為度，根據個人能力去做，不可強求。

（3）呼吸要自然均勻，越深、越緩則越好。

（4）關節保持一定曲度。在不完全伸直膝關節的前提下，儘量伸展腿部經筋。腳後跟可有意下踩。

（九）第十二式　吊尾式　◉

1. 動作講解

（1）高位橫八字步起式，同樣兩腳間距可以大一些，便於練習。

（2）雙手呈捧物姿勢置於胸前，接著雙手由仰掌變為俯掌下按。同時躬身，同樣從大轉子骨處開始彎折身體。

（3）雙手沿著任脈下按，隨著躬身，雙手漸漸離開身體，向前伸去，同時雙手由指尖相對變為指尖朝前。

（4）雙手掌心觸地，則是躬身到位。此時，兩腿膝關節保持一定曲度。在不完全伸直膝關節的前提下，儘量伸展腿部經筋，同時腳後跟可以有意下踩。

（5）此時可以先靜待一會兒，然後開始由低頭變為頭上仰，同時想像尾骨反翹而起，腰身反弓。只要想著這麼做

圖 2-30 吊尾式（正面）

圖 2-31 吊尾式（側面）

就行了，外形上則是盡自己所能去做即可，不要強求（圖
2-30、圖 2-31）。

在此狀態下靜待 49 個呼吸。起身，雙手收回至胸前膻
中穴高度時呈捧物姿勢，靜靜調理一下。然後雙手變為俯掌
下按，按至肚臍高度，雙手左右分開至體側，繼續下按至胯
旁。收式即可。

也可以在前式（打躬式）完成後不起身，直接接續本式
練習。

2. 要點強調

（1）本式的重點和難點都在於反弓身體，這是鬆開脊
柱和鍛鍊脊柱兩側大筋的關鍵。

（2）本式和打躬式合練，一式正弓，一式反弓，即通
任督二脈的一組姿勢。

（3）易筋經開始便以「韋陀獻杵」三式確定全身經緯
格式，以領起全篇。而最後以打躬、吊尾二式通任督二脈，

以收束全篇。前後呼應、節奏有序，使易筋經成為一套完整連貫的功法，而非零散姿勢的合集。習練者可以多加體會此要點。

　　以上就是對本門所傳易筋經功法的講解。有興趣的朋友不妨結合前面的理論講解在做動作時親身體認一番，希望大家都能有所收穫。

第五節

易筋經對內家拳的滲透式影響

在漫長的內家拳演化進程中，易筋經對其提供了理論和技術上的支援，這是確定無疑的。內家拳的各個流派大多非常重視易筋經，其他拳法或是在自己體系內保留其功法，或是化用其功法，而增演其理論。

由於易筋經對於內家拳的鍛鍊實踐、理論認知、功法指導等各個方面確有巨大影響，本節嘗試著給大家剖析一下易筋經對內家拳的影響，希望對大家深入理解易筋經以及以後修煉內家拳能有一些幫助。

一　易筋經的筋骨理論為內家拳內功體系的建立奠定了基礎

（一）在易筋經的人體認知理論指導下，內家拳明確了改善人體素質要從鍛鍊筋骨入手

在缺少人體科學理論和知識的時代，這點太重要了。作為一門拳術，如果不能明確支援其技術體系的身體素質和身體能力是什麼，則內家拳學體系的構築就無從談起。正是易筋經的理論、功法和實踐經驗給予了內家拳搭建體系的根基。

即使不談古代，就算是今人習練內家拳，其實也要解決這個問題。

回想起筆者最初練拳的時候，如果能得到明確的理論指導，說明內家拳的各種基本功其實是在用各種各樣的方法鍛鍊筋骨，自己的練功效率也會大大提升。

在現代體育運動中，教練也在逐漸引入筋膜訓練的內容。所以說，易筋經修煉「以筋骨為要」的理論並未過時，尤其在指導內家拳練功實踐上還有一定的優勢。

1.「筋骨」概念表達的關於人體要素的資訊更豐富、完整

「筋骨」概念其實是一系列人體要素的概念集合，而不是某個單項概念。這個概念更利於表達內家拳運動中人體結構和整體運動的複雜含義。

例如，「筋骨」二字指代的不是某一塊肌肉或骨骼，它本身就含有「鏈條」的意義，進而上升到「間架」的意義。所以，一提到筋骨，我們的腦海中出現的就是一個人體的骨骼、肌肉、筋膜、韌帶、結締組織等諸要素的空間佈局。

同時，「筋骨」概念還有功能上的含義，也就是說筋骨並不是單純指代人體組織，同時還指代人體組織按照特定順序集合起來後產生的各種功能，如結構支撐、力量傳導、勁法轉換等。這是「筋骨」概念的重要內涵之一。

「筋骨」概念的這種綜合性含義使得練習者在以「筋骨」概念為指導練習內家拳時意識發出的信號類似指令集，能夠同時作用於多個人體子系統，從而取得整體鍛鍊的效果，而不會像某些單一概念一樣將鍛鍊效果局限在身體的某一部分上。

2.「筋骨」概念意味著一個包含了若干階段性目標的訓練過程

它從提高筋骨強度到打通經筋鏈，從塑造局部內型到最終的整體結構塑形成功，從簡單到複雜，指導著練習者不要取得某個階段性成果後就止步不前。

3. 用「筋骨」概念指導內家拳修煉時功力和勁力的因果邏輯非常直觀

這個邏輯鏈的建立是隨著人體改造的境界提升而自然發展出的結果（圖 2-32）。

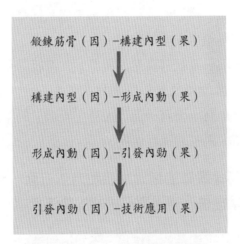

圖 2-32 功力和勁力的因果邏輯鏈

在實踐中，當你使用筋骨結構時，生成的便是勁力，然後根據實際需要由勁力衍生出某種具體技術，而不是靠某個技術（外形動作）發出某種勁力。以形意拳為例，五行拳中的劈拳是先由任督小周天的運轉產生劈拳勁，

再透過一種劈拳系的技術動作把這個勁力作用於對方身上。比較典型的有正劈、摔劈、掏劈、十字劈等。實際上，

在你正確運用任督小周天的筋骨鏈條時，這個劈拳勁就已經在軀幹內形成了，即使不用那些劈拳技術，而是換成手指一點，或肩頭一落，或用頭、胸、腹等部位一蹭，都可以發出劈勁，甚至可以用鑽拳、崩拳的外形動作來釋放劈拳勁。

反過來說，如果沒有筋骨功夫，那就必須做劈拳動作來發出一定的力量，而這種力量很死板，無法被稱為勁力。

4.「筋骨」概念可以反映整個人體的運行情況

筋骨系統的表現隱含著人體其他四個系統的資訊。前文介紹過，筋骨的鍛鍊可以改善經絡、氣血乃至臟腑的運行，而經絡、氣血、臟腑的運行又反過來滋養筋骨。它們相互作用，引發的是整個人體的變化。

所以，筋骨系統其實是人體整個大系統的具象化表現，就好像軍事裝備能反映一個國家的國力一樣。我們在理解「筋骨」概念時，要有一個「人身小天地」的整體意識，要考慮其他四大系統的運行情況。

（二）在筋骨鍛鍊的指導思想和方法方面，易筋經給內家拳提供了經過實踐檢驗的功法樣本

即使明確了鍛鍊的目標物，不知道鍛鍊方法也枉然。要想切實感知到、正確鍛鍊到筋骨則要透過比較特殊的方法（如前文提到過的鬆靜法）。這是需要花費大量的研究時間和試錯代價才能獲得的。易筋經則給內家拳提供了這方面的功法樣本，尤其在實踐經驗方面助力更大，完善了很多實踐中需要注意的細節，例如：是抻筋拔骨還是伸筋拔骨？哪種效果更利於內家拳的後續發展？在這方面，內家拳從易筋經中獲益良多。

（三）高強度的筋骨如何轉化為高效能的拳架，易筋經給內家拳提供了解決問題的思路和參考

對內家拳而言，筋骨鍛鍊的最終成果是什麼？

與純粹的養生目的不同，內家拳還是需要能應對高強度對抗、產生高速運動和實施高效殺傷的拳架。

易筋經雖然沒有直接解決這個問題。但是，內家拳提出了這個問題後，還是從易筋經的鍛鍊成果中發現了解決問題的可能性路徑。

這個「可能」就是筋骨間架，雖然易筋經功法並不能直接生成內家拳需要的拳學間架，但是已經可以產生筋骨強度較高的身體間架了。這就好比我們雖然不能造坦克，但是已經能製造履帶式拖拉機了。

（四）易筋經功法對於如何建立完整的筋骨訓練體系給出了一個完成度很高的答案

一個完整的內家拳體系必須要有一個配套的、完整的功法體系。易筋經在功法完整性方面可以說已經初具規模。從提升筋骨強度到打通十二條經筋鏈，再到十二經筋自然形成一個以筋骨為主的人體新結構。每一步都有比較成熟的操作方案。

雖然最後形成的人體新結構無法完全符合內家拳的拳架標準，但是已經可以視作一個完成度很高的原胚了。這個樣本的價值和意義是重大的，是尤其為內家拳所看重的。以至於到了後世，是否具備筋骨間架結構成為內家拳與非內家拳的分水嶺。

　　請大家注意「完整」和「體系」這兩個關鍵字。我們在第一章開頭就強調作為支撐起內家拳應用技術的功法只有成體系，而且是完整的體系，才能產生足夠強大的功效。這不是一兩項所謂的絕招、神功、祕技所能做到、所能代替的。

二　在尋找人體的最佳結構和運動模式方面，易筋經功法給內家拳提供了重要的樣本參考

　　內家功法的重點是透過具有特殊鍛鍊效果的人體結構產生特殊的運動能力，也就是所謂的「改造生理、發揮良能」。而易筋經的功架姿勢就是這類經過精心選擇的人體姿態和動態。

　　易筋經的功架與人體結構動態的對應關係如下：

　　韋陀獻杵——前後運動；

　　橫擔降魔杵——左右（橫向）運動；

　　掌托天門——上下運動；

　　摘星換斗——卯酉（冠狀面）運動；

　　倒拽九牛——擰裹運動；

　　出爪亮翅——伸縮鼓盪；

　　九鬼拔刀——擰轉撐拔；

　　三盤落地——起落運動；

　　青龍探爪——盤臥運動；

　　餓虎撲食——撲縱運動；

　　打躬式——周天督脈（矢狀面陽面半圈運動）；

　　吊尾式——周天任脈（矢狀面陰面半圈運動）。

三　易筋經中的很多概念和術語豐富了內家拳理論

大家對比一下清代之前的古拳譜、內家三拳的拳譜和《易筋經》，可以看出內家三拳的理論與《易筋經》文本更接近。從某種意義上來說，《易筋經》相當於內家拳的注解。修習內家拳者，若覺得自己的傳承體系有缺失和不理解的地方，不妨在易筋經中參悟一番。

1.「守中」的概念

《易筋經・內壯論》中提出了「守中」的概念。內家拳則有「守中用中」的闡發。當然，「中」的概念在內家拳中拓展得更大。在不同階段和不同條件下，有中軸／中脈／脊椎／中線等不同含義。

2.「五臟之氣」的概念

《易筋經・膜論》中論述「務培其元氣，守其中氣，保其正氣。護其腎氣，養其肝氣，調其肺氣，理其脾氣」。內家拳都有調和五臟之氣的功法，其中以形意拳體系中的五行拳和「內五行」功法為典型。

3.「騰膜」的概念

《易筋經・膜論》中提出「氣至則膜起，氣行則膜張。能起能張，則膜與筋齊堅齊固矣……務使周身之膜皆能騰起，與筋齊堅」。易筋經中練習騰膜的具體方法是揉法。內家拳中則發展出了「開合鼓盪」的功法，利用呼吸運動配合外形動作以騰膜。

4.「摩筋擦骨」的概念

《易筋經・揉法》開篇中曰：「夫揉之為用，意在磨礪其筋骨也。磨礪者，即揉之謂也。」內家拳在行拳盤架之中

摩經磨脛，暗含著摩筋擦骨之法，運用肢體之間適度的摩
擦，按摩自身筋骨，提高其強度，並起到推動氣血運行和灌
注的效果。

　　類似的相關概念和術語還有很多，我們就不一一列舉
了。有興趣的朋友可以在修煉內家拳的同時練習一下易筋
經，再品讀一下《易筋經》的原文，相信會有很多有趣的感
悟。

四　結語

　　傳統健身法多種多樣，僅流傳下來為大眾所熟知的就有
八段錦、六字訣、五禽戲、易筋經、洗髓經、少林內功，等
等。但是只有易筋經和洗髓經最為內家拳派所重視，甚至成
了內家拳體系構建的根基，關鍵點就在於易筋經和洗髓經功
法體系內有能夠搭建人體結構的因素。

　　其他功法從單純健身功效角度來說，未必比易筋經、洗
髓經弱，甚至有的功法因所宗的指導理論不同，在某些方面
還有一些優勢，但是最終並未像易筋經、洗髓經這樣為內家
拳所看重，原因在於在搭建人體結構這方面無法滿足內家拳
的需求。可能有的功法也被某些流派的內家拳用作修行輔
助，甚至是鍛鍊強化，但是說到築基，還得是易筋經、洗髓
經。

　　關鍵還是在於搭建人體結構，大家若對內家拳有興趣，
這個知識點則不可輕忽。

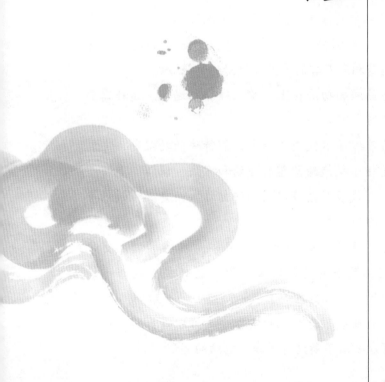

第三章

洗髓經

　　《洗髓經》和《易筋經》是同一部經典的上、下部分。即使是對武術沒什麼概念的人，至少也會在武俠小說中看到《洗髓經》和《易筋經》經常是一起出現的。

　　結果就導致很多人認為這兩部「經書」是小說家創造的，並不知道它們其實來源於現實。

　　易筋經是現實中真實存在的功法，洗髓經也是。二者合在一起便共同構成了傳統人體觀中對於人體鍛鍊的全盤功法。

　　如果說易筋經是主練構成人體形體的筋、骨、膜等有形部分的話，洗髓經則是主練經絡、臟腑（有形部分和無形部分）和精氣神等無形部分的功法。當然，這是相對而言的，並非絕對的界限分明。

　　易筋經的功法在上一章已經介紹過了。這裡需要特別提醒一下：

　　易筋經並不僅僅是指十二個特殊的功架動作，其本質是指一種鍛鍊身體的理論和方法。同理，洗髓經也不僅僅代表某些特定的功法動作，而是一種鍛鍊身體的理論和方法。

　　這些理論和方法正是內家拳「內功」的主要來源。它們反映的是傳統文化對人體構成、運作、鍛鍊、使用的一系列認知。

　　從易筋經、洗髓經到內家拳，可以看出前輩們對人體修煉之法不斷進行實踐、總結的過程。

　　易筋經和洗髓經在本質上一脈相承。只不過易筋經有形，好理解；洗髓經無形，難理解。所以為了便於大家理解，我們會結合易筋經，將洗髓經與之對比著進行講解，以期能講述得更加清楚明白。

第一節

洗髓經的立意

上文已經說了，學習洗髓經有一個最大的難點就是難於理解。

一般人很難搞清楚什麼叫洗髓。雖然《洗髓經》的經文在網上就可以輕易查到，但真正理解、會練的人卻比較少。大眾一般也不太容易接觸到洗髓經的功法和理論。

刨去一些人為的主觀因素影響之外，從普通人的認知和學習能力，以及功法的可操作性而言，洗髓經確實不像易筋經那麼直觀、那麼有普適性。

這就造成了大眾對洗髓經的陌生感，人們甚至連「洗、髓」二字是怎麼湊在一起的都想不通。

所以聊起洗髓經，我們先要解決的問題是如何幫助大家理解「洗髓」這個概念。

或者說，說起洗髓，應該讓大家的意識裡產生什麼樣的第一印象才能保證雙方的認知在一條軌跡上，以便我們把後續話題繼續下去。

這不是做個文字訓詁或名詞解釋就可以完成的任務。這需要為大家解釋清楚大量的知識和概念。

我們只能說盡力來理一理這個思路吧。

一 洗髓經是一種導引術

其實，這句話並不準確。應該說洗髓經與古典養生功法裡的導引術有著密切的關係。

洗髓經繼承並發展了導引術。

但是為什麼還要這麼說呢？主要還是為了給大家找一個比較好理解的切入點。

如果說，初次接觸易筋經的朋友可以用現代體育鍛鍊中的「拉伸」「拉筋」等概念來幫助理解的話，那麼，初次接觸洗髓經的朋友，不妨用「導引術」概念來消除「洗髓」這個陌生概念帶來的隔閡感。

所以，大家不妨把「洗髓經是一種導引術」這個印象先留在腦海裡，等大家真正理解了洗髓的內涵之後這個「拐杖」就可以不要了。

《莊子‧刻意》中有言：「此導引之士，養形之人，彭祖壽考者之所好也。」由此可見，導引寄託著人們對養生延命的美好希冀。

其實早期的導引術是分開的，「導」指的是針對氣血方面的功法，且與呼吸調理關係密切，「導」有一定的肢體動作，但是只起輔助作用，用於配合完成「調理氣血」這個主要目的。而「引」則是以各種肢體動作為主的功法，當然也有一定的呼吸吐納方面的要求，正所謂「導令氣和，引體令柔」。

從這個角度上來看，洗髓經偏導，而易筋經偏引。

後來在漫長的發展過程中，二者因聯繫緊密、關係密切而導致界限也越來越不易分辨，逐漸合二為一，形成一個新

概念了。到了近代，導引術給人的總體印象就是運用呼吸吐納、自我按摩、肢體運動等手段的保健術（有某些流派甚至更接近內丹術）。

我們把洗髓經先理解為導引術，這基本可以表明洗髓經的功法類型和功法特點。洗髓經的功法選擇、配置是對「導引」這種功法理念的具體表達。

在介紹易筋經的章節裡，我們透過對易筋經的姿勢、動作的解讀，基本釐清了鍛鍊筋骨類功架的類型和特點。這就簡單提供了一個此類功法的樣本和標準，使我們以後遇到此類功法的時候大致能明白其功理和立意。

洗髓經中也有動功，有不少「動作」，很多人最容易犯的錯誤就是將洗髓經的動功目的理解得跟易筋經一樣，其實洗髓經的動功原理和立意與易筋經是不同的。

洗髓經功法是由內煉臟腑、氣血為主，待內在足滿後，再由內滲外，以取得外練筋骨皮肉之效，並使之內外調和。易筋經則是反之，是由外練（相對的外）入手，激發起內和外的活力，然後由外練慢慢帶動內煉產生一定程度的效果。這就決定了二者功法的主體是有差異的。

可能有的讀者會提出疑問，在介紹易筋經章節中，不也是強調了易筋經是以氣血養練筋骨的嗎？

不也是注重對氣血的養練嗎？

這跟洗髓經有何不同呢？

這個問題我們可以從這個角度來看：洗髓經的動作是為了輔助氣的運行而設計的，而易筋經則是以動作的牽引來鬆開肢體，幫助氣血打開運轉通路。也就是說，一個是推著氣走（洗髓經），一個是拉著氣走（易筋經）。這是主動性和

被動性的差別。

換句話說，洗髓經是先將氣血養強大，待氣血充盈後滋養全身，帶來身體的強健。因此，氣血是洗髓經功法的核心。

易筋經則是將筋骨作為鍛鍊的入手之處，這是因為筋骨是內煉和外練的「中位數」，鍛鍊筋骨時上可牽動經絡、臟腑，下可帶動筋肉、皮毛。而氣血在其中作充養筋骨之用，講究的是能夠最有效地被利用，即要物盡其用。易筋經的功法核心還是養練筋骨。

可能有朋友會想：將二者優點合二為一，合併為一個功法練習行不行？這不就會有更好的效果嗎？恭喜你，你想得非常對，事實也確實如此──洗髓經和易筋經合二為一，優勢合併的練法古已有之，這就是內家拳。

內家拳的功法就是將易筋經、洗髓經的理論研究和實踐成果合併，然後在此基礎上繼續深入探索而發展起來的修身煉體的功法。

二 洗髓經的著眼點在「髓」字

髓是腦髓、脊髓和骨髓的總稱。髓由先天之精化生而成，並可由後天之精充養，有著充養腦髓、滋養骨骼、化生血液等功能。

骨髓、脊髓和腦髓分別對應著人的身體結構、運動系統和神經系統，進而對思維、意識和情志活動等有相當大的影響。

從這個角度我們可以認識到洗髓經所「洗練」的「髓」

的第一層含義是實指「髓」，即一般意義上的骨腔中的膏狀物質。

第二層含義是指我們的「氣血」精華。

第三層含義是指製造和運行氣血的五臟六腑。

第四層含義涉及五臟的衍生物——筋、骨、皮、肉。

所以，洗髓是指「洗練」全身的意思，不過是以「髓」為代表罷了，正如易筋經以「筋」指代全身各系統而已。

至於怎麼洗髓，則需要分析影響「髓」的各種元素之間的邏輯關係。

傳統中醫理論認為腎藏精，精生髓。骨髓、脊髓、腦髓皆有賴於腎精。髓乃精所化，而精是構成人體和維持生命活動的各種精微物質，其中尤其以腎精（先天之精）最重要。

《省言箴》有云：「精乃氣之子」，精依氣而生，由氣所化，是人體之氣所化生的精微物質。氣是精的上一級概念。

從練功角度來講，若想洗髓，則要從煉氣入手。再說得細緻一些，就是要從氣血的涵養和運行入手。

這是因為氣血是人體的兩大基本生命物質，是我們內功所要修煉的最基本的生命能量，在功法理論中常常並稱。氣與血相輔相成，互相維繫。氣為血之帥，血為氣之母。氣中有血，血中有氣，氣血相依，循環不已。在實踐中「氣血」常用以代指人體生命能量。

《方式》一書中提到過臟腑是製造、儲存、運轉氣血的「工廠」。所以能影響到「髓」的，除氣血外，還有臟腑。而臟腑則是我們修煉內功時的最根本的人體「功能」模型。

《黃帝內經·素問》中有言：「腎主身之骨髓」，「腎

不生則髓不能滿」。由此可知腎臟與髓有密切關係。

《黃帝內經・靈樞》中有言：「五穀之精液和合而為膏者，內滲於骨空，補益腦髓。」脾胃為後天之本，化生五穀精微之所在，故可知脾胃與髓有密切關係。

此外，肺主氣，並呼吸自然之清氣，產生氣之精微。而心主血脈，肝藏血、生血。氣、血、精、髓可以互生，故髓與五臟皆有關係。

所以說，洗髓經名曰「洗髓」，在實踐中則「調動氣血，內養臟腑」，此為功法的基本原理。

透過上述分析，我們還可以看出，與易筋經鍛鍊的對象相比，洗髓經所要鍛鍊的人體部位更加向「內」深入，指向更接近生命本質的部分。

《方式》一書裡提出過「人體是個大機器」的理念。根據這個理念推導，易筋經側重於打造這個機器的外殼、軸承、傳動杆之類的部件；洗髓經則更側重於機器裡面的電線、電機和控制晶片等部件。兩者一內一外，正好構成整個人體。

三 洗髓經鍛鍊的是無形軀體

從練功角度來講，易筋經可以說練的是有形軀體，洗髓經練的是由氣、血、精、神所構成的無形軀體。所以，我們仍然要堅持「整體鍛鍊、鍛鍊整體」的思路。

從構建人體結構的角度來講，易筋經搭建的是筋骨結構，而洗髓經所搭建的姑且可以稱為氣血結構。

氣、血、精、神由周天、經絡中的氣血運行描繪出一個

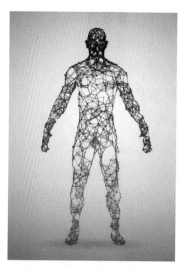

圖 3-1「氣血結構」類比圖

無形的人。這個人形結構就是所謂的氣血結構（圖 3-1）。

這個概念如果不好理解，不妨將其想像成一個國家的能源體系——電網。衛星拍攝的地球夜景圖片顯示，哪裡燈火通明，哪裡就經濟發達。

這個無形的人由穴位、節點（關節等處）、身體的竅點（如二目、兩腎、睪丸等）與有形軀體發生聯繫。我們鍛鍊（用手推拿、按摩或用功法帶動氣血激盪洗滌）這些部位，即可以練到這個無形的人。

正是因為洗髓經要練的是人體內的氣血結構，所以我們需要對氣血有所感受才能真正取得洗髓的效果，否則功效仍離不開易筋經的範疇。

氣血、臟腑是洗髓的關鍵。

第二節

洗髓經功法的原理

洗髓經的理論和功法技術完備，內外練法有機結合，可以自成一套比較完整的功法體系。

有很多功法確實很有成效，可稱是「好功法」，但是不能稱為「功法體系」。體系很重要，不是任何功法都能成為體系。體系指一定範圍內或同類的事物按照一定的秩序和內部聯繫組合而成的整體，是由不同系統組成的系統。

洗髓經是怎樣的功法體系呢？按照本門（僅限本門）所傳洗髓經功法構成和功法理論來說，洗髓經主要由靜養功、按摩法、活身功（動功）三部分構成。

洗髓經的功法宗旨主要是運用氣血滋養臟腑，從而使身體和心靈逐漸強健，以達成洗髓之效。洗髓是道家修行之語，指修道者洗去凡髓，換成仙骨之意，以比喻人脫胎換骨、徹底改變。

洗髓經並不講求功法動作的訓練強度，而更講究功法的巧妙──必須要真實作用於氣血。所以對「氣血」概念不理解的人就比較難理解洗髓。鍛鍊起來時效率可能會很低。

下面就將本門所傳洗髓經各部分功法及其理法做簡要的介紹，供大家思考洗髓經功法體系時參考。

一 靜功為首

剛才我們講到了，練習洗髓經必須對氣血有一定的體會才行。至少能感知到我們體內有某種流動性的東西，然後先從認識上確定那是氣血，我就是要練這個東西。

那麼，如何才能體會到氣血呢？一般有三種情況：自身氣血很健旺、很強時能直接感覺到；自身氣血原本非常虛弱，這時如果用一些手段補益氣血，使其由弱轉強，也能感覺到；身體很放鬆、心很靜的時候也比較容易感受到氣血。

普通人對氣血沒有感覺，恰恰是因為不在這三種情況之列。普通人的氣血水平大多處於平均線左右，或是略高，或是略低，反正都沒達到可以稱得上強或弱的數值，又不具備身鬆心靜的條件，所以一般感受不到。當然，確實有一些比較特殊的情況，如個別人天生敏感，平時就能感受到氣血。這樣的人就不計在分類裡了，因為不具有普適意義。

氣血健旺和氣血虛弱都不是普通人想做就能做到的，我們若想感受到氣血，最佳的做法就是讓身體達到身鬆心靜的狀態，這就涉及練功了，練功是達到身鬆心靜的必然手段。

練哪種功呢？靜功。靜功是指一類功法，是主靜之功的意思。

為何會是靜功呢？因為「靜」字不僅指代一種練功結果（如我們追求的身鬆心靜），還指代一種練功手段、一種理論主張、一種練功導向。靜能有效地使習練者達到身鬆心靜的身體狀態。

先賢們經過不斷實踐，發現靜與精氣神、氣血、內養聯繫最緊密，練「內」最有效，是涵養人體氣血的最佳手段。

我們在古籍中常能看到這類論述。

《道德經》有言：「致虛極，守靜篤……歸根曰靜，是謂復命。」

《莊子·在宥》有言：「無視無聽，抱神以靜，形將自正。必靜必清，無勞汝形，無搖汝精，乃可以長生。」

《黃帝內經》有言：「神太用則勞，其藏在心，靜以養之。」「恬淡虛無，真氣從之，精神內守，病安從來。」

《太玄經》有言：「故養性以全氣，保神以安心，氣全則體平，心安則神逸，此全生之妙訣也。」

《劉子·清神》有言：「將全其形，先在理神。故恬和養神，則自安於內，清虛棲心，則不誘於外。神恬心清，則形無累矣。」

所以，往小處說，靜功是洗髓經的入門功夫。先練靜功有所得，待身體進入身鬆心靜的狀態，對氣血確有實際感受後，再習練後續功法，則功效最佳。

往大處說，靜功是（所有）內功的總綱，也是（所有）內功的根基。靜功是打開人體內在的鑰匙。各種各樣的內功或多或少都離不開靜功的作用，或是以靜功築基，或是功法裡兼有靜功的成分，甚至以靜功作為功法主體。

大家參考我國傳統文化中儒、釋、道的實修體系，就會發現它們都非常重視靜功的修習。

二 靜功練法

這裡將本門洗髓經中的靜功練法簡單介紹給大家，以供體認之用。以下理論是本門的觀點，僅供大家參考。

圖 3-2 靜功（站式）

靜功練法，以靜為本，既不拘泥於外形姿勢，也不拘泥於功法形式，或站，或坐，或臥，都可以練習，其中以站式和坐式最為常用。

1. 站式

自然站立即可。須知這不是站樁，沒有站樁那麼多的要求。舒適即可，以自身覺得輕鬆自然為標準，務必使全身沒有任何緊張受力之處。雙手自然下垂，既可以垂於體側，也可以疊放於小腹之前，總之舒適自然即可。呼吸也要自然（圖 3-2）。

再次強調：**不必拘泥於姿勢要領，以輕鬆自然為標準。** 這不是站樁！

靜功心法才是要重點關注的。靜功首重心法。靜功（內功）的心法就是解決該怎麼調適自己的身心狀態，使自己順利進入練功狀態問題的。

心法要求如下：

一是精神內守，神不外溢。關注自己身體的狀態（如舒適自然放鬆），而不受外界的影響，也不理會外界的情況。

二是體會自身的平衡態和均衡態。重心均勻分佈於全身，不用考慮重心在腳的哪個部分，只需均勻分佈即可。身體不前俯後仰、左歪右斜。保持平衡，同時周身放鬆，做到均衡。

三是體會周身舒適自得，漸漸感覺自身不存在了，這才最妙。

2. 坐式

不必拘泥姿勢，尤其是不強求一定要盤坐（單盤或雙盤），當然，能做到更好。可以隨意自然坐下，既可以散盤，也可以雙腿自然垂下。坐於床上或椅子上均可。注意雙腿垂下時不要懸空，要能接觸到地面。

雙手可以自然放於腿上或撫於膝蓋之上，結手印也可以，總之不要拘泥。

注意：**身體要自然舒展，坐姿端正。呼吸自然。**

總之，一切以舒適自然為要。

靜功心法整體與站式一致。注意腦子裡什麼都不要想（不要有任何雜念），專心體悟自身的身心放鬆、安定，如果能領會「傻站」「傻坐」之意則最難得。

收功時，起身散散步就行，行一遍自我按摩法再收功則更好。

本門靜功可隨時練習，不怕時間短，也不受環境影響，能站可站，能坐可坐。有整段時間專門練習一兩個小時當然最好，沒有完整時間，練習 5～10 分鐘也行。

這個不是靠耗時間為上的功法，關鍵在於能不能進入身鬆心靜的狀態。如果能進去，練習 1 分鐘就有 1 分鐘的收穫，練習 5 分鐘就有 5 分鐘的收穫。

如果不能進去的話，練 2 小時也沒用。

再次提醒大家注意：**靜功與站樁理論不同，不可混淆。**

三 自我按摩法

自我按摩法並不神秘，市面上流傳的也很多，如坐式按摩法、床上按摩法、床上八段錦，等等，也有打著古傳養生功名義的，有很多種。可能平時大家或多或少都接觸過一些自我按摩法，只不過它們沒有打出「洗髓經」的名號罷了，但它們是洗髓經的重要組成功法。

有的朋友可能會說：「我怎麼沒有見過身邊有人練洗髓經？」

大家上小學時都做過眼保健操吧？如果把範圍放寬泛一些，眼保健操也可說是一種洗髓經，洗髓經按摩法裡真有類似眼保健操動作的。眼保健操的原理與自我按摩法的功理其實是有幾分相近的。

只要內在原理正確，很簡單的動作就能起效。我們學內家拳，本來該遵循的就是這個原理。

有的朋友可能又會說：「我多年以來堅持做眼保健操（或者其他按摩法），為啥就沒練出來洗髓的功夫呢？」這個原因是多方面的，但是有一條應該是主要原因。

前文說了，洗髓是用自己的氣血去滌蕩、灌溉、滋養身體深處的組織、內膜、臟腑。

那麼，要完成這個任務則有兩個前提條件：首先，你得氣血充足；其次，必須保證氣血所行之經絡通暢。

現代人的生活方式導致氣血基本都被日常工作和生活消耗殆盡了。補充日常耗費都不夠，哪還有多餘的氣血去滋養身體？哪裡能出得來洗髓的功夫？！所以，我們得練靜功來養氣血、養精神。

另外，久坐（看書、用電腦）、久臥（玩手機）會導致身體骨架歪斜，臟腑位置不正，各大關節僵澀，呼吸緊張，血脈不暢，即使氣血充沛也很難保證流布全身。所以，要練動功、練自我按摩功，運用這些動作給自己做按摩，推宮過血。

所以，洗髓經的功法是先以靜功來養足氣血。然後，接著練一套自我按摩功來按摩身體，以助氣血運行。同時，還得有一套動功來活涮全身關節筋脈。先說洗髓經的自我按摩法。它是按照經絡和氣血的運行原理設計的，目的是以各種揉按、摩挲身體的動作給氣血助力，使其更好地潤澤全身，故而動作不需要多麼劇烈，反而是都相對小巧、柔和，所以不可能從動作強度上帶給身體鍛鍊的刺激感。

洗髓經功法的核心還是在於氣血，所以如果沒有較強的內感知能力，這套功法就是一套普通的按摩操，這也是其普適性不高的主要原因。所以，應以靜功為先，不可輕忽。

洗髓經的自我按摩法大致分為以下三種。

（一）經絡按摩

這是以按摩經絡為主的功法，在內家拳中又稱為摩經法。一般是順著手足三陰、三陽經絡的走向來回摩按，以助氣血運行。

而內家拳中的摩經法，除了順著經絡走向摩按經絡軌跡外，還會走「周天」模式。

例如，形意拳中的摩經摩脛，其中，經指的就是手臂經絡，以兩手臂相摩為氣血助力。脛是指腿部經絡，以兩腿相摩為氣血助力，比較典型的例子是形意劈拳落式出步的動

作。

這其實就是走的「大周天」模式下的摩經，具體到形意拳上就是走的「北斗周天」（「大周天」的一種）模式的摩經。以氣血行經絡「周天」為本，以外力「相摩」為助力。這是為了在拳術動作中氣血動力不足，或刺激不夠深入而不能內透內膜，或動作不能與氣血相合等情況下，用摩經來助力拳術動作，以助氣血行運全身，增強功效。

（二）五官和穴位按摩

這是按摩五官和穴位以助氣血的方法。我們剛才提到的眼保健操就跟這個功法有幾分相似。

1. 按摩五官

五官在功法中被稱為五竅，取自中醫「五官內通五臟，為五臟之竅」的理論。心開竅於舌，肺開竅於鼻，脾開竅於口，肝開竅於目，腎開竅於耳。名為按摩五官，實為調理五臟。當然，此部分功法也具有按摩五官周圍穴道、放鬆面部肌肉、放鬆五官和理順面部經絡的作用。但其本質是在調理五臟。常用的五官按摩的方法如下。

眼部：熨眼、摩眼眶；

耳部：捏耳郭、鳴天鼓；

鼻部：摩鼻；

口部和舌部：漱津攪赤龍（舌）、叩齒咬牙等。

簡便易行，易見效。即便沒有專人指導，自己平時經常做也會有一定的保健功效。

2. 按摩穴位

穴位是經絡上特殊的點區部位，對調節人體氣血有重要作用。按摩穴位其實就是按摩氣血通路上的重要節點，以收揉開阻塞、增加助力、補益氣血等功效。

經常按摩的穴位有風池、關元、命門、尾閭、足三里、湧泉、勞宮，等等。注意主要是選擇與補益氣血有關的穴位，或對保健有重要作用的穴位，各家各有取捨，不完全相同。標準是只要合理就好，並非一成不變，個人也可以根據自己的體會自行取捨。

有的流派有特殊原則，如幾個穴位構成一種組合關係，那就是另一種規矩了，不在此列。

本段功法中我們將五官和穴位按摩歸為一類是因為五官在某種意義上可視為高一級的穴位。

在按摩五官的時候，手與五官周圍的穴位離得很近。有一些練法，如乾浴面、乾梳頭等，兼有穴位按摩和五官按摩的作用，所以可歸為一類功法。

（三）五臟按摩

五臟按摩並不是說真的要把手直接按壓到五臟上去對五臟進行按摩，而是由各種手段補益臟腑、內養五臟或激發五臟的功能。

五臟按摩中最常見的是揉腹功，大家多少應該都聽說過一些。大家在肚子疼的時候都揉過肚子吧？從某個角度上來說這也算作揉腹功。

可以說，只要按照一定的理論指導，無論用何種手段，凡是能刺激到五臟的都算五臟按摩。要產生這種刺激，一是

要功效能夠透裡，二是要能夠牽扯、帶動五臟。所以，從這個角度來說，揉肚子也算五臟按摩。當然，這是不太正規的五臟按摩功法。

常見的正規的五臟按摩功法主要有兩種：一是揉腹功，二是摩按內膜功。揉腹功是因以揉按腹部為主而得名，因為腹部與十二經絡和奇經八脈有密切關係。十二經絡都經過腹部，奇經八脈也都經過腹部，尤其任、督、衝、帶四脈與腹部的關係更密切。同時，揉腹對關元、氣海等穴位進行直接刺激，故可以有效調理氣血、補益臟腑。

揉腹功常見的是揉關元附近，這樣能比較有效地刺激到脾胃。此外，除了揉腹，還有摩腰眼、兜腎囊，這是養練內外腎；摩肋是疏肝氣；摩胸是降心火、理肺氣。這才是一套比較完整的五臟按摩，這是採用功效透裡的方法。

摩按內膜的功法更多的是對筋膜的鍛鍊，因為五臟都由內膜包裹，故揉按內膜就能牽動五臟，這是以筋膜鍛鍊帶動對五臟的按摩。

有的摩按內膜的功法是只揉按腹部。但實際上胸腹、後背、左右兩肋體側都應揉按，這樣鍛鍊才完整。

五臟按摩也有按照一定先後順序和邏輯關係鍛鍊的方法，各家各有傳承。常見的原則是先理順三焦，然後以脾胃（後天）或兩腎（先天）為根基，再按序調養其他臟腑。這個順序多與某種「周天」順序有關。

經絡按摩、五官和穴位按摩及五臟按摩結合起來按摩效果最佳。其實這三者本來是一體，實際功法操作中也是渾然一體的，並沒有分得那麼細。

本書分開解讀，僅僅是為了能解說得清楚一些。

四 動功（活身功）

洗髓經的動功在《方式》一書裡曾介紹過，就是關節活動法，俗稱活身法。

有的朋友可能會有疑問：「活身法不過是關節畫圈的動作，怎麼能上升到洗髓的程度呢？」因為關節是修煉洗髓功夫的關鍵。

如果我們把氣血視作水，把全身的經絡視作一個遍佈全身的水網，類似大地上的江河湖泊構成的水系，那麼各個關節就是這套水上的閘門。

要想讓氣血流動起來、循環起來，首先就要活開全身各個關節，如肩、胯、肘、膝、腕、踝等，這個大家應該不難理解。我們睡了一宿起來，要是感覺身體哪裡壓麻了，還要掄掄胳膊、蹬蹬腿呢，這是人自我調整的天然本能。

但是，如果想讓氣血向身體更深處流動，以滌蕩、滋養腹腔裡的臟腑、腺體，那麼頸項、腰胯、骶骶——普通人已經「焊死」或者「半焊死」的「閥門」，也必須打開。

更進一步，人體的「龍骨」——脊椎也要一節節活開。再進一步，手指和腳趾的指節也要一節節活開。

所以，洗髓經中的活關節功夫不是為了打開關節以構建新的筋骨結構，也不是練柔韌性和活動能力——那是易筋經功法要承擔的任務——而是為了打開氣血流通的「閥門」，為了周身氣脈通暢，是以有形的筋骨動作引動無形的氣脈鍛鍊。

同樣一個動作，到底是在練筋骨還是在行氣血，只在練習者一念之間。懂關竅的，念頭一轉就練到了。

　　大家看有些內家拳前輩的影片，他們晚年的時候盤拳走架極其隨意，甚至有時候就是晃蕩晃蕩、比劃比劃就算是練過了，這就是走神意、煉氣血的路數。

　　要注意的是同樣是打開關節，洗髓經的動作相對而言都比較柔和。如果說練易筋經時身體需要保持一個骨架結構，還需要擺出各種姿勢，那麼洗髓經則是連這個骨架結構都捨棄了，純粹是以經筋的如鞭似蛇式的運動鍛鍊經絡（筋和經絡的關係前文有介紹），助推氣血在經絡中的運行，以滋養更深處的身體組織。這種形式乍看上去根本不像練功。這點對抱著練功就是要「用力、出汗、有強烈刺激感」的想法的朋友來說並不友好。

　　這裡需要特別說明一下，易筋經那種規規矩矩，甚至可以說是有些直來直去的動作，其主要作用是伸展經筋。

　　而洗髓經的動作則更多的是以複合型的圓圈和複合型的螺旋動作為主，如曲折、轉動、畫圈、螺旋等，尤其以關節轉動、腰身轉動為最有特色的動作。這是為了更有效地推動氣血運行而設計的。

　　所以，大家一定要理解洗髓經的功法動作的設計思路，它是為了鼓盪氣血，不是為了伸筋拔骨。

　　在行功要領上，正如易筋經的每個動作都有一個「筋骨舒展到位」的要求，即到位時筋腱體會到強烈的刺激感，這對行功品質起關鍵的作用。洗髓經的每個動作一定要有個「氣血到位」的概念，就是要把氣血灌到梢節尖端，如指尖等部位。

　　這是易筋經和洗髓經功法的設計思路不同導致的區別。

五 脊柱功 ▶

脊柱功本來是活身法裡的一部分，因為比較重要，故單獨跟大家講講。無論是從我們身體構成上來說，還是從我們練功角度來講，脊柱都是極為重要的一部分。甚至可以誇張一點說，洗髓經的動功都是圍繞脊柱鍛鍊而設計的，是以脊柱鍛鍊為核心的。

脊柱的重要意義體現在以下幾個方面：

（1）脊柱是中軸和中脈的物質投影，是當我們需要建立身體結構（筋骨結構和氣脈結構）時的基準和支柱。

（2）脊柱是人體骨骼結構的中心，起著支撐身體的重要作用。

（3）脊髓是髓的重要組成部分之一，脊髓又與腦髓上下相通。洗髓經功法的關竅之一是對脊髓和腦髓的滋養。

（4）脊柱中佈滿神經。脊髓和腦組成中樞神經，結合周圍神經構成神經系統。其中，脊神經和內臟神經與脊髓相連，控制著人體的運動和臟腑功能。

（5）脊柱是身體運轉的核心，人體的姿勢維持、各種運動和活動、各種生理功能的正常運轉都要依賴脊柱的強健功能。而脊柱功能發生變化，或發生病變、退化，都意味著人體的生理狀態會出問題。

洗髓經功法中專門的脊柱鍛鍊方法有兩種：一是靜功，二是動功。

靜功的脊柱功簡便易行，站或臥都可施行。我們以站姿來講解。全身放鬆，身體自然站立，身心安靜，精神內斂。然後，將意識集中在自己的脊柱上，從上到下、從後腦根到

尾閭，一個骨節一個骨節地往下想，不用急，不必快，要細緻，慢慢想。從上想到下之後，再從下想到上。如此反覆，次數不拘，以多為佳。

初始只能做到想像，日久可以轉為內視。這是基礎靜功。待練習基礎靜功有些功底，對脊柱有比較清楚的感覺後便可以練習進階靜功。這時可以意想脊椎骨節拔開、錯開、撐開等，是對脊柱的強化鍛鍊。限於篇幅，細節在這裡就先不談了，以後有機會再介紹給大家。

脊柱的動功難度會大一些，必須鬆身的功夫達到一定程度後效果才好。方法之一我們在《方式》一書裡介紹過了，就是蛹動。

脊柱動功的練法分為上下蛹動、左右擺動、左右轉動、左右畫圈、蠕動。蠕動是將以上四種動法綜合起來鍛鍊，練得更細緻。

脊柱功法對整個身體的影響是巨大的，脊柱的功能狀態對我們的生理、生活和練功都有重大的意義。以脊柱功法運動脊柱時，人體的經絡、氣血、筋骨、臟腑等也無有不動，脊柱作為核心以協調這時的綜合運動，可使人體的生理功能獲得綜合性的鍛鍊和提升。這也是洗髓經功法的核心。

總的來說，洗髓經的動功練法就是一種深度的自我按摩。它採用柔性圓周動作作為運動鍛鍊的方法，目的就是放鬆肌肉、舒展筋腱、伸展筋膜、疏通氣血。我們從這個角度去認識洗髓經的動功就更能把握住它的神髓。

活節功也可以直接使用自我按摩的手法，尤其下盤需要加強刺激時，或鍛鍊不便時，就可以用這個方法，如按摩膝蓋、按摩腳踝、扳足趾，等等。

　　洗髓經動功體系本來還包含行步功，後來因本門內傳有八卦掌的功法，便以轉掌功法代替，故不再獨立練習了。有需要的朋友可以參考八卦掌的行步功法，自行練習。八卦掌功法是高度契合洗髓經功理的。

洗髓經與內家拳

前文我們說，易筋經和洗髓經合二為一，內壯外勇，修煉理論與方法兼備，構成了傳統思想下的煉體功法體系。

內家拳的內功就是採用的這個修煉思想和功法體系，並在此基礎上不斷發展、完善。但萬變不離其宗，核心和根本的東西還是不離易筋經、洗髓經。

一　易筋經、洗髓經合一之法

易筋經、洗髓經合二為一的鍛鍊方法是本著怎樣的邏輯和模式呢？

易筋經功法先精練十二經筋。十二經筋是一條條的筋

圖 3-3　練功如箍桶

條，但是有一定寬度，好像編筐的長竹片或箍桶用的長方形扁木板。它們圍成人體結構的表層，成一個桶形。練易筋經等於把這個桶所用木板一條條練出來，然後箍上去。有些傳武門派的內壯功法起名為「桶子功」或「桶子勁」，是很形象、很有道理的（圖 3-3）。

僅練十二經筋是不夠的，還要練奇經八脈的經筋。這就相當於在這些木板裡面又加了一層內襯。一條奇經統合著幾根正經的豎條。這還不夠，還得再往裡面走，直到真正觸及「膜」，也就是軀幹球形腔的內膽。必須把膜煉「通透」了，氣血才能真正行開，才能真正做到「潤經絡，養臟腑，往復循環，運行周天」，至此才算是能夠內外合一。

到這一步就是從易筋經自然過渡、演化到洗髓經了。後續鍛鍊將適用洗髓經的理論和方法。

這個功法邏輯是內家拳中最常見的。此外還有幾條路徑，堪稱別出機杼，讓人不禁佩服前輩們的智慧和氣魄。但是，從根本上看，這些功法體系的基本邏輯仍是不脫離「易筋洗髓」這條主線的。這裡不多談了，大家日後如果能遇見，多想想這個邏輯主線，觸類旁通，也就明白了。

二　經過易筋洗髓的鍛鍊後內家拳方能出真整勁

什麼叫作真整勁？人體從伸筋拔骨開始練，筋、骨、肉、力的關係捋好了叫作「順」。伸筋拔骨的功夫練到頭是外三合，叫作「整」。當然，只能算是初級的。

在此基礎上，身體深處要再開一層，即開關節（開關節不同於活關節）。開關節練到頭是可以做到骨角相爭和接骨鬥榫的，瞬間的骨角相爭或接骨鬥榫叫作「合」。

在此基礎上，身體再往深處開一層，即開氣脈，氣脈打開後丹田氣才能通透地打出來，這叫「炸」。

丹田氣打是全身內外、有形無形的所有功能都激發出來的標誌，是內家拳發力的最後「一開」，即真整勁。

這個真整勁如果再能練到沒有煙火氣，甚至到了無形無意的境界，就是內家拳前輩一摸就能吐勁傷人的東西，也是內家拳習練者畢生追求的東西。

順、整、合都屬於易筋經理論的範疇，到了丹田氣打則是洗髓經理論的範疇。這個過程練下來，易筋經的內容和洗髓經的內容自然就合上了。

如果是從鑽研內功的角度講，內家拳的存在也算是為易筋和洗髓兩部功夫的銜接過渡做了個注腳。

張烈老師所傳孫氏拳要求每個動作如同易筋經功架般做到位後，再用意念引著往外走一點點，然後才轉換成下一個動作，目的是為了把這條線上的東西「叫」出來。

三　內家拳是一種身體語言，《易筋經》和《洗髓經》是這門語言的底層邏輯

內家拳不應被簡單地視作一種比較特殊的拳法，內家拳是一種身體語言。練習內家拳就是由這門語言與自己的身體對話，進行溝通，從而重新認識自己，更好地理解自身。同時，語言又是思維的存在方式和表達方式。所以，我們不能僅僅是「練習」內家拳，更應該「思考」內家拳，掌握好這門身體語言。

而作為內家拳重要基礎的易筋經和洗髓經就是跟身體對話時要遵循的底層邏輯。我們練習這兩種功法就是以功法原理和合理的練法與身體進行問答式的對話。以功法對身體進行刺激是「提問」，意識反觀、獲得身體的各種回饋是「回答」。在反覆多輪、漸進式的問答中，逐步認清身體、瞭解

身體、精準掌控身體乃至改造身體。

　　所以，易筋、洗髓類功法（內家功法）是內向式的，練習時不可急躁，也不可一味上時、上量，必須靜下心來細心地、耐心地體會功法對身體的影響，捕捉身體內部極細微的回饋（變化）。注意不能違背「邏輯」。這樣才能真正地把兩部功法的效力完全發揮出來。

易筋經和洗髓經的真髓在於原理和原則，而不在於其功法動作

　　大家單獨練習易筋經或洗髓經時應將重點放在搞清、掌握它們的原理上。只有吃透了洗髓經的原理和原則，才能將養氣血的靜功、舒筋活節的動功、自我按摩法這三者有機地結合起來，以發揮其最大功效。還可以自我選擇、設計動作，創出一套最符合自己需求的洗髓經。形意拳、八卦掌、太極拳三大內家拳形式不同而功效一致，證明這個思路並不是空想，而是確實可以做到的。所謂的傳統並非不可改動，關鍵看改變是否合理。

　　把握住了易筋、洗髓之法的原理，內家拳的核心——內功的秘密也就通曉了大半。此時，可以說天下各家拳功法式皆可修習，為我所用。反過來說，耗時十餘載，學了各家名拳卻未真正受用，必然是在內修的道理上有所欠缺。

　　光學一套全身關節畫圈的活身法動作或揉按身體的按摩法動作，可能只取得真正功效的五分之一，甚至連十分之一都不到，那還不如去跑步、游泳。

　　真正的內家是功理完備的體系，至少是內外兼修、邏輯

完整的體系。練功要按照正確理論指導，把程式走完整、標準做到位，才能取得令人滿意的效果。這也是筆者在本書中想表達的主要思想。

是人練拳，不是拳練人。希望大家都能學個明白拳，做拳術、拳法、拳學的主人。

附　洗髓還原篇

易筋功已畢，便成金剛體。外感不能侵，飲食不為積。

猶恐七情傷，元神不自持。雖具金剛相，猶是血肉軀。

須照《洗髓經》，食少多進氣。搓摩乾沐浴，按眼復按鼻。

摸面又旋耳，不必以數拘。閉眼常觀鼻，合口任鼻息。

度數暗調和，身定神即定。

每日五更起，吐濁納清熙。開眼即抽解，切勿貪酣睡。

厚褥趺跏坐，寬解腰中繫。右膝包左膝，調息舌抵齶。

脅腹運尾閭，搖肩手推肚。分合按且舉，握固按雙膝。

鼻中出入綿，綿綿入海底。有津續咽之，以意送入腹。

叩牙鳴天鼓，兩手俱掩臍。伸足扳其趾，出入六六息。

兩手按摩竟，良久方盤膝。直身頓兩足，洗髓功已畢，

徐徐方站起，行穩步方移。

忙中恐有錯，緩步為定例。

三年並九載，息心並滌慮。

泆骨更浴髓，脫殼飛身去。漸幾渾化天，末後究竟地。

即說偈曰：口中言少，心頭事少，腹裡食少，自然睡少，有此四少，長生可了。

第四章

椿功

第一節

樁功的立意

　　練內家拳要先站樁，站的時間越久就代表功力越深厚，這似乎已經成為當今內家拳界的主流觀點。

　　但是，大家有沒有認真思考過為何拳術是動態的藝術，而內家拳功法體系的源頭卻是靜態的站樁呢？為何其他拳術體系只講抱架，而不講站樁呢？內家拳把站樁作為一門功法修煉的意義究竟是什麼？

　　作為內家拳的繼承者，深入探究這一系列問題對於我們提升自身的理論和實踐水準都有很大幫助。

　　要搞清楚這些問題，我們就必須對內家拳的整個訓練體系進行全面、系統的反思和分析，要釐清諸多的基礎概念，要捋順多條內家拳功法排序的邏輯鏈。同時，還要跟所謂的外家拳技術進行比對……

　　如果這個任務順利完成了，那麼我們在日後的拳學修煉道路上，至少在理論指導方面不會跑偏。

　　所以，請大家暫時把師門、拳譜、網路灌輸給我們的關於樁的種種說法、觀念先放一放，純粹從我們自己練功的角度思考一下：為什麼練內家拳要站樁？同時，還要思考這個問題本身隱含的一個前置問題：何為「樁」？

　　為了分析這個問題，我們可以分步推導，先弄清楚幾個

基本的知識。

一 內家拳的本質

首先我們要搞明白，所謂的學「拳」、練「拳」或學「功」、練「功」，這個「拳」也好，「功」也罷，到底是落在了哪裡。

這個訓練的根本目標一定要搞清楚。

內家拳和一般拳術的立意不同。內家拳的核心是內功。既然稱之為功，那就不是一種技巧，而是改造人體的方法。

我們一直在強調內家拳的本質是對人體的開發和挖潛。歷代先賢是以這個目標為核心，廣泛搜集、篩選各種人體鍛鍊、改造、提升的方法，最後整合出一整套理論、功法和技術。這套理論、功法和技術構成的拳學體系就是我們今天所見、所習的內家拳。

所以，不管我們練的是哪一門、哪一派的內家拳／功，最終還是要落在我們自己身上。不管它叫什麼拳法或什麼功法，歸根到底還是對我們身體的調養、強化和提高。總之，是要讓我們的身體發生真正的改變。

很多人認為自己明白這個道理，但是在現實中，很多內家拳愛好者是想不清楚這個問題的。或者說，他們是口頭承認，內心不接受。

他們練功的關注點都放在了功法上，鍥而不捨地去追逐更多的、更新奇的、更鮮為人知的功法。最直觀的就是這類人最喜歡誇耀：我學過某某拳的某某功，或者是我跟著某位名師練了他密不外傳的某某功法……

　　但真要問他：「你練了這個功法，出了什麼功夫？」「你在修煉這個功法時，有什麼內在的感受和變化？」他便啞口無言了。

　　這種見解就是完全忘記了自己的存在意義，把功法當成了一種外掛、一種所謂的法寶，彷彿只要得到了某種強力功法的加持就能自然地、直接地練成了。

　　這就是把練功本末倒置了。我們必須清楚：內家拳練的是我們本身。

　　內家功法鍛鍊的最終成果應該是我們自身某方面素質的改善，或者某方面能力的提升，而不是說我們又學會了一套新功法。

　　說得再直白一些，練內家拳是為了讓我們的身體形成並固定在內家拳原理要求的狀態，如筋長力大、骨重筋靈、骨堅筋韌、膜厚如甲、呼吸深長、丹田足滿……功法則是給我們提供實現這個目標的路徑、藍圖。

　　功法不是練功時則有，不練時則無。對人體自身的改造、實現人體功能的提升才是內家拳的本質。

二　內家拳體系中樁功的內涵和價值

1. 樁功直接服務於內家拳的訓練目標

　　明確了「內家拳練的是人體本身→內功是全面改造人體的方法→改造人體是為了形成真整」這條邏輯鏈，才能真正理解樁功在內家拳體系中的存在價值。如果不為了改造自身，而只是強化和使用現有的人體結構和運動模式，那真的不必修習樁功。

在改造人體方面，樁功的最大優勢就在於把易筋經、洗髓經的功效合二為一，從而可以直接服務於內家拳的訓練目標。

具體來說，樁功能夠非常直接地強化骨骼、伸展經筋、鼓盪筋膜、構建間架、足旺氣血、疏通經絡、壯大神意……從而達成內家拳強化人體的全部需求。

在樁功中，人體可以一邊強化，一邊慢慢自然形成內型，之後稍加引導即可形成內動，內動自然引發內勁的外放。這個過程無須再由其他功法轉化、過渡。這就是真正的練用一體。

因此，內家先賢在各種功法中最重視和強調的是樁功。很多種內家拳都有「入門先站三年樁」的說法，實在是因為站樁這種練功方法是最直接進行人體改造、挖潛、調理、塑形的方法。

當然也有內家拳支派自稱「不站樁」，而採用別的練功手段，如盤拳架、行步走圈、單式單操等，甚至還有支派保存著分別鍛鍊筋骨和煉氣的功法。但是，大家如果用「易筋洗髓」和「內型──內動──內勁」兩方面的視角去觀察，就會發現這些練功方式歸根結底還是為了追求樁態（後文將討論這個概念）。這些練功方式可以稱之為行樁或動樁，但本質上都屬於樁功的一種或一部分。

可以說，站樁是目前效費比最高的內家功法，這也是現在樁功為廣大內家拳練習者所普遍接受的最主要原因。

2. 樁功是人體改造類功法的「集成模塊」

為何說站樁是效費比最高的功法呢？

站樁站的是樁，樁其實是人自身。

椿功是將內家拳改造人體的原理從「一種理念」轉化為「一種現實的、具體的方法」的工具或手段。

椿態是人自身的一種非常特殊的新狀態。這種狀態與普通人的身體狀態不同，是內家拳改造人體的功法理念在人體上的實體化展現。

我們練習站椿功的過程就是透過站椿這種形式使自身進入椿態，進而逐漸穩定在椿態，最後讓椿態成為我們身體的新常態。

內家拳的椿功理論大致可以分為三部分：第一部分是教人進入椿態的方法；第二部分是闡述進入椿態後的人體五大系統調整、重塑相互關係情況；第三部分是椿態穩定後，人體建立新的運作模式的方法。

所以，站椿時，我們站在那裡看似不動，其實我們的身體內部發生著複雜而深刻的變化。一方面，我們是在內家拳理論指導下對自身五大系統進行鍛鍊和探索；另一方面，我們是用自身的各個肢體、各個器官、各類組織、各大系統在椿態下發生的各種變化來印證內家拳的理論。同時，還要積極嘗試運用我們全新的身體狀態去完成一些我們以前做不到的運動方式。

這樣功理相參、相互印證地練習和發展，其認知和方法的契合度是其他練功手段難以達到的，是徹底的知行合一。所以說，椿功效費比最高。

為什麼椿功能如此高效？這要從椿功的由來進行分析。椿功不是憑空出現的，特別是內家拳椿功，它是拳學不斷發展的產物，是內家拳的一種人體鍛鍊科學。

它不是某天突然出現的，而是千百年來，武術家、養生

家、醫者、修行者經由不斷對各種人體修煉方法進行嘗試，在反覆探索、實踐中總結出來，融會貫通各家最本質、最有效的方法後，才形成了樁功這種練功方式。

為什麼這個成果最後形成於武術領域呢？筆者認為，因為武術領域的檢驗標準最高，考察方式最激烈，甚至可以說殘酷。

凡是不夠本質、不夠高效的方法，其載體──功法練習者在武者之間的激烈對抗中就被淘汰了，其所習功法自然就隨之湮滅了。這是筆者的猜測，僅供大家參考。

大家可以回顧一下前兩章中關於易筋經和洗髓經的相關內容，只有易筋經和洗髓經這種已成體系、效果明顯的內修功法才會被內家拳練習者全盤接受，而且不斷研究、發展、完善。

透過剖析樁功，大家不難看出，其中有武術家對人體筋骨結構的研究成果，佛、道家的修行人士的放鬆入靜的心神修煉之法，醫家和養生學家的涵養氣血、臟腑歸位、經絡通暢等人體調養之法……

所以，樁的構成要素包括骨骼、經筋、筋膜、經絡、臟腑、氣血、神意，等等。將這些元素都喚醒、啟動、調動、重組，將它們的相互關係調適到一種有序、合理、和諧的運作狀態，從而使自身進入一種渾身放鬆、身心安靜、自然安適的中和態，是為站樁。

在這種「中正」的身姿與「中和」的心境中激發人體良能，使身心同時得到休養和鍛鍊，是為樁功。所以說，樁功是人體鍛鍊的最基礎、最有效的方法。

因此，樁功追求的是對人體五大系統進行整體大調養的

狀態，而不是某個外形姿勢，也不僅停留於各種規矩、要領之上。

我們在拳譜中常見的所謂「八要」「十要」「二十四要」之類的規矩、要領都是在描述或闡釋樁態的「相」，而不是本質。

我們可以由這些「相」逐步感知、瞭解、體悟、印證樁態，但是心裡要清楚這些不是樁態。無論是靜樁還是動樁，包括微動樁、大動樁（拳架），這點都是共通的。

為了使自身進入樁態，我們必然要綜合使用各種功法手段，以調動經筋、筋膜、經絡、臟腑、氣血，神意、骨骼等諸要素。所以，先賢從易筋經、洗髓經、呼吸法、臟腑功等各種功法中提取了相應的關鍵性內容，並將其融入樁功。

所以，樁功可以說是一個改造人體類功法的「集成模組」，其實已經把很多功法綜合在了一起。到實際操作的時候，你只要「按一個按鍵」就可以啟動很多功能。

這是內家拳的歷代先賢在對人體構成和運作規律的深入認知的基礎上，對各種人體修煉方法的總結和提煉，也是在把握了根本原理、抓住了核心的前提下對具體功法的優選和再設計。

這些理論會隨著我們對樁功，以及未來對內家拳的體認的逐步加深，而慢慢得到印證。

三　什麼是內家拳的「樁」

練習內家拳，並且愛好站樁的人是很多的，但是很多人是執著於樁功的一些形態表像，未能真正理解什麼是內家拳

的站椿，什麼是內家拳所需要的「椿」。

現在梳理一下關於內家拳站椿的一些理論和概念，以便大家能正確認識站椿功、認識椿。這樣才能練好椿功，不被一些浮於表面的觀念、說法所迷惑。

內家椿功可不是擺個姿勢就是椿，更不是站著不動就是椿。椿指的是某種特殊的身體狀態，而不是某些固定的姿勢。大家可以在易筋經的「功架」概念上再深入地推導一步。

內家拳的「椿」是一個複合概念。當身體的五大系統的各個關鍵要素集合在一起，共同協調地發生作用，改善了身心的狀態和體內環境時，這時的身體狀態才是「椿」。所以說，練習椿功就要把鍛鍊目標和與之對應的方法都釐清，才能說自己是在修煉椿功，而不是在罰站。

那麼，構成內家椿功的要素有哪些呢？前人曾總結過傳統內功的三類要素「三調」：調身、調息、調心。內家椿功其實也不外乎此三類手段。因此，構成椿功的功法要素大致也與這三類手段密切相關。

（一）調身所包含的要素

在「椿功」概念裡，所謂的調身就是以椿姿約束、調整身體的筋骨關係，形成符合要求的、端正的間架（未來則是椿架）結構姿態。這是調身的第一個含義，是對筋骨系統的調理。

端正的身架形成正確的筋骨關係，使筋骨架確定，從而臟腑可以各安其位，運作穩定。

在中醫理論中，臟腑系統是人體的根本所在，支持人的

所有生命活動。臟腑安穩，則身心健康；臟腑強健，則身心俱健。這個理論也在內家拳樁功的實踐中直接起效。

注意：**對臟腑的調理是功法的重點所在。**

這是調身的第二個含義，是對臟腑系統的調理，即五臟六腑要各安其位。形正則氣順。經筋和經絡互為表裡，筋骨間架端正、筋骨柔順則經絡順暢。這是調身的第三個含義，是對經絡系統的調理。

（二）調息所包含的要素

調息就是對呼吸運動的調理控制，在「樁功」概念裡包含以下幾個含義。

1. 對呼吸的真實感知

在心神安定和間架端正的狀態下，呼吸要深、細、綿、長，達到綿綿不絕的狀態。這種狀態下的呼吸運動才能與身心相協調，互助互用。常人對呼吸是「說起來重要，忙起來忘掉，緊張起來全亂套」，我們練功時則要求對自己的呼吸有一個清晰的感知。這是第一步。

2. 由呼吸產生的體腔筋膜的球狀漲縮運動

在正確的間架結構下，在第一步呼吸綿長的基礎上，呼吸運動會與體腔的筋膜運動相合，一起產生體腔的漲縮運動。這種運動可以使深層筋膜得到鍛鍊，同時對身體內外的方方面面產生有益的影響。這也是很多功法，包括健康療法，推崇腹式呼吸的主要原因之一。

但我們並不強調存在胸式呼吸和腹式呼吸之分，我們推崇自然呼吸。呼吸方式的區別源於「功力」的深淺不同，當你對體腔筋膜鍛鍊的功夫火候到了，呼吸方式自然會有不斷

的改進。我們並不刻意採用某種呼吸方式。

3. 呼吸運動對臟腑和氣血的影響

在正確的間架結構下，在第二步的基礎上，呼吸運動會帶動身體內部的筋膜，尤其是膈膜和包裹著內臟的筋膜運動，達到了對臟腑進行按摩的效果，實現了對臟腑的鍛鍊。

在身姿端正、心神安定的情況下，在第二步的基礎上，呼吸運動可以促進身體氣血的運轉，並提升其運轉效率，是為功法中的所謂鼓盪氣血。

（三）調心所包含的要素

在特定的間架結構的姿態下，放鬆身心，達到身鬆心靜、精神安定的狀態，是為調心。

調心是對精神意識的調理、養護和鍛鍊。不僅有保養（涵養）精神、維護精神健康的作用（透過消除負面情緒、「精神垃圾」的方法），更有鍛鍊和強化精神意識的作用。這個在本派功法從無極椿到渾圓椿的自然升級過程中會有體現。如果有朋友堅持深入練習內家拳，則會體會得更深刻。

同時，調心能夠營造出椿功所需的鬆靜態的精神環境，為調身和調息發揮更好效果提供更好的心理基礎。心中浮躁、雜念不斷的情況下，人是很難做好調身和調息的。

1.「三調」最終歸於「調氣」

根據傳統的「氣一元論」理論，人的身心都是由氣而生，所以本質上「三調」是一體協同的。我們不可能身姿端正而氣息不順，也不可能氣息深長而心思煩亂。「三調」的每一種都不可能獨立存在，每一種鍛鍊有成後，都會有助於另外二者。

圖 4-1「三調」關係圖

以本門理法的觀點來看：「三調」的關係如同三段弧形組成一個圓（圖 4-1），互相影響，互相協調，互相促進。三者相互之間是以「氣」為聯繫紐帶，三者都影響我們「氣」的變化，又由「氣」的變化來互相影響促進。

本門功法是以「氣」的變化為調理自身的根本手段，這與中醫以氣機變化為手段調理人體有異曲同工之妙。

2. 氣行周天

周天功本來是道家功法中的概念。內家拳綜合運用「調身、調息、調心」三種手段調理、整合身體筋骨間架結構，使臟腑歸位、經絡通暢、氣血運行，最後可以自然形成氣血的周天運轉。

在拳學範疇裡，周天運轉不僅僅是氣血循環運行的模式，同時也是身法、勁力的運行模式。也就是說，周天運轉不僅僅是無形的氣的流行和循環，同時也能表現為看得見、摸得著的身法變化和勁力效果。二者相輔相成、聯繫緊密。反過來說，你說體會到了周天運轉，但是沒有轉化成身法和勁力，那麼可能你體會到的是幻覺，或者只是萌芽，其「體量」還遠遠不夠。

周天運轉有多種模式，這個大家可能聽說過很多，這裡就不一一列舉了。僅舉個簡單例子，形意拳的鑽翻模式即「起鑽落翻」的身法模式就是與督升任降的小周天循環相合的。所以，內家拳前輩說「形意拳就是內功」「太極拳是天

然氣功」就是這個道理。

綜上所述，這種在一個特殊的筋骨結構狀態下統合了對筋骨、臟腑、經絡、氣血乃至神意的調理和鍛鍊手段的功法，才能稱之為內家椿功。

鍛鍊人體五大系統的功法要素就像各種食材和調料按照一定原則投入一鍋水中，然後不斷調整火候，使這些要素互相影響，綜合起效，最後才能做成一鍋美味的湯。而不是說架個鍋，燒上水，只要煮的時間夠長，水就變成濃湯了。

（四）站椿所得是構成內家拳的關鍵性要素

經過系統的椿功鍛鍊，人體會產生某些特殊變化。這些由站椿功產生的「產品」是構成內家拳的關鍵性要素。

1. 整

站椿首先在於求整。整，不是一個簡單的概念。不是抱個椿架子站在那裡，別人扒拉不動就叫整了。

「整」這個概念包括了靜態下的整體結構、動態下的整體運動，以及內外相合的整體發力等諸多次一級的概念。

對初學者來說，至少要做到整動和整勁。整動，即椿態下整體位移、變位。整勁，即椿態下的五大系統協調發勁。所以，求整並不是一個簡單的工作。

整的求取方法，總的來說可以分為靜態求整和動態求整兩類。動態功法有很多種，如單操手之類。靜態功法主要就是指站椿功。

對我們來說，站椿求整的練法效果最佳（但對技擊而言，效率未必最高），故我們選擇站椿。

2. 高「品質」的身體

樁功集合了易筋和洗髓兩種功法的效果，故天然具有調和氣血、調養五臟、強筋壯骨的作用。形意拳理論對此進行了進一步的闡釋，明確提出了「三步功夫」之說。

易骨：練之以築其基、以壯其體，骨體堅如鐵石，而形式氣質，威嚴狀似泰山。

易筋：練之以騰其膜，以長其筋，其勁（筋）縱橫聯絡，生長而無窮也。

洗髓：練之以清虛其內，以輕鬆其體。神氣運用，圓活無滯，身體動轉，矯若游龍。

3. 人體五大系統之間新的協作關係

樁功練整、強筋壯骨的功效，肉眼可見，所以比較好理解。它還有一個無形的功用，往往被人所忽視。

經過樁功調理的身體，首先是身體各個子系統都各安其位，實現了局部優化；其次是由樁功建立起了新型的整體協作關係。在整體關係框架下，五大系統均處於各自能發揮最佳功用的狀態。比如，人體的骨骼和經筋合作形成了「一身備五弓」的立體空間結構。再次是人體的經絡系統形成了多個周天循環的氣血運行體系，同時賦予了經筋系統環狀結構和圓研運動的能力。最後是人體的主要動力源，從肩膀和大腿轉移到了骨盆——脊椎這一新中樞。

還是用身體就像是個大機器來比喻，透過樁功的鍛鍊，這部機器的各個部分都整備完善，並且設定了新的運轉模式，具有更高效的運轉能力。

相對而言，常人身體中各大系統的運作狀態是不夠協調的。所以，在練過靜態的站樁功之後才適宜練內家拳的動態

樁功（即行樁），此時的身體內五大系統才具備按照內家拳
的標準去協調運動的能力。

（五）樁、式和架子等概念的異同

樁功的含義很深奧，功用範圍很廣，既能服務於對抗應
用方面，也能服務於調理養生方面。因此，對於什麼樣的模
本算是樁，其實有很多不同說法。很多拳種都站樁，並不僅
僅內家拳才站樁，因而對於樁的定義如何界定就更複雜了。
這是因為習練者所追求的目標不同，功法產生的效果不同而
形成的偏差。

以下幾個樣本都被認為是樁，但其實它們之間還是有差
異的。

1. 樁

站樁必然追求結構塑形（內型），以及身體運動模式的
重塑（這是專為內家拳服務的）。而一般的靜功則未必有此
功效，如洗髓經、易筋經就不要求。這二者都有結構塑形的
成分，但占比並不太高，並且未涉及運動模式改變。

2. 式

「式」是在「樁」這個概念普傳開來之前最常被人們使
用的概念。「式」與「樁」的概念有極大的交集，也常常被
人們與「樁」的概念混用。例如，我們常聽說的無極式、太
極式、三體式，等等，改為「樁」字也可以。

但是嚴格分析起來，式與樁也並非毫無差異。練「式」
源於古法，是以養練人體之根本為主要目的的。這個人體之
根本，在舊時的拳學著作中或以先天一氣稱之，或以元氣等
稱之，總之是指代為前人所追求的人體之根本所用。各種式

都是為了鍛鍊這個根本的，是以養煉氣血、內煉精氣神之類比較內在的東西為主要目的的，其未必追求結構塑形、運動模式等的改變。當然練「式」也不排斥這兩項，只是並非刻意追求，而是等待其自然產生這些變化。故而這樣產生的結構塑形和運動模式的改變是會停留在一定程度之上的，大多是夠用即可的程度。

而站樁則是會有意或無意地主動追求筋骨塑形、氣脈建構、運動模式重塑，等等，是有這個目的性的。所以，練出來的這些東西的強度是會超過練「式」的效果的。打個不太恰當的比方，這二者的結果的區別就好比普通人健身練出的肌肉（式）和健美運動員練出的肌肉（樁）的差異。

但是這二者是否一定有優劣之分呢？是不是練「樁」就強於練「式」呢？這就見仁見智了。或許這二者折中一下才是最優的也說不定。這就留待後人思考了，我們現在各守師傳即可。

3. 架子

很多拳種也站樁，但是從「易筋洗髓」和「內型——內動——內勁」的標準來看，這些樁其實僅僅只是名字裡帶著個「樁」字罷了，它們其實更適合被稱為架子。

過去有所謂入門「蹲架子」之說，又有所謂「三十六大架，七十二小架」之說。這裡的架子就是指某種身體姿勢，如馬步就是常蹲的架子之一，現在多被稱為馬步樁。

這類架子與樁的異同何在呢？架子有固定身姿、身架的作用，但無法形成身體間架結構。例如，儀仗兵的身姿、身架都非常端正、挺拔，但是不能說他們有內家拳的身體間架結構。這種架子多是依靠局部肌群的力量構成的，或是僅要

求保持身姿穩固（站樁不是不能達成身姿穩固，只是這屬於副產品，並不做追求），並不能形成「整」的概念。

蹲架子並不能改變人的運動模式，只是在順應常人習慣的運動模式的基礎上對人體運動強度有所強化。

（六）靜樁、動樁、行樁的區別

1. 靜樁和動樁

有人說站樁不能是靜止不動的，站渾圓樁也好，還是其他樁也罷，一定要有各種小動或是微動，如身體起伏、擺動等。也有人說靜樁是死樁，動樁是活樁，我們要練活樁而不練死樁。這些話既對也不對。

靜樁就是不動的樁，但是靜樁並不是死樁。靜樁的外在不動，而內在則是在「動」的。這個動是生機活力（人體良能）激發出來的內在的動態。例如：自身氣血流通順暢，強勁健旺，則能感覺到氣血之動；自身筋骨結構進行調整，也會感覺到筋骨萌動。如此種種。

而一旦自身整合好新的內在秩序，外在也會自然而然地「動起來」，所謂的如在水中、如沐春風、空中游泳等都是內在激發出來的外在活動，身體自發的活動感是身體不斷的自我調整——既是站樁，就不可能是絕對的「呆」立不動。

這種靜樁的「動」與動樁是不同的。動樁或是在原地主動地小動或微動，或是以意帶動身體微動來練筋骨、勁力，以練內動。這與我們說的靜樁的「活力」激發動態並不相同，因為產生「動」的主體不同。

2. 行樁

所謂行樁就是樁的動態，表現形式就是打拳或練習內家

拳的單操、單式。內家拳的拳式或套路就是樁的連續動態和變化。各種單操、單式就是動起來的樁。

（七）站樁的通用心法

（1）站樁要注意周身合一，要整體放鬆，不可僅僅專注於局部。專注局部則容易使局部脫離整體，脫離整體就意味著肯定有些意識不到的地方會緊張起來，那就談不到放鬆了。

（2）站樁不可走神。心神都參與進來，不可中斷。心神一失，則身體就易僵易死，那就是空耗時間了。

（3）站樁要注意放鬆，由放鬆脫離日常習慣的用力和身體運動模式。如果不能改變這些日常習慣，就建立不起新的、正確的身體協調模式，那就會有很多地方留有僵勁，就永遠談不到周身皆鬆、一動皆整。

（4）站樁功尤以下盤難練，前人所言誠不我欺。練習下盤有八難：一是體察到下盤難，二是與上身建立聯繫難，三是下盤建立正確結構難，四是與上身建立正確的協調關係難，五是放鬆難，六是鬆透、鬆到位難，七是自身建立正確的運動模式難，八是真正站到地上難。

（5）內家拳以樁功為根本，樁功所包含的絕大部分要素是貫穿內家拳訓練始終的。只要對樁功中蘊含的內家拳的基本概念和底層邏輯有正確的瞭解，就能輕鬆理解內家拳的每一步功法的訓練目的。

只有理論和操作方法都正確，我們才能取得以內家功法鍛鍊自身的預期效果。

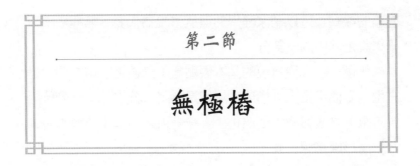

一 無極樁概述

（一）無極樁名稱的由來

無極樁是非常受前輩們重視的一個樁。當然，本來應該叫作無極式的，不過現在人們更願意稱之為樁，我們也只好稱之為無極樁。但無論哪種叫法，「無極」二字都是不變的。

無極樁之所以有「無極」二字，並不是前人從古書裡隨便選了個看起來「高大上」的名詞就拿來給它當名字。至少本支派所傳承的無極樁之所以名為「無極樁」，是因為功法背後有其理論邏輯體系存在。其中，與無極樁對應的身體狀態是跟「無極」概念有直接關係的，故稱為無極樁。

中國傳統文化中的無極——太極理論是無極樁得名的由來。無極樁是真的符合「一氣演化，無極生太極」的道理才得名的，不是隨便想叫就叫的。

（二）無極—太極淺析

無極—太極理論本來就是我國傳統文化中的宇宙論和本

體論的觀點，這以儒家理學的理氣學說為代表，無極——太極學說是其中的一部分。

無極——太極學說的基本觀點是：無極是宇宙本源，是本體。整個宇宙由氣構成。無極是陰陽未分之氣。氣分陰陽（兩儀）之後繼續不斷演化（太極→兩儀→三才→四象→五行）而形成整個世界。

注意：這裡的無極——太極關係是「無極而太極」，有無極就有太極，而非無極生太極。

但我們應用的無極——太極學說則是「無極生太極」，這種觀點則主要來自道家思想。

我國傳統文化以儒家文化為主流，道家、佛家文化為隱流。儒家學說更接近世俗，構建起基礎的世界觀。佛、道學說則與之交融，互為補益。

《道德經》曰：「天下萬物生於有，有生於無」，「道生一，一生二，二生三，三生萬物」。

內家拳理論就是依據無極「生」太極思想構建起來的。整個「無極生太極」理論延伸後就是無極→太極→兩儀→三才→四象→五行→六合→七星→八卦→九宮。這就是傳統文化中描述世界生成演化進程的理論，內家拳先賢用其表述內家拳修煉體系的遞進層次。

這套理論裡的每個名詞在拳學體系裡都有一個對應的實指對象。例如，

無極——無極式（椿）

太極——太極式（椿）

兩儀——兩儀式（椿）

三才——三體式

四象……雞腿、龍身、熊膀、虎抱頭。

每個名詞所指代的內容，在拳術體系中所處的階段和位置，都是與無極——太極理論相契合的，也是按照這套理論發揮自己的作用的。

在內家拳理論中最常用到的、最簡單的、最基本的無極理論主要是「無極生太極」這個概念。

無極指的是一種人體（身心）狀態。大家可以先簡單認為這個狀態就是一種人體未經鍛鍊、混沌的身心狀態。太極代表的是另一種身體狀態，可以視為是一種功態，層次高於初始階段的無極態。

無極椿既是無極態的一種表現形式，內裡又包含了向太極態轉化的趨勢，因此得名。無極椿功法是一個引導人體從無極態向太極態轉化的過程。

以上是內家拳理論中無極理論的簡要概述。

本支系的無極椿功法，乃至全盤功法，都是本著無極——太極理論構建的。

（三）內家拳入門先站無極椿的意義

無極椿是內家拳的起點，是入門第一課，是初學者開始修煉內家功法的第一步。

從無極入門，並且長期堅持練習無極椿，可以幫助大家更好、更快地理解、掌握內家拳。無極椿不僅是一個大家放鬆身體、準備練拳的外形動作，也是一種椿法。它代表了內家拳的核心思想和根本路徑，是內家拳修煉者的初心和發端。

從無極椿開始，我們可以認識到什麼樣的拳法算是內家

拳，應該如何去學習和修煉內家拳，以什麼樣的態度對待內家拳。這裡包含了學習對象、學習方法和學習態度，這相當於是內家拳的學前班。

初學者能否真正接受內家拳的思想，能否真正理解、認同、實踐內家拳的理、法、功、術，能否最終成長為真正的內家拳踐行者，都可以在練習無極樁的過程中找到答案。

（四）無極樁是「活」的

本門的無極樁並不是一個固定不變的姿勢。正如前文講述的，無極樁可以按照功理法則進行自我變化和演進。

藉助無極樁的漸進訓練，我們的身體會一步步地表現出在正確功法的指引、鍛鍊下，在肌肉、骨骼、經筋、氣血、筋膜、臟腑等方面發生的真實改變。同時，內裡的變化會產生外形上的調整，從而印證內家拳「改造自身、開發良能」的指導思想的真實效果。而每一步的鍛鍊成果既是對上一步功法的印證和總結，也是進入下一步功法的「鑰匙」和基礎。

這種功景相參、知行合一的鍛鍊方法是本門功法的一大特色，也體現了本門「實修實證」的基本原則。

（五）無極樁是如何「生長」的

無極樁，或者說內家樁功的功法原理，好比種花植樹，埋下一顆種子，然後按標準澆水、施肥，並給予其良好的環境和日照，慢慢它就會開花結果，長成參天大樹。

那麼，問題來了。

1. 什麼是種子

在無極椿功中，我們的自身（身和心）就是無極椿要培育的真「種子」。這是第一概念。要求我們把注意力集中到自身上來。然後，再進一步認識到種子其實就是我們身體內天然的良能。

良能是一種綜合概括性的說法，簡單而言就是我們身體內本來具有的生命活力，人本身的生長發育，疲勞、生病、受傷後的恢復等都有賴於它。

說得再明白點，良能是我們身體趨利避害、求生求強、求生命長久的正向發展的生物本能。這點大家先有個印象就行，日後會有所體會。

初始階段，我們可以這樣籠統地理解：身心天然具備的「生命力」就是無極椿要修煉的種子。

2. 種子會發生什麼變化

身心在進入無極態之後，身體良能才能得到涵養和發揮。在此之前，良能的工作效能都被日常生活、勞作所帶來的緊張、疲勞所制約。而當良能這顆種子被無極態培養起來後，不斷成長，就會引發身心產生明顯變化。

起初，良能只是順從人體的本能而運作，難以被發現。待良能被無極椿培養而發展壯大後就會被我們體察到。這時良能表現為體內的一種生長性活力。

打個不太恰當的比喻：

一般人的良能只夠日常消耗，大概是從感覺精力充沛開始，隨著從事工作和生活，精力慢慢消耗掉了，然後經過足夠的飲食和休息進行補充，隨後進入下一輪消耗……如此周

而復始。就像家裡的帳戶，發了工資存進去，但是交房租、水、電、煤氣等費用會把它慢慢消耗掉，只有等下一次發工資才會再存入。

而站樁後激發的良能具有生長性、延續性，就像存在銀行裡的現金，在不知不覺中總能生出一些利息。只要你還留著一點本金，它總會慢慢增多的。這就是良能在體內引起的第一個變化，也就是它自己的轉變，開始從日常消耗中擺脫出來，留一部分能量用於自我增長、壯大、積蓄。此時我們不再以「良能」稱之，可稱之為「生機」。

我們在這裡總結一下：

無極樁生出的東西首先是生機。這個生機對初學者來說還是一種比較虛的感覺。

雖說練無極樁會由只瞭解相對虛的理論心法，到一步步身體發生實實在在的變化。但是初級階段形成的生機（已經算是一種練功成果了）還是有些模糊，難以直觀把握。尤其在最初比較微弱的時候，似有似無，在有無之間。能不能把握住，全憑個人感受。

所以，我們要先特別強調這一點，這畢竟是練內家功法由虛到實的第一步，對日後的練習具有重要意義。大家在練功時千萬不可輕視它，更不可輕易放過它。

站無極樁時，做到鬆靜要領後，剩下的就是靜心等待（體會）生機的萌發。

注意：是體會、等待，不是找，更不是做。

3. 如何感知和把握無極樁功帶來的身體變化

無極樁孕育出生機之後，在身體上的實際表現首先在於

精神健旺，一些慢性疾病能康復，身體逐步恢復健康，進而自我感覺有活力等。

這裡就不一一列舉了，總之身體會有各種正向的表現，都是因為生機帶來的好處。

我們說站無極椿的功效在於生發，即生發出東西來。精神健旺等現象其實就是生發出來的，只不過開始的時候給我們的感覺太細微了，一般察覺不到，或者說不會往練功這方面聯想，不把它歸到椿功的功效範疇之內。

從這些細微變化開始，習練者的身體就已經逐步開始了新一輪的生長，已經開始從無極椿功中獲得好處了，身體已經開始往正向上走了。這就是很好的第一步，此時習練者不必妄自菲薄，可以自我鼓勵一下。這是向好的第一步，也是重要的第一步。

接下來，體內的生機逐步發展壯大，會引起比較明顯的身體層面的變化，如皮肉、筋骨、經絡、氣血都會變化。到了這一步，練習者就能明確感知，甚至別人也能發現練習者的身體和精神狀態的變化。這個過程伴隨著一種非常明顯的、源自體內的成長感。

我們形象地稱這個過程為身體的「二次發育」，老輩人叫「脫胎換骨」。傳統拳學理論則分門別類地稱之為易骨、易筋、洗髓，這些其實都是古人對人體再生長的一種解讀。而所有這些都是從入門階段那微小的第一步開始的。

我們體內的這種生機是由人的本源能量——內家理論中所謂的「一氣」（此「一氣」可以在老拳書裡看到）構成的。當生機不斷壯大，引起自身內部變化，然後由量變產生質變後，我們的身體外在形態也會發生變化，這就標誌著身

體進入了太極態。

所以，本門這個無極生太極的變化，不是練習者自己意想出來的，而是切切實實在身體上發生的。它可以實踐，可以印證。

首先，透過無為使身體回復本原態——無極（混沌）；然後，靜待體內生機生發——虛無含一氣；之後，生機發展壯大，身體開始發生變化——元氣充沛；最後，身體進入太極態——元氣飽滿，陰陽內蘊（未分）。這就是內家功法在人體小天地內模擬宇宙大天地中「無極生太極」的過程。

（六）無極樁演化過程所反映的內家拳練功思路

這個思路主要表現在以下三個方面。

1. 由虛到實

「虛」的心法要領逐步對身體產生「實」影響，引起實際變化。

鬆、靜、空這樣的要領帶給人們的「信任感」，遠不如做伏地挺身和力量舉。似乎身體運動中實實在在的用力才讓人覺得是在鍛鍊，更值得「信任」。

事實上，練功時到底該鬆還是該緊，在圈內也確實一直存在爭議。畢竟用力的訓練方式更符合大眾的認知，在現代人體科學中也有一系列的理論支持。

鬆、靜、空這樣的要領確實比較虛，但是「無極生太極」的理論描述的本就是由虛到實的過程。道家的世界觀就是從虛空之中化生出整個世界。

我們這裡不去做哲學層面的思辨。目前內家功法中的無

極椿應用的就是這個理論，而且按照整個理論練習就能產生對應的實際效果。

以虛靈的要求、虛無的狀態從舊身軀中「孕育」出一個新的身體，從人體內開闢一個新的「天地」（如果非要說得實一點，也可以表述為體內結構、運動模式等）。這一點對於認真練習過無極椿的朋友而言可能已經略有感觸了。

2. 從無到有

從無到有是說在站無極椿的過程中，練習者身上會有很多常人沒有的東西「生出來」。為何說是「生出來」，而不是說「練出來」呢？有兩個原因。

其一，無極椿功法要鍛鍊的目標物，在普通人體內尚不存在，或者說在體內的存在感極其微弱，幾乎可以視為不存在。

現實例子之一就是經筋。內家拳所說的經筋是由筋膜包裹並連接起來的一串肌肉鏈。普通人未經過鍛鍊，只有斷斷續續的筋腱，附屬於肌肉束的筋膜，無法形成繩鏈狀的經筋。另一例子就是氣血。普通人對氣血的感覺是極其微弱的，如果不經過鍛鍊，乃至提煉，氣血對於普通人而言是不存在的，既感知不到，也無法主動調用。

其二，無極椿生出來的東西會形成一個新的人體身心體系，並且具有自己的運行規律。

這裡大家要注意，我們經由無極椿培育出來的是一個新的體系，一個新的「自己」，而不是某個單項運動功能，更不是某個動作技術。所以，大家不要用模仿外形、重複動作的思路修煉無極椿。

什麼是新的體系？《方式》一書中說過，人體是由筋骨系統、精氣血系統、經絡系統、神意狀態、五臟系統組成的。這些系統有機地融合起來，按照一定規律運作，就是我們所要研究的體系。

這些子系統本身都是自成體系的，它們結合在一起成為一個大的體系。在日常生活中，這個體系會按照一個模式運作，為我們的學習、生活、工作提供支持。

但是內家拳所需要的身心運轉模式比日常生活更高級，大概可以比作生產民用品的企業轉型生產軍用品，各種指標都得上一個或者幾個臺階。

所以，我們要在遵循各級系統根本規律的基礎上，按照內家拳的原理和要求，調整它們的協作關係，使其產生某些特殊效果，從而發揮出內家拳需要的特定功用。

這個新的整體協作關係，在常人身上也是沒有的。

無極生太極，「生」這個概念有重建某種體系（重塑世界觀）或者重構某種秩序（合於道）的含義。

3. 先天與後天合一

如果大家能理解從虛到實、從無到有的思路，咱們就可以再引出「先天」「後天」的概念。

「先天」「後天」是內家拳理論中的重要概念，是劃分內家功法體系的重要標準，對於我們學習、理解內家功法和技術非常重要。

簡單來說，先天通常指具有本源性質的，與生俱來乃至出生之前的，先於感覺經驗和實踐而來的，宇宙本體、萬物本源的概念。後天與先天概念相對，指後來學習得來的現實

世界上的化生而來的概念。

在內家拳理論中被稱為「先天」的功法基本上是培養和壯大人的本體、本質、本源的功法。

例如，無極椿功法是由鬆靜無為，使身體進入一種空空洞洞、一無所有的鬆靜狀態，這就是先天態。在這個狀態下生機生發，就是抓住了人的本源。透過本源的壯大，身體才一步步得到強化。

身體上生發出來的好東西越來越多、越來越顯著，人體自然就會靜極而動，運轉起來。將練功所得在大千世界上做一「表達」。此部分的東西在內家拳中就屬於後天的功法，比如太極椿之後的椿法、動功、拳架（形意拳的五行拳、太極拳的十三勢），等等。

故而，內家拳的功法是先天與後天合一的。先天的東西會化生為後天，以後天為表達。後天的東西則植根於先天，以先天為根本。

需要注意的是所謂先天與後天合一，其本質就是渾然一體的過程。這就是模擬無極生太極，由太極再化生，逐步從先天的混沌態發展到後天的大千世界，再由大千世界回到無極態的整個過程。

內家功法基本上都可以歸為先天、後天兩大類。兩者是一體兩面的，先天為體，後天為用。

孫祿堂祖師對此有專門論述：「無先天則後天無根本，無後天則先天不成全。其理雖有先天為之本，然無外式之形，只能行無為自然之道，不能習之以全體也。若使之先天健全，即借後天有形式之身，以行有為變化之道，則能補全先天之氣也。」

再強調一下，內家功法入門就從先天練起，這樣一直練下去得到的就是先天的東西，時時刻刻也沒脫離這個主線。這是根本。

但是，先天類功法是強化自身本源的，不能直接拿來使用。需要作用於外時，使用的就是後天的東西。所以，練內家拳必須時不時地藉助後天的技術和應用來檢驗。

先天形於後天、投影於後天，仍是以先天為本。所謂「先天為體，後天為用」大致就是這麼一個關係。先天本源越雄厚，後天功能才越強大。如果沒有先天類功法的支撐，後天的樁、架、招就會變成一種流於表面的東西，就不是內家拳了。

先天為本！希望大家在練習內家拳時多多體悟、多多品味。準確把握先天與後天的關係。

二 「四要無極」的具體修煉方法

《方式》一書中初步介紹了本門無極樁（圖 4-2、圖 4-3）的前後兩種形態。這裡我們重點介紹一下後一種形態，即「四要無極」。

在講解「四要無極」的具體練法之前要專門介紹一下這個樁法的來源。這不僅僅是為了尊重師門先賢，更是為了瞭解功法體系為何這麼安排，也有助於我們對功法本質的理解。

四要無極樁是李旭洲先生所傳宋氏形意拳體系裡的無極樁法，可以說是一種比較獨特的無極樁形態。這種無極樁不是一個固定姿勢，而是有一個從並腳無極到分腳無極，再到

圖 4-2 無極椿（正面）　　　圖 4-3 無極椿（側面）

「四要無極」的演化過程。這是為了基礎身體訓練和基礎理論知識體認參悟的需要而安排的。透過這種變化，練習者可以直觀地感受到內家拳的各種功理、拳論中描述的內容究竟是怎麼回事。

從理論知識方面講，大家透過對無極椿，理解了無極─太極演化理論、生機的含義，以及如何進行「生長式」練功，也就是內家功法的所謂「養練」。這是內家功法有別於其他強化式練功方法的地方。

而從身體的準備方面講，則逐步在身體上體會到了固本培元、生機的養化、筋骨有了初步的生長感。

以上兩個方面的內容都是可以透過無極椿階段的學習而體認和理解的。所以，宋氏無極椿其實可以視作一套「無極功」。它不是一個固定的無極椿形，而是要有形態演進的。透過外形的變化，將功法內容實體化地在身體上展示出來。

而「四要無極」的姿勢就是體現無極椿最終階段成果的

身體狀態，尤其是筋骨生長後形成的新形態在身體外形上的一種體現。

（一）四要無極樁的講解

「四要」指的是戳腰坐胯、挑頂豎項、空胸圓背、鬆肩垂肘。這「四要」的具體內容在《方式》一書中已有詳細介紹，這裡就不贅述了。下面，我們就把這個「四要無極」成型的過程進一步解讀一下。

為什麼強調首先要戳腰坐胯？之所以反覆強調「四要」之首是戳腰坐胯，是因為戳腰坐胯是引起軀幹內型產生後續變化的根本。這裡請大家注意「軀幹內型」這個概念。

現在一般武友都知道內家拳要練軀幹，都知道「脊柱是一條大龍」「盆骨以內打人、盆骨以外推人」這些話。

但是，請想一下：誰沒有脊柱啊？誰沒有骨盆啊？舞蹈演員的脊柱和骨盆動得也好著呢！憑什麼說內家拳體內別有洞天？因為內家拳練習者的軀幹是經過一番鍛鍊、一番改造而形成的新結構。同樣是脊柱、骨盆、肋骨、肩胛構成的軀幹，內家拳練習者這些「零件」彼此間的支撐結構、運動模式都發生了不同於常人的變化，並且能夠做出一些常人難以完成的動作。

大家要記住，練內家拳的目的在很大程度上就是改變軀幹內型。而要改變軀幹內型，調整好脊柱和骨盆的結構關係是關鍵。

戳腰坐胯就是調整骨盆，為脊柱的穩定打下基礎。

我們先要在身體骨盆圈範圍內建立起第一個十字結構：兩胯左右橫開，為十字結構的左右方向；脊柱為十字結構的

上下方向。這個十字結構保證了脊柱的基礎穩定。

脊柱穩定之後，自然會產生一股支撐軀幹的勁力。這是椿架結構力的萌芽，雖然還不能算是真正的結構力，但是可以說是軀幹內型變化的「種子」。戳腰坐胯做到位後，骨盆——脊柱區域產生的不僅僅是筋骨結構性的支撐勁力，同時有一種「活性」的生長力生成。兩者是渾然一體的，我們姑且稱之為「生長性勁力」，這類似於小孩子拉筋能有助於長個兒，差不多就是這麼個概念。

這種「生長性勁力」可以促使成年人的筋骨再次獲得生長的機會，從而使我們的軀幹向新的結構發展。由此，生出後續幾個變化。

戳腰坐胯是向下到位，同時一股對應的勁力順著脊柱往上升，升到頭頂後就會出現挑頂豎項。

關於這股上升勁力的感覺，大家可以想像一下釣魚時的情形：當釣到魚時，一提魚竿，把魚帶出水面時的那股勁力在魚竿上傳導時的感覺。可據此體會這種勁力在脊柱上的作用。

挑頂豎項出現後代表著軀幹上下方向的支撐結構基本穩定了，相當於蓋房子的柱子立起來了。

然後，那種「生長性勁力」由脊柱開始往外展、往外開，這是身體的左右方向。這股開展的勁力推著肩胛骨左右張開，就出現了圓背。人體陽面（背面）的圓背出現了，則陰面（前面）自然出現空胸。

空胸圓背出現後代表著身體左右方向支撐基本穩定了，同時在身體上出現了第二個十字結構。

然後，我們的肩膀順著這股勁力往外一鬆，兩肘左右一

張，就出現了鬆肩垂肘。

鬆肩垂肘出現後，身體就呈現出了最初級的筋骨結構狀態。此時，我們身體的整個筋骨結構就像一把撐開的傘（圖4-4）。

尤其是我們的軀幹部分有點像脹起來的河豚（圖4-5），從裡到外鼓起來，連魚鰭都乍起來了。

有了這個軀幹雛形，再練後續功法才有資本。

圖 4-4 傘撐開後的上下傘面、傘骨　　圖 4-5「氣達末梢」的河豚
　　　 的狀態

（二）「四要」是從鬆靜進階到鬆沉的體現

練習者相信並堅持鬆靜這種看似無形、無意、無法的練法——播下種子，直到「四要」出現，就是到了收穫的時候了。

戳腰坐胯是身體整體出現鬆沉的最直觀的具象化表現。這是習練者前期堅持練鬆、練靜得來的成果。

請大家注意：只有身體真正整體地沉下去了才會出現戳腰坐胯。否則，可能是膝蓋打軟、身架下塌，或者膝蓋繃住，硬用身體壓彎腿，上下較勁⋯⋯這樣站樁，不僅不會出

功夫，還可能傷身。

如果身體是真正的整體鬆沉，那麼你的放鬆就不是身體的一種膚淺的感覺，而是真正的功夫。它代表著你的身體發生了一系列的具體變化，每個變化都意味著你的身體向內家拳所要求的內型結構又近了一步。

什麼叫整體鬆沉？整體鬆沉意味著身體真能沉下去，全都沉下去，而且是一沉到底，沒有阻礙。

這裡結合「四要」再解釋一下：戳腰坐胯裡的坐胯是說人的身體，特別是軀幹下半截，也就是腰臀區域，真正形成一種坐在那裡的狀態。

一般人在站椿時是不敢真往下坐的，因為他知道屁股後面沒有支撐物，所以不敢坐下去。所以，他是用肩頸繃緊，吊著腰和臀，做出一個「坐」的假動作。類似咱們坐一個快散架的凳子，身體很緊張，用屁股隨時感覺著凳子的狀態，防止勁坐實了，它就真散架了。所以，看著外形是「坐」，其實身上還是有一種要隨時站起來的勁兒。

而當練習者經過椿功鍛鍊，骨盆底部以及兩腿的筋骨已經變成了一個穩固的「凳子」，當然敢大大方方坐下來了，而且還要坐得穩當、舒坦。這時的狀態就是我們說的站椿時的「坐」。這個狀態過去叫「一沉到底」或者「坐到底」「坐滿」「千斤墜」，等等。

總的意思就是說這個「坐」代表了身體上、中、下三盤完全處於正確的放鬆狀態了。

此時，膝蓋有往前跪的感覺，大腿骨好像被膝蓋的自重抻出來一節，小腿骨也往下沉，腳踝處的谿穴會出現壓迫感。

　　上身完全鬆下來了，身體重量卸到了下盤。同時，下半身也鬆下來了，不用肌肉拙力繃著了，否則膝蓋和腿上的勁還是硬撐著的。

　　這肌肉一鬆、拙力一去，筋反而就繃起來了。練易筋經的時候，還得用動作去喚醒這些筋。而練樁功時，只要正確放鬆，這些筋就開始工作了。

　　這兩者有什麼關係？有興趣的朋友不妨思考一下，對內家功理、功法的理解會有幫助。

　　筋繃起來了，就像給骨骼繃上了拉簧，骨架就能撐住了。

　　這時我們說的「生長性勁力」才能產生向上的發育趨勢，結構力和生長力才能結合好。這個勁能通上去才能把肩胛骨向兩側推開，肩胛骨橫開了，肩部筋腱伸展了，大臂自然會垂下去，自然就有了鬆肩垂肘，特別自然、特別順。

　　反過來說，如果拙力不去除乾淨，身體的整體結構還是被上半身的肌肉死鎖死著、吊著，鬆不下來。鬆不下來就沉不了，沒有沉就等於沒有埋下生長的「種子」，自然也不會產生向上的「生長性勁力」。樁就像樹根、樹幹一樣，沒有了向上的生長力，還怎麼抽枝長葉？

　　所以說，要先打好根基，才能向上發育。

（三）「四要無極」成型中深層次的「意氣」元素

　　說過了筋骨層面的鬆沉，再說說心神方面的「靜」。

　　鬆會慢慢變為沉。身體能沉得住，就是穩。身體穩了，心較以前會更舒適、安靜一點。站不穩、站累了的時候，誰的心也不會真正安靜下來。

　　大家可以自己體會一下，全身「坐住」之後，雜念、煩躁會頓時減少。這是我們在「靜」上的收穫。從中我們可以體會到，在內家拳體系裡，不僅「鬆」是很實在的功夫，「靜」也是如此，而且「靜」也有其次第、程度之分。若能初步體會到「靜」，就可以略微談談「意」「氣」了。

　　前文我們說過，本門的無極樁不以外在的動作，如上下吊墜、前後對拉等肢體動作牽引用力練功。本門的理論是體內一氣養足了，身體自然會向四面八方撐開，並能與天地元氣呼應。

　　戳腰坐胯、挑頂豎向是體內一氣向下、向上生長，產生的一對上下的、相反相成的生長趨勢。

　　空胸圓背是胸腔整體的相對位置後移，胸腹面（軀幹陰面）實際是打開、飽滿的，背腰面（軀幹陽面）是向後膨脹的，形成體內一氣向前、向後生長的一對前後的、相反相成的生長趨勢。

　　鬆肩垂肘是兩肩胛骨帶著背闊肌、兩肋側面左右打開，這是體內一氣向兩側生長產生的一對左右的、相反相成的生長趨勢。

　　體內一氣「氣機」的變化與體外一氣——天地「氣機」相互牽引，同時輔之以「意」的作用，就能取得對身心的高效鍛鍊效果。氣機者，變化之源也。

　　注意：這裡的「意」指的是「真意」。

　　「真意」也是來自鬆靜、鬆沉之中，是心神與身體的真實聯繫，而不是單純的頭腦中的意念。總的來說，就是不是依靠外形動作、肌肉用力。

　　強調這個就是避免大家真的用梢節肌肉力去頂頭、拔脊

柱、鼓肚子、坐屁股、拉肩骨。很多人不懂內家心法，於是就按照常人的理解和用力習慣，用肌肉力和外形動作去做「虛靈頂勁、含胸拔背、氣沉丹田、沉肩墜肘」。然後還覺得自己功感很強，這是誤入歧途。

「氣機」和「真意」牽引，引起身體的生長變化。我們說用「氣機牽引」，不要用「外力」是因為外形動作產生的拉扯力還是肌肉用力、局部用力，而且由這種用力方式訓練出來的用力習慣是把力作用在自己身上，這還不如去練習槓鈴、拉力器，至少力量是向外釋放的。

而用身體各個梢節對拉來找功感，說到底還是內裡沒有實際東西、實際感覺、實際變化，所以才藉助外形和肌肉力拉扯筋骨、牽扯筋腱，獲得一點點自己在「鍛鍊筋骨」的心理安慰。

用「氣機牽引」是因為我們自己身體內的一氣足滿，這就是內家拳最根本、最實際的東西，是我們的體內發生演化運轉的起始點。這就要回歸我們的「無極—太極」理論。

我們的身體本來相當於始於混沌的一個蛋（無極），在這個混沌之外，本來就是沒有東西的（虛無之中哪有外力可借？虛無之外也沒有其他）。我們依據「無極—太極」理論，混沌蛋內自己不斷生化，逐步生長。無極生太極，再陰陽分化，再四維開張，再不斷生化、演化，最終在身體內建立起一個新的「世界」。

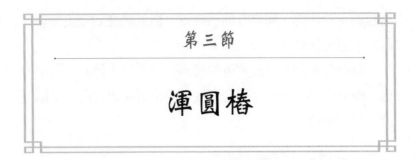

一 「渾圓」的概念

本節為大家介紹的是渾圓樁。這裡我們就談一談：渾圓樁表達的是什麼拳學思想？

實際修煉中如何理解和把握「渾圓」的概念？

瞭解名目的含義有助於加深對功法的理解，畢竟內家功法的名目不是隨便起的。

渾圓可以從廣義和狹義兩個方面來解讀。這裡我們分別解說一下。

（一）廣義的「渾圓」概念

其實對於渾圓樁中的「渾圓」二字，一直有渾圓、混元、渾元等幾種說法。而本門採用的是「渾圓」二字。

混元、渾元等大多是從氣的角度來解讀的，當然也自有其道理。但是雖然本門宗氣而練，卻不用這種說法，我們在這裡並不強調氣，我們從廣義的、至高追求的角度出發採用了「渾圓」二字。

廣義的渾圓指的是完美無瑕，有如完美的球，有毫無破綻、毫無缺失的含義。我們要將自身內三合和外三合都練到

毫無破綻的狀態，將自身的筋骨皮、精氣神煉到完美無瑕的狀態。這是我們對渾圓的追求。

渾圓代表的是一種完美的境界。我們用「渾圓」二字敦促、衡量自己，查看哪裡還有缺失，不斷完善自己，不斷提升，精益求精。

（二）狹義的「渾圓」概念

狹義的「渾圓」概念基本可以定義為我們在拳學修煉中所要修成的身體能力/狀態。

這種狀態的外在表現是一種立體、多向的間架結構力，或稱樁勁。這種勁以六面整體力為基礎，多種勁力複合疊加而成，由此產生了「渾圓力」的概念。

無論是渾圓力還是六面整體力，都是一種自然力，好比山石的重量、荊棘的尖刺、樹枝的彈性。這類力是存在於我們身上的，即便不用特意用什麼技術去「發力」，它也是自然存在的。

從實修角度講，由六面力昇華到渾圓力是有一條清晰的升級線路的，二者的概念可以銜接上。

六面力是指前後、上下、左右六個方向上自然態的結構力，後期會升級為樁勁。這個結構態如果描繪出來，可以是六邊形，也可以是其他多邊形。又因為人體在三維空間內活動，六面力可涵蓋人體的主要六個方向，所以可以把六面力視為最初級的渾圓力，二者有時也合稱為六面整體渾圓力。

而真正的渾圓力至少是表現為圓態的，起碼不像多邊形那樣是有棱有角的。最佳的渾圓力是圓球態的。沒有凹陷、斷續等破綻的圓球態是完美態，所以被稱為渾圓。

在練習渾圓椿、理解渾圓椿的要求和訓練目標時，要注意內功有成後的人體狀態與常人的身體狀態是不同的。所以，我們反覆強調「人體改造」的概念，就是為了提示大家注意。

普通人的未經過修煉的身體狀態，靠模仿、類比內家拳的動作或形態，是「照貓畫虎」，根本進不了內家拳的門。至少要經歷過渾圓椿階段鍛鍊的人才能有內家功態。

兩者絕不能等同，不可用常人的身體狀態揣測功態下的人體動作，否則永遠得不出正確答案。

二 渾圓椿要領和練法 ▶

基本的渾圓椿（圖 4-6、圖 4-7）要領和練法已經在《方式》一書中介紹了，這裡不再贅述，只補充一些細節要求。

圖 4-6 渾圓椿（正面）

圖 4-7 渾圓椿（側面）

（一）樁形細節調理之外形部分

1. 兩腳間距

兩腳間距略比肩寬，雙肩外緣與兩腳內側在一條垂直線上。

2. 雙膝微彎

只要兩膝蓋不完全伸直即可。

3. 身架大形

鼻子對準肚臍眼，兩耳對準兩肩，後腦對準尾閭，以端正前後、左右、上下的身架。

4. 頭部

頭部正直，面部放鬆。頭頂百會穴彷彿有被空中懸著的繩子吊著，從而拎起整個身體的感覺。開始時，從顧骨到頸椎的感覺比較明顯，一拎則頭就正了。

5. 頸項

下頜微收，如同於熟人見面時微微點頭的感覺。

或是下頜微收後，如同夾著一個小球，同時整個脖子自然後靠一點，好像脖子後面有個枕頭，脖子要靠在枕頭上一樣，這樣頸椎就可以微微感覺到上挺，就可以刺激到頸部的筋，這樣同時跟頭部像被繩子懸吊的要領結合起來，整個頸椎就調正了。

6. 胸、背部

胸部放鬆，尤其注意心口窩一圈要放鬆。胸部放鬆不太難，一般都能做到。胸部彷彿微微後靠，以形成空胸。

背要圓，兩肩胛骨要平，不可突出，關鍵在於肩胛骨在放鬆狀態下向左右張開，使後背呈弧面。

後背整體微微後靠，如同靠在牆壁上。這可以真靠牆體會一下，有利於調正身形。

7. 肩部

鬆肩自然下垂。鬆肩的感覺如同腋下有人托著你，肩部不用著力，可以自然鬆下去。這可以請朋友托著體會一下。

同時，肩胛骨在左右張開的過程中，帶動肩部產生左右橫撐的感覺。

8. 肘部

鬆肩自然垂肘，肘部有平放在桌子上的感覺時就可以自然垂下了。同時，肘部也要有左右撐開的感覺。從外形看來，肘尖斜 45° 指向地面就對了。

9. 腕部

腕部要有飽滿的感覺，要舒展開，不能沒有感覺。要有能夾住一個小球的感覺，腕部就飽滿有力了。這樣有助於手掌和手指的筋舒展開，十指自然張開就有力，不是空做。

10.手部

掌心微空，十指自然張開，將手掌的筋舒展開，手指自然彎曲，如同用手掌扣住一個碗一樣，十指抓住碗底。

11.腰部

腰椎要鬆開，挺拔正直。帶脈一圈要有飽滿感。這個不用強求，腰椎鬆開了自然就有。

12.胯部

胯部要坐。胯部真自然坐下去時胯窩是鬆開的，不是挺著勁的。此時左右兩胯有分開的感覺，臀部自然從後往前包裹，兩胯如同兩手一樣抱住軀幹、抱住丹田球、抱住脊柱下段。

13.膝部

先要求跪膝，這個有基礎後再要求提膝。前提膝時只要膝蓋放鬆，然後微微一想膝蓋上方皮肉被拎著往上一提就好。

注意：一定要在有了跪膝的基礎後再練提膝，否則下盤就練虛了。

14.腿部

（1）大腿要練出來，這個容易被忽略。

身體真的坐下去，能坐平，大腿就自然能放平，這時大腿正、背、左、右四面的筋都能刺激到，就練到位了。不過這個不強求，看個人練功進展。

（2）小腿前後、左右四面的筋也要練到。

跪膝做正確的話，小腿四面筋就會被刺激到。不過脛骨正面的筋會略感覺弱一些，這時可以想像有東西從膝蓋處開始沿著脛骨前面滑／流下去，順著這個勁一放鬆，脛骨正面的筋就刺激到了。

15.足部

先練湧泉貼地，足心踏實，這有利於將整個腳掌的筋都刺激到位，再練足心涵空，湧泉內吸。腳趾自然抓地即可。

（二）樁形細節調理之氣脈部分

調理氣脈就是為了把氣脈理順，使之不要因為身體姿勢不當而產生障礙，也不會因為身體姿勢不正引起的緊張而造成不通順，目的是使周身上下氣機平衡、通暢。此為站樁養氣之用。

這種調理跟調肢體的要領有很多重合的地方，只是著意

點不同。我們調氣的原則是形正則氣順。這裡特意再說一遍，是讓大家從調氣的角度再理解一下這些要領。

先調整頭部和頸項。

1. 頂頭懸

如同百會處有一根繩子吊著自己，或用百會處頂著一個小球或者小碟子，不要讓它掉下來。

一定要在站椿過程中始終做到頂頭懸，否則頭顱合頸椎不正，則周身難正、經脈難通，功夫丟一半。

2. 下頷回收

在頂頭懸的同時一定要收好下頷，下頷回收和頂頭懸同時做到，就有把人整個拎起來的感覺。這樣一是不會有體重壓著自己的感覺，以定下身姿挺拔的總基調；二是能把人的精神激發起來，不會使人懨懨欲睡。

3. 頸項鬆直

頂頭懸、收下頷的時候，注意同時喉結內收，這樣脖子基本就正了。此時注意頸項要放鬆，不能故意梗脖子，那樣容易造成氣脈緊張。

以上三個要領做到位後就能把頭項部位的氣脈調好。

4. 鬆肩空腋

肩部要放鬆，儘量從膀根處鬆起，如果難以體會，就想著從脖子根開始拉一條垂線，從這條垂線鬆起。這條垂線至少要延長到腰部，暗中對應脊柱，再長暫不做要求。這條垂線若能鬆開，則脊柱周圍的筋肉就大致鬆開了。

尤其注意以大椎穴為圓心畫一個圈，圈大小無所謂，取決於個人能力和體會。

這個圈範圍內的相關部位放鬆，則有利於鬆開兩膀，打

開氣脈通道。所以，名為鬆肩，實為鬆膀。

鬆肩的時候一定要注意腋下空開，彷彿腋下是一張嘴，需要張開嘴呼吸，這樣想即可以空開腋下。

鬆肩空腋一定要同時做到才是正確的。

5. 涵胸拔背

涵胸是指深吸一口氣，讓胸廓充分開張，然後緩緩從鼻孔中呼出一口長氣，當這口長氣呼盡時，胸部的狀態大致接近於涵胸。

拔背就是脊背（主要是胸椎部分）有挺拔之意（身姿挺拔），後背舒張開來。

做好頂頭懸、涵胸，收好下頜，兩膀鬆開，自然就背脊圓空而拔起了。

這裡重點要求膻中放鬆，也可以意想心口窩處放鬆。這樣做是為了打開中部氣脈通道。

6. 兩肋

兩肋（的筋膜）要張開。先左右橫開，這是第一步。然後有兩肋向前合抱的感覺，同時要有如魚用鰓呼吸一般的感覺。此為肋之開合。

以上做到後即可打開胸部通道。

7. 腰腹放鬆

腰是身體的樞紐，是鬆開整條脊柱的關鍵。我們把腰（主要是腰椎）鬆開主要是使腰椎自然鬆垂下來。

這包括一是感知到腰椎，二是使腰椎自然鬆垂，不要做前突，也不必做後弓。

鬆開腰可使氣血流通，身體上下相通。

8. 命門填實

這是鬆腰的一個竅點。腰鬆則腰部氣足，腰部氣足則命門填實。這是一體的。也就是說，命門填實是腰部氣足的體現，是在鬆腰的過程中自然出現的。有些人會刻意往後突命門，這是錯誤的。

其實腰鬆開後，命門首先會表現得比較平，這就對了。命門填實（後突）是經筋、內膜、內氣功夫不斷有長進的現象，不是刻意做出來的。

9. 會陰

會陰需要內提，這是連通身體任督二脈的關鍵。

會陰內提的做法是想像小腹內裡某個點用一根虛線向上提會陰。

這個點不用太具體，就是想著有這麼一個點，用這個點微微提一下會陰穴即可，不用太刻意。

10. 尾椎下垂

尾椎應該自然放鬆下垂，既不要前勾，也不要後翹。只需自然鬆垂下來指向地面即可。

尾椎鬆開以後才能真正練到整條脊柱，才能真正讓脊柱發揮其應有的作用。

11. 鬆胯

胯部放鬆，保持自然。不要後翹，也不要斂臀。

注意胯部的放鬆：左右胯骨放鬆，不要妨礙尾椎自然鬆垂；大轉子骨處放鬆，胯窩深處放鬆，以不要妨礙大腿的姿勢調整為度。

腰胯能否鬆開是全身能否鬆開的關鍵。以上做到後即可打開腰胯部的通道。

12.斂神

關鍵在於對眼睛的要求。站樁開始時可以閉眼站，此為養神。然後睜眼站，這樣不至於神意昏沉。可看遠處。

注意：**眼睛不要死盯著一個物體，應該做到視而不見，似看非看。這樣的目的是，神意內斂不外散，涵養神意。**

如此，即打開全身的氣脈通道。

氣脈打開，丹田養氣。神意內斂。神抱氣，氣抱神。站樁養氣、養神，神氣合一，這就是站樁調養自身的心法。

調理氣脈也是我們建立自身的氣脈結構的開始。

第四節

站樁功有成之後

以無極樁、渾圓樁為代表的內家拳樁功部分解說完畢後，內家拳基本功的核心部分就差不多說完了。如果還想對內家拳做更深一步的瞭解，就需要選擇一個具體的內家拳拳種來專心練習了。

如果只想停留在入門階段，那麼堅持鍛鍊無極樁、渾圓樁，此外再結合一些活身法或易筋經、洗髓經功法，就完全能夠滿足大家日常對於養生和健身的需求，不必再學某一拳法了。

我們需要明白的是：**內家拳入門雖然容易，卻並不簡單；雖然樸實，但功效斐然。**

內家拳僅是入門階段的功法效果就能夠滿足大家的一般性需求。它的功效真練出來後是超出大家的預期與想像的。但是這種功效來自於長期堅持、合理鍛鍊，來自於紮紮實實的鑽研、認認真真的實修，來自於功景相參、身知身證，而不是來自於高談闊論。

有深入學習願望的朋友就需要選擇一個具體拳種（形意拳、八卦掌、太極拳）繼續練習。深入學習是必須經由某個拳種系統實現的。不能自己想練什麼就練什麼、想怎麼練就怎麼練。那樣是練不出來的，甚至還可能出問題。

　　我們必須搞清楚先練什麼、後練什麼，哪裡先怎麼練、再怎麼練，這就需要一套經過檢驗的訓練體系來指導我們。

　　每一個內家拳種都代表了一種訓練體系。以形意拳、八卦掌、太極拳三大內家拳為例，此三種拳雖然同屬內家拳，且一直有三家本一家的說法（還有人說三種拳是一回事），但說到底，它們還是三種拳，因為這三種拳各自代表了一種訓練思路和訓練體系，彼此之間是有區別的。

　　不同的訓練思路和體系是在具體練習時有不同的側重點、不同的選擇、不同的取捨、不同的方式和手段。

　　只有我們不真實地鍛鍊，而只是人云亦云的時候，才會出現很多「這也一樣，那也一樣；這樣也行，那樣也可」的論調。一旦進入真實的鍛鍊，不同的拳種首先體現出來的是差異。

　　形意拳、八卦掌、太極拳從鍛鍊的入手之處而言分別是筋骨、氣血、神意。當然，不是說它們只鍛鍊這些，而是以這些入手，在保證全面性的同時更側重這些，以下區別都是這樣。

　　以身體的關鍵點區分，形意拳重丹田、八卦掌重脊柱（表現為腰）、太極拳重中軸。

　　以鍛鍊方式區分：形意拳重單式、八卦掌重走轉、太極拳重盤架。

　　以風格特點區分：形意拳剛健、八卦掌靈活、太極拳鬆柔。

　　還有很多區別，這裡就不一一列舉了，有待大家鍛鍊時自己發掘。

　　我們瞭解了這些不同的特點之後，可以根據自己的興

趣、瞭解程度，以及尋師方便與否、時間安排等不同的情況進行選擇，認準一個拳種後練習下去。

有瞭解某種拳的，可以直接選擇。方便找到傳授某種拳的老師的，也可以據此選擇。還可以根據自己的興趣愛好進行選擇。有時候說不出理由的喜歡就代表著自己其實需要相關的鍛鍊。

是好動還是好靜；是喜歡單操還是走轉，或是套路；是注重姿勢的優美還是喜歡動作的爆發感……都可以從自己的興趣愛好出發，你喜歡這種形式，有興趣，才容易在鍛鍊時取得進展，而有了進展產生的自我鼓勵才能夠長期堅持練習下去。

但是無論做出哪種選擇都需要長期堅持，都要系統化地學習。這樣才能有所收穫，不負自己的時間和汗水。

還有非常重要的一點：**真練下去，這就是一生的陪伴，就成為一種生活方式了**。當你做出選擇時，這點請銘記在心。

以上小建議供大家做選擇時參考。

前面的內容，可以說是內家拳的通用基本功，涉及了以下知識點：

（1）易筋、洗髓的功夫；

（2）兩種功夫合於椿功；

（3）椿功逐步改造人體，開始打造內型。

人體如果運用了這些功法進行鍛鍊，就初步具備了進行內家拳式的身體運動的能力。接下來我們就來聊聊基本功是如何轉化為拳（運動）的問題。用拳理的語言來說，這也就是內型如何產生內動的問題。

　　請大家注意：後續幾章雖然是以形意拳、八卦掌、太極拳為題，但我們並不會把這三種拳法作為各自孤立的拳種來解讀，而是把它們放到「內家拳」這個大的概念中，以這個大概念為背景，以三種拳為「經典案例」來研究一下：

　　（1）何謂內型、內動？

　　（2）內型、內動有什麼特徵、特性？與外形、外動有何區別？

　　（3）內型、內動之間是何種關係？

　　這裡就需要讀者暫時放棄以前從其他途徑得來的關於形意拳、八卦掌、太極拳的種種既有印象，換一種新的思路。

　　首先，讓我們把內家拳理解為一個最上級的概念，一個大的技術體系。

　　其次，將形意拳、八卦掌、太極拳視作這個最上級概念的下一級概念，是內家拳的三種不同表現形式，是這個大體系的三個子系統。

　　再次，分析研究三種拳分別代表了內家拳的哪一部分特點和規律。最後，對內家拳體系形成一個更全面、更細緻、更透徹的理解。

　　如果大家能接受這個思路，下面就請隨著我們從這個角度出發，嘗試重新認識和理解形意拳。

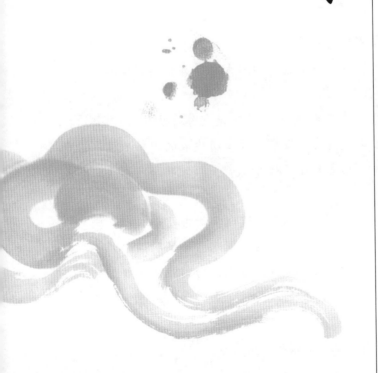

第五章

形意拳

　　有一些人相信形意拳是「本自具足」的、近乎完美的內家拳法，是足以引導練習者「階及神明」的拳法，不太願意接受形意拳只能代表內家拳「部分真理」的說法。筆者也是從這個階段走過來的。也有的人是經由《逝去的武林》一類的書籍來瞭解形意拳的，他們更喜歡傳統味道的敘事─留白式的語言、引人想像的文風，而不喜歡直白的解讀方式。

　　這些都沒關係。我們提出的這種觀點並不是說這就是標準答案、唯一真理，而是僅僅給大家提供一個觀察內家拳的新視角、一個理解形意拳的新思路，僅此而已。

　　大家不妨先嘗試著從這個角度看一看，或者從批判的角度審視一下，也許能對形意拳有一些新理解、新收穫。

　　形意拳在某種意義上可說是內家拳體系的「首拳」。如果能夠真正理解形意拳所代表的內功原理、原則和技術元素，就可以 明我們更好地理解內家拳體系。

　　所以在本章，我們計畫透過解析形意拳引出一些內家拳的共性問題，先幫助大家建立一個解讀內家拳所需要的思維框架。這個思維框架對於我們理解形意拳，以及後面會談到的八卦掌、太極拳，乃至其他內家拳，都是很有用的。

　　本章先泛論，然後再談形意拳的特點。

形意拳引出的
內家拳基礎概念

我們一直建議學習內家拳最好從形意拳入手。因為形意拳特別能體現內家拳的第一要義——整。

「整」這個概念有點老生常談了，大家經常在各處看到關於整的解讀。《方式》一書裡有專門一節的內容來講述這個問題，在本書前面的章節中我們也反覆強調過整。但是僅憑這些文字，仍然不足以講透內家拳對整的重視和追求。

內家拳是將整作為自身的標誌和核心技術的。很多人會說，哪個拳法不強調整呢？大家都強調整，無論內家拳還是外家拳，無論現代搏擊還是傳統武術。這怎麼能算是內家拳的特點和標誌呢？

或許我們可以換一種說法：內家拳所強調的整的指標更高。

一 「形整」的概念

整，說得直白一些，就是構成人體的物質、能量和精神等各個組成部分和各個系統統合在一起，「長」在一起。

大家可能會覺得可笑，誰的身體不是物質、能量和精神「長」在一起啊？如果分開，人不就完了嗎？

　　大家可以做個小試驗：坐著，然後抬一下手就行。請觀察一下自己抬手的時候可以牽動多少身體的其他部位。

　　一般人抬手，前臂肯定會跟著移動；大臂也會動一點，但是幅度不大；肩膀的肌肉會被牽動一點，但是幾乎沒有空間位移。至於腰腹部、兩腿、另一隻手臂可以完全不動，連一塊肌肉、一絲肌纖維都不動。

　　我們把能夠隨著手動的肌體算作「長」在一起的。那麼，相對不動的部位自然就只能算是「斷」掉的。

　　我們再換一個動作，比如打一拳或者踢一腳，大家可以看看自己有多整，有多少「斷」的部位。

　　由此，我們可以大致估算出自己身體的統合程度和集中程度是多少，有 10%、20%，還是 50%？

　　與大家的想像不同，常人所認同的整其實在很多時候，只是在運動中協調了身體的一些大關節、大肌群。大致量化一下，也就到 40% 的程度吧，就會表現為「很整」。而以內家拳的標準來說，這種整是不夠的。內家拳的整至少得從 70% 起步，這個程度的整對身體提出的要求是很深入的，常人的身體通常難以企及。

　　內家拳的整的標準是什麼呢？大家知道，內家拳有內外三合之說。外三合是手與足合、肘與膝合、肩與胯合。內三合是心與意合、意與氣合、氣與力合。

　　外三合通常被解讀為：手、腳落在一個點兒上（所謂「手腳齊到」），肘、膝上下對齊，肩、胯同步轉動。其實在內家拳裡，這種程度只能叫齊，還不能稱之為整。

　　內家拳的整是身體「長」成「整個兒」的，這個就是字面的意思。這不是依賴各種調整調出來的、擺出來的，就是

「長」成這樣的。

　　練習者自身大概會有這麼一種感受：哎，我的胳膊長在腰眼上，腿長在胯骨上，腰胯一抱，正好抱住丹田球。這時候會感覺臂、軀幹、腿之間的骨頭是連綴著的、經筋是通著的，將人體的上下、左右、斜上斜下各個方向連接起來，像大藤條纏著一個鐵架子一樣。整體上來說，好像是一個「米」字結構（圖 5-1）。

　　按照拳理的說法，這就是接骨鬥榫、經筋連通，從而形成的一種新的人體結構（也就是內型）。這個結構無論動與不動，都是客觀存在於練習者身上的。

　　在此基礎上，再加上內三合（即由涵養「精、氣、神」，將「神、意、氣」凝練，養成一體），進而內外相合，這才是內家拳標準的整。這樣的要求可以直接理解為：內家拳的整是要求全身各個組成部分——從根節的大骨節、大肌群到梢節骨縫裡的肌肉絲兒，從大形到每一條經筋、每一根經絡，從實質的身體到虛靈的精神都要真實地、緊密地

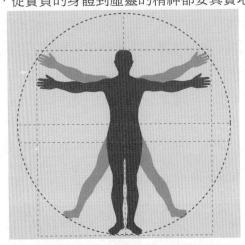

圖 5-1 類似「米」字結構的人體

聯繫起來。內家拳論中稱之為「體整如鑄」。

所以說，內家拳對整的要求指標更高。這個整的具體表現形式其實就是第四章裡我們講的樁態。

二 「整動」的概念

樁態給練習者的第一印象往往是靜態的，是站立不動展現出來的整，初學者先這麼理解也可以。但是應儘快將認知推進到下一步，即樁態也可以是動態的，也就是我們說的內家拳的整動。

靜態的樁態是形整，是基礎。動態的樁態是整動，是整的動態表現形式。

靜態下能體會到整、練出整，就是能把自己全身喚醒，並按一定秩序「長」在一起，聯絡成一個系統，就成為整的狀態。然後，這個系統能在動態下（內部運動＋外部位移）順利運作，即是整動。

整動所發揮出的效果和威力就是整勁。整動在形意拳中體現得最明顯，也最基礎。如果想理解整動，從形意拳的要求入手是最便捷的。

形意拳對整動的要求是「式式不離虎撲」。這裡的「虎撲」不是指特定的招式動作，而是指人體運動時所呈現的「虎撲之勢，虎撲之態，虎撲之意」，是整個身體所展現出來的一種運動機制。

這是形意拳理論下的人體系統的整動機制，也是最基礎的一種整動機制。我們將它簡單描述一下就是，在運動時將整個處於樁態的身體內外一體地投射出去。這個描述可能大

家還是比較難以理解，因為
日常生活中很少遇到這種動
態。

　　這裡可以做一個類比：
當人在下樓梯時，一腳踩
空，身體失衡，將要跌落的
那一瞬間（圖 5-2）——僅僅
只是這一瞬間，當人開始控
制身體試圖恢復平衡時就不
是了——即是「虎撲」。這
可以視為是一種被動的、不
受控的「虎撲」。

圖 5-2 自樓梯上一腳踏空，即將
跌落的瞬間

　　所以說，整動的運動機制是非常獨特的，它意味著人體
運動模式需要發生改變。若要支持人體的整動，必須要有新
的運動模式。

　　換句話說，人體的常規運動模式是無法形成整動的，因
為人體常規的運動模式是服務於日常生活的。日常生活就是
以局部運動為主，這種方式節能、效費比高。你拿個杯子或
敲擊鍵盤，哪需要用整體勁兒啊？

　　然而依靠這種局部運動，無論怎麼調整，也只能模仿出
整動的某些外形動作，絕對無法複製出整動的內動本質。

　　基礎的內家整動至少是從樁架的變化運動起步的。也就
是說，先得成樁，然後是樁架的結構形變和空間位移，具體
包括樁架的起落、順拗、正（身）側（身）變化和進退、左
右移動。

　　但這種程度的整動，還只是樁態的基本運動，尚不足以

產生內家拳法的複雜運動變化，所以還稱不上運動模式。

所謂運動模式是從大量動作中凝練出來的堪稱「最優解」的運動方式。在某個範圍內，人體運動可以由這種簡約的運動方式「以不變應萬變、以一法破萬法」。

以形意拳為例，最著名的「起鑽落翻」——鑽翻變化就是形意拳的運動模式之一。

有武林前輩在著作中評價形意拳手法是「彙集原有武術之身手步各法……加以精密之改進與系統化而成者……堪稱集一切外家功夫手法精粹之大成」。

其實這說的就是形意拳把過去武術中許許多多的技術動作都綜合提煉為一種運動模式，即「起鑽落翻」。有了這個運動模式，形意拳就能衍化出千變萬化的技術動作。形意拳大部分的動態都可以用這個模式解決。

三　「整勁」的概念

整動所產生的效果就是整勁。勁通常被認為是內家拳的不同拳種之間的最大區別之所在。

其實比較形意拳、八卦掌、太極拳，可以看到它們有諸多相似的技術。但是老師每到此處就會專門強調：動作雖然差不多，但是勁不一樣。初級階段練什麼拳就得找什麼拳的勁，千萬不能練串了。

當時覺得這個說法很玄奧。雖然老師會專門做出不同的勁，讓我們用身體去「聽」，體會其差異，我們也確實感到了不同拳的勁的不同，但是還沒有一個明確的分辨標準。

經過多年的鍛鍊實踐總結，我們發現，追本溯源，所謂

的勁不同，根本就是內動模式不同。那些成為區別不同拳種的標準的勁其實大多是身體按照不同運動模式運動時所產生的效果。

形意拳、八卦掌、太極拳在解答如何內動這個問題時，答題思路（運動模式）不同，要素取捨不同，所以最後的答案（勁）自然不同。

例如，形意拳的運動模式是以鑽翻變化為主，體現的就是以縱圓運動為主要模式的答題思路。這種答題思路會影響對身體素質的需求、對各種身體能力（所謂的功力）的選擇和取捨。這些身體能力的配比不同，最後綜合表現出來就是形意拳的「翻浪勁」。

八卦掌和太極拳解析問題的思路不相同，它們各有自己重視的要點，並在技術上做了相應的取捨。比如，對「骨盆——脊柱」的運用，八卦掌和太極拳與形意拳的要求和標準就頗有不同。所以，它們各自形成了一套內動模式，從而導致各有各的勁。

所以我們練習內家拳時應該抓住這些本質性特點，經常問一問自己，我學的這門拳術所建立的內型是什麼樣的？

內動是哪一種模式？

最後生成的是一種什麼勁？

按照這個脈絡去梳理所學、請教師長，可以比較容易得到一些切實可行的答案。

下面，我們以形意拳為例，看看按照這種思路能夠推導出什麼。

第二節

形意拳功理解析

本節內容，筆者想以自己學拳之初參過的一個「話頭」作為開始，希望大家在練拳之前，也都認真考慮一下這個問題。

記得剛開始學拳不久，家師就給筆者提了一個問題：是人練拳還是拳練人？當時我對這個問題想不明白，家師也未多加解釋，只是囑咐筆者學拳時經常思考一下這個問題，能幫助自己提升。

於是，這個問題一直伴隨著筆者的習拳歲月，無論筆者學習哪個拳種，如形意拳、八卦掌、太極拳還是其他的，這個問題都時不時在我的腦海裡迴響。

多年以後，筆者才逐漸明白了這個問題的含義。這個問題其實不在於「誰練誰」，從辯論角度講，哪一種說法都能談出一番道理來。

家師實際上是讓我思考一個終極問題：什麼是拳？所謂的練拳究竟是在練什麼？這個問題不是從技術角度去解讀的，它是個思想問題。

舉個例子，假設有個人去學拳擊，剛學完直勾擺就說：我會拳擊了！或者說：我認為，拳擊就是直勾擺。大家一定覺得這個人很可笑。

但是很多人學了五行拳之後就認為自己掌握了形意拳。或者說，至少掌握了一半形意拳，只要再學一套十二形就是全盤掌握了形意拳。大家反而覺得這很正常。

當你問一個形意拳練習者：什麼是形意拳？

絕大多數人的腦子裡蹦出來的答案都是：三體式、五行拳、十二形。會練這些就叫作會形意拳。反之，不會練這些就是不會形意拳。

這就是一種所謂「拳練人」的思想，認為拳就是那個外在形式，而內家拳是不能這樣理解的。

就形意拳而言，你不能整天琢磨著這個三體式手是怎麼擺的、腳是怎麼擺的、五行拳定式是怎麼擺的，五行拳架子怎麼打得威猛……

這能算是練形意拳嗎？當然非要摳字眼的話，也不能說不是。

但這僅僅是在練習一套「是名」形意的外在形式，而不是形意拳本身。如果認為這麼練就是「吾得矣」，那就是人被拳給練了，被拳的外在形式拘束住了。此時做主的不是自己，而是拳。不管你自己的脾氣秉性如何、身體素質如何，拳讓你像啥樣就得像啥樣，你在做拳的模仿者，而不是使用者。這肯定是不對的。

錯在哪了呢？套句流行語就是：小了，格局小了。

也就是思考問題的深度不夠，眼界不夠寬闊，只看得見眼前的這一部分東西，只看得見有形、有相的那部分東西，但看不到深度，更看不到思想。

那我們應該怎麼認識形意拳呢？不妨先問自己三個問題：

我學的這支形意拳的主旨是什麼？

我學的這支形意拳的核心技術是什麼？

我學的這支形意拳區別於其他拳種、其他形意拳支脈的根本特徵是什麼？

循著這些問題研究自己所學的形意拳，如果能透過拳架、套路等外在表現形式將這些本質性問題一一解析明白，再練到身上。如此才是「人練拳」。

按照這個思路練下去，才有可能「學會」一派形意拳，而不是落一個此人「學過」某派形意拳。

下面，我們就以所學的形意拳為案例，嘗試從形意拳的主要練習目的、功力增長的原理和訓練程式三個方面綜合解讀一下形意拳「訓練」體系的內涵。請注意，這個研究思路跟門派傳人式的繼承性學習是有區別的。

形意拳作為從冷兵器時代流傳到現在的一門拳術，不論是哪一家、哪一派，其實都是一個綜合格鬥體系。

就是說，其中包含的技術都是比較全面的，踢打摔拿、手眼身步、刀槍劍棍這些要素一應俱全，有的門派裡甚至還保留著一些奇門兵刃和暗器。

如果從繼承某一支系的角度來學習形意拳，那麼這些技術就必須儘量學全，尤其是一些「門派標誌」性的技術，比如郭雲深祖師一系的崩拳、山西宋氏的抖絕勁，或者是某些特殊的手型、特殊的動作……都是門派先師們傳下來的「絕活」，必須重點鑽研。不管這些技術是不是適合自己，或者自己在實踐中是不是合用，都必須花費很大的精力去練習，爭取模仿得惟妙惟肖。否則，作為門派繼承人就不夠「正宗」、不算「真傳」。

但是從練習者純粹為了自身的提升和進步的角度來看，我們完全沒有必要把有限的時間和精力投入對祖師爺招牌動作的「模仿秀」上。就像前面我們談到的，到底是拳練人還是人練拳？做主的是你還是拳？如果是你，那麼抓住形意拳的特點就行了，不用管其他的。

那麼，什麼是形意拳的特點？家師張烈先生在第一天的教學中就告訴筆者，形意拳的最大特點或者說最大優勢，就是讓訓練習練者實現動能的最大輸出。用通俗的話講就是釋放出自己的最強勁力。提醒一下大家：**這並不局限於打擊力強大，而是整動狀態的動能強大。**

如何達到動能最大呢？

高中物理學中的動能公式告訴我們，$E_k = \frac{1}{2}mv^2$。

對於我們來說，要想增大動能，就得儘可能增加參與運動的身體部分，參與運動的身體部分越多，品質就越大，同時儘可能提高運動的速度。

可能很多對形意拳充滿憧憬的朋友覺得這種說法太低端了，太不玄妙了。形意拳的特質不應該是內含修道之理、外具戰陣之功嗎？形意拳的發力不應該是丹田爆炸、周身鼓盪、勁驚四梢、步到人飛嗎？

怎麼拿出一個高中物理學的動能公式就算解讀完了？真就這麼簡單、這麼直白？

對有這樣想法的朋友，筆者深表理解。這種說法是直指核心，所謂「真傳一句話」即是如此。當然形意拳的外延是很豐富的，甭說一句話，一千句、一萬句也說不完。

如果大家真能看透形意拳、練對形意拳，那就要用一句

話說出關鍵，而不是用千言萬語去描繪一幅瑰麗的圖畫——這樣很難抓住焦點。這個理論上看起來容易，甚至給人一種簡單、粗暴的感覺。但是真要做到，其實非常不容易，因為形意拳的功法體系和技術體系就是圍繞這個理論建立起來的。所以，這裡筆者建議打算練習形意拳的朋友們不要太沉迷於一些對形意拳的精彩描述，多思考一些切合實際的、接地氣的問題。

當然，形意拳確實有種種巧妙的勁力變化與應用效果，但是強大的基礎身體能力才是這種種勁力變化的根基，而不是什麼神奇的技術、手法。形意拳中也確實保有源自道家的內功、源自禪修的心法等。但是這些功法是服務於拳學體系的，而不是讓我們拿來自我陶醉的。而且內家拳傳世的功法可能有成百上千個，但是我們的生命是有限的，不要抱著「收集功法式」的心思去練功，也不要因為「這個功法是祖師爺秘傳、獨傳的」就盲目投入大量時間和精力。

只有適合自己所學體系的功法才是好功法，只有能真實提升自身能力的功法才是最佳的功法。尤其對形意拳初學者來說，應以能提升自身的基礎身體素質的功法為首選。

是否能實現動能的最大輸出可以作為我們檢驗功法好壞的標準。以「提質」「增速」兩個要求為目標，檢驗所學的形意功法體系和訓練程式的有效性，包括可能會讓人感覺神秘莫測的丹田功、周天功之類的功法。如果經過一段時間的訓練，確能達成這兩個目標，自己的整動能力比以前增強了，我們就可以說這個功法體系和訓練程式是有效的。

要實現動能的最大輸出，張烈老師給出的方法是在每個動作中把步法前進的速度、軀幹運動的速度和出手的速度疊

加起來。這三個要求用形意門的傳統術語表述出來就是：

步法上，後蹬前趟，既有「步如犁行」的功力，又有「馬奔虎踐」的速度。此是「整步」。

身法上，「式式不離虎撲」，且軀幹核心（脊柱─骨盆）能體現出「行若槐蟲，起落攢攢」之內涵。此是「整撞」。

手法上，運動模式是「起鑽落翻」。這裡的手法不是單純指手掌或上肢的運動，而是從腳到頭、從根節到梢節，貫穿周身整體的螺旋擰裹之勁。這種運動模式明顯區別於普通人出拳時手臂的伸縮運動。此是「整動」。

這三項能力可以說是構築形意拳技術體系的基礎三要素。如果練習者能在訓練和應用中明顯體現出這三點，那就可以說達到了形意拳的「六十分」標準。

下面我們就來聊聊形意拳的具體功法和原理。

一　形意功法體系的基本設計思路

如前文所說，要提高所謂的形意勁，就要圍繞兩點進行專項強化：一是增加參與整體移動的身體品質；二是提高身體的整體移動速度。形意拳的功法雖多，但基本上都是圍繞這兩點設計的。

先說說增加參與整體移動的身體品質的問題。這個概念理解起來其實不難。當我們想對目標發起猛烈進攻時，本能地就會儘量把體重壓上去。

普通人可能想像不出這會是怎麼一個情景，但我們可以藉由日常生活中的例子體認一下。比如，要破壞一扇鎖著的

門，我們嘗試的步驟大致如下：先用手推一下門，沒推動。然後上半身前傾，用部分體重增加推力，仍然沒有推動。開始用腳踹門，但是門板太厚實，踹不開。退後兩步，然後前腳上步加速，後腿正蹬。此時的動作已經帶上了相當大的體重衝力，但是仍然踹不開。最後，後退若干步，起跑加速，騰空躍起，身體團緊，然後借著下墜的力量，以肩部為「撞角」，整個人砸在門板上。

　　大家可以發現，在這個過程中我們的身體會不斷地調動更多的骨骼和肌肉參與運動，既增大力量，又利用體重，從而增大整體的撞擊力。形意拳提升攻擊力的思路也是如此。

　　以傳統武術中的技術為例，身體騰空的「凌空側踹」或者「飛身踩子腳」等的打擊力是非常大的。這是因為我們的身體品質全部投入了發力過程，同時還能借用一部分重力加速度的助力。

　　但是為什麼我們在實戰中不會輕易使用類似技術呢？因為這種技術預動太大，動作幅度太大，行程時間太長，且滯空時兩腳離地，很容易失去平衡。而且，對手也不會老老實實地站在原地等著我們完成這類動作。對手很有可能利用我們實施動作的前半程時間進行閃避，或者利用我們滯空時出現的「拔根」（即失重狀態）予以反擊。

　　所以，形意拳的主要思路就是在這兩個看似矛盾的問題之間找到一個「魚與熊掌兼得」的解決方案。一方面，我們要儘可能保留這種身體「騰空——降落」時產生的巨大衝擊力；另一方面，要縮小動作幅度，縮短動作完成時間，同時還要增加自身穩定性，避免跌倒和被對方「半渡而擊」。

　　具體的解決辦法就是讓軀幹去完成「騰空——降落」這

個動作。通俗地說就是「用身體作拳頭」，把整個身體砸在對方身上。因為軀幹占身體總品質的份額最大，可以產生比四肢更大的動能。在實際操作中，我們為了更準確地控制軀幹的運動，於是把軀幹品質產生的沉重感聚合為一個「點」。以這個「點」的運動感知和控制軀幹在空間中的運動。

這個「點」的位置大致在人體的腹腔中央，古人借用丹道的術語而稱之為丹田，民國時期有武術家嘗試用現代科學解讀武術時稱之為重心。實際上，這個重心不能單純地從物理學上的「重心」概念去理解，否則就太機械了。

應該說，它是物理學上的人體重心和我們對軀幹自重的內在感受點的一個結合體。這也就是強調，我們的意識可以對其加以感知和控制。

所以，形意拳的標準訓練流程是以劈拳開蒙，以「鷹熊合演」結業，其中隱含的寓意就是以丹田引動下的軀幹的立圓運動作為形意拳運動模式的主線（其中的副線、暗線暫不在討論範圍內）。

與此同時，我們還需要把四肢和軀幹表層（相對的）的筋骨部分打造成一個三維立體的「框架」，這就好像是一個鏤空的車殼子（圖5-3），我們稱之為「外結構」。

圖5-3 車輛的框架結構

圖 5-4 車輛的核心──發動機系統

　　然後，把軀幹──重點是以丹田和脊柱為代表的「發動機系統」（圖 5-4）──置於其中。我們稱這個「發動機系統」為「內結構」。這樣內外嵌套，讓軀幹的起落運動始終保持在這個框架之內。

　　內核（內結構）和外殼（外結構）之間還需要用由經筋和骨骼串聯成的「傳導鏈條」連接。這樣，軀幹這個「發動機」的轉數再高、輸出動力再大，其力量也是沿著「勁路」傳導，不會使身體結構產生太大的形變。

　　這樣做的原因：一方面，為了保持外結構的穩定，避免一動就把自身結構崩散了；另一方面，為了發揮樁架的優勢，讓內結構運動產生的力量，以傳導的方式作用於外結構和對方的接觸點，省去屈伸四肢的時間。

　　綜上所述，我們可以看出，形意拳功法體系的總體設計思路很像打造一輛車。先以自身的骨、筋、肉為原材料，把身體各個部分改造成「車的零件」；再把這些零件組裝成一部整車；最後調試這輛車，讓它穩定運行。

　　搞清楚了這套流程，也就明白了形意拳的各種功法的用意、作用和遞進順序。

二 形意拳功法體系的三條主線

椿架、發動機、運動模式，內家拳都是圍繞這三個元素搭建的。這三者有不同的搭配方法，而形意拳提供的是常人最容易練出來、用出來的版本——椿架、丹田功、起鑽落翻。

下面，我們就以形意拳為例，看一下這三個元素如何構建一個內家拳體系。

（一）椿架

形意功法體系的第一條主線就是構建椿架。這就好比是先造車殼子。

注意：**這裡說的是椿架，不是椿功。**椿功的內涵太豐富，橫跨了數個訓練領域。這裡僅討論椿架，即筋骨的結構，便於初學者理解。

椿架可以有效解決運動中人體結構框架的穩固性問題。大家都知道，三角形結構最穩定，抗衝擊性強。同時，三角形的角的尖端鋒利，有利於突擊破防。所以，形意拳選用了三角形作為自己椿架的主體結構，最典型的表現就是三體式。

三體式的椿架結構，從全身來看就是兩腳和頭部構成一個大三角形（圖 5-5）。在這個大三角框架內：

下盤中每條腿以膝蓋為頂角，大

圖 5-5 全身大三角

 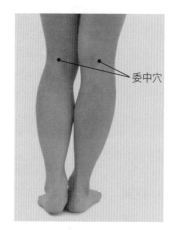

圖 5-6 腿部三角　　　　圖 5-7 委中穴位置

腿骨和小腿骨為角的兩邊，還有一條隱藏的底邊（圖
5-6）。這條底邊從物質層面上講是由骨盆的坐骨結節到後
腳跟之間的經筋鏈聯結而成。

　　這條經筋是附著在腿骨後面的，形態上是隨著腿弓彎曲
的，但是從內在勁力上來說是向後繃直的勁，像一根弓弦一
樣。所以，拳譜上有一個看似矛盾的說法：「委中大筋竭力
要直，兩（膝）蓋骨竭力要曲。」委中是位於膕窩裡的一個
穴位（圖 5-7）。這裡有一根大筋通過，屬於足太陽膀胱
經。普通人的這根筋很弱，陷在肉裡，腿使勁時只有委中兩
側的兩根小筋能繃起來，兩根小筋之間還是軟肉。只有經過
專門練習的人的這根筋才會繃起來，腿部的支撐結構才能完
整、強勁。大腿骨、小腿骨、這根筋可謂「兩實一虛」，構
成一個小三角形結構。

　　然後以兩條腿為邊、骶髂關節為頂點構成了一個中等三

圖 5-8 下盤三角　　圖 5-9 肩胛尾閭三角　　圖 5-10 兩胯大椎三角

角形（圖 5-8），軀幹結構就建立在這個三角形結構上。

中盤也就是軀幹，是多個三角形結構的複合體，其中最關鍵的是兩個，一個是兩肩胛到尾閭的倒三角（圖 5-9），另一個是兩胯到大椎的正三角（圖 5-10），兩個三角形結構是重疊的（圖 5-11），穩固而不失彈性。

在這兩個大三角的基礎上還疊加著多個小三角，比如頭部到兩肩（圖 5-12）、兩肩到膻中（圖 5-13）、兩髖到膻中（圖 5-14），等等。

上盤，就一臂而言，其三角形是以肘關節為頂角，大臂骨、前臂骨為邊（圖 5-15）。與腿部類似，上盤底邊是手臂內側的陰面經筋鏈。它還有一個虛邊，就是手指到肩窩的勁意線。

就整個上盤而言，是以兩臂為邊，兩臂的延長線在中線所在平面上的交點為頂點，構成中等三角形。兩肩胛骨之間

圖 5-11 疊加圖　　　　　　　圖 5-12 頭肩三角

圖 5-13 兩肩膻中三角　　　　圖 5-14 兩髖膻中三角

的橫向經筋為底邊（圖 5-16）。

　　普通人此處的經筋是縮在脊柱上的，筋腱很短，而且左右兩邊是被脊柱「分割」開的，形不成連通的直線。所以，上盤的三角形結構要建立起來，必須有開肩、開背的基礎。後背開闊雄厚，三角形結構的基底才穩固。這個三角形的結構是以大椎穴為樞紐，與軀幹結構聯結起來的。

圖 5-15 上盤手臂三角。左臂
　　　以陰面經筋為底邊，
　　　右臂以手指到肩窩勁
　　　意線為底邊

圖 5-16 上盤三角結構圖

　　形意拳三體式的基本結構就是由多個三角形構成的立體棱柱。它結構穩定，頂點有角，側鋒有棱，攻防性能比較平衡。

　　但是如果只達到這一步，最多可以稱作三角式或者楔形（立體三角）式，還不足以稱作三體式。

　　如何才算真正的三體式呢？那就需要對三體式進行進一步的解讀。

　　這得先從三體式的釋名說起。關於三體式之名的由來，說法很多。最常見的說法是頭、手、足對應天、地、人，所以叫三體式。這個解釋未免有點粗了。

　　其實從內功修煉的角度來講，「三體」取意於「陰陽相合生三體，三體重生萬物張」之意。「三體」指陰陽和合之後蘊含生機的那種狀態。

這個三體式也可稱為三才式。因形意內功由無極開始，繼而虛無含一氣，繼而太極生兩儀，然後陰陽相合生三才，從內氣、內勁的感覺上體認，練習者有上接天、下入地、中間蘊藏人之靈性（知覺應變之能），故稱三才式。

但是從拳術來說，前輩更多稱之為三體式，這又是為何呢？在此，我們介紹一種本門傳承的觀點，僅供大家參考。

所謂「三體」是指身分三體，即將身體分成三個部分。類似的解讀法早年間也有，通常是指身體的上、中、下三盤。但是，本門重點訓練的是將身體特別是軀幹部分分為左、中、右三部。左半身、右半身大家都好理解，難理解的是中間身。

通常我們理解形意拳整勁是指把軀幹練成一個「球」或者一個「桶子」，然後是這個桶子似的軀幹帶動四肢做各種上下、前後、左右的運動，即是整。

但是本門的整勁，則是出自左、中、右三身協同運作，也就是軀幹這個「桶子」，或者說立方體，內部有開有合，略似手風琴的風箱。三身配合形成各種整體運作的效果，而不是簡單的三者並力一向。打個不太恰當的比方，這三身就像是三扇屏風。它首先是一個整體，同時要分開協調地運作。運動身體就像在三維空間中擺弄一個這樣的屏風。

所以，本門的三體式要求先得站出「三身分化」。這可不是一件容易的事，不僅是對身體的材料強度與結構強度提出了高標準，同時也對練習者在拳學方面的靈性（涉及頭腦和神經）提出了高要求，因為頭腦要看顧、支配的身體部位大大增加，神經回路中需要來回傳導的運動訊息量也大大增加了。這就要求練習者頭腦中儲備的拳學訊息要豐富，神經

反應要敏銳，不是僅前進後退、舉手抬腳那麼簡單。

首先，**我們先要建立起「中間身」的概念。**

這個概念其實是傳統武術理論中「中線」概念的實體化呈現。中間身是指以脊柱——丹田為核心，連同任督二脈所在環狀區域的筋、骨、肉所構成的軀幹部分。這是最關鍵的一身，在拳架變化中我們需要以中身掌控中線、中軸和重心。

其次，**要形成中間身就需要在渾圓樁的中後期階段掌握「二分陰陽」的方法。**

在渾圓樁的均衡狀態下軀體分出陰陽，與此同時，陰陽之間便出現了中線。到了三體式階段，中線進一步清晰化、具體化，才能形成中間身。有了中間身，左右半身的陰陽變化就有了平衡的基準線，就不會混淆和分配失衡。

為了便於理解，我們可以把自己的身體想像成一支古代的軍隊。三體式相當於把這支軍隊分為左、中、右三個陣列。一般以左手、左腳在前的左正順步三體式為例。

左軍前置為先鋒，遙指對方的面門及中線，威脅對方；腕、肘、肩三節在空中定位，如同哨卡，測控距離；左前臂整體構成一個大鈍角三角形的間架支撐，遮護中軍和右翼，為中軍和右軍的調動營造出一個「迴旋空間」。

中軍位於左、右兩軍之間，兵力最雄厚，隨時可以率左、右兩部直接突進。但其在實際應用中更常見的情況是居中策應，遊走盤旋，含機待變。一旦發現戰機，中軸略加偏移就可以把大部分軀幹品質疊加在左半身或右半身上，形成主力衝擊的效果。

右軍作為隱藏起來的機動兵力，是進攻的主力，它可以

從三條進軍路線上出擊。一是左臂下方，相當於借左臂的遮護偷襲對方。二是中線，即在中軍的支持下正面衝鋒。三是外線大迂迴，即整個右半身走外弧線，過左腳，搶對方前半身的外側位，包抄對方的身體側翼，從對方的反應盲區發起進攻。

再次，**在此基礎上，三者之間的關係可以互相變化。**

例如，左三體式變為右三體式，則為左右陰陽互變。或者從左順步三體式變為左腳右手在前的拗步三體式，則形成了上下、左右、前後的交叉陰陽變化。

身體還可以進一步劃分，如同一支集團軍可以劃分為各級小部隊，每支小部隊根據自己的屬性、任務而有自己的變化方式。例如，軀幹有升降、搖旋、擰轉之變，肩胯膝肘、肱臂股腿等中節有開合、伸縮、擰裹等變化，踝腕指趾等梢節也各有變化。

最後，再加上整體在空間中的直、橫、斜、弧、曲等位移變化，則整個身體如同古代軍陣，大陣之中套小陣，變化莫測。形意拳的五行十二形等拳式即是由此衍生而出。

由此可知三體式在形意拳體系中的重要性，更可見三體式「三身分化，中身為主」這一基本屬性的重要性。所以老前輩說，形意拳不僅是化槍為拳，更是化陣為拳，可以用兵法指導拳術。

樁架有了可以隨時分化、組合、變化的能力，形意拳深厚的樁功才能轉化為實用時的強大的攻擊力。

（二）丹田功

形意拳功法體系的第二條主線是丹田功，也就是構建軀

幹「三身」運動的中樞，簡單地說就是使樁架運動的「發動機」。

丹田功也分若干層次，這裡先從最基礎的筋骨結構層次開始解讀。

第一步，我們要改變原有運動中樞的位置。

普通人在日常運動中雙臂運動較多，所以運動中樞主要在「肩背十字」，以胸椎、肋骨、胸骨圍成的胸廓為根基，運用胸、背、肩的肌肉控制兩臂，身體其他部位配合。內家拳以身步運動為主，運動中樞在腰、腹、胯區域，以「骶髂十字」為標誌。

練丹田功，先得找到丹田所在。而想找到丹田，要先讓舊的運動中樞放棄對全身運動的「主導權」。否則我們一動，胸背就發揮支配作用，丹田怎麼也找不出來。

因此，丹田功並不是一開始就直接練丹田，它是在上一步調整樁架的基礎上，先完成「鬆肩下氣」，也就是把身體的運動中樞從「肩背十字」下降到「骶髂十字」。

這是個自然過程，不能靠技術性動作完成。因為動作過大就會驚動「肩背十字」。只要它主動，「骶髂十字」就「消極怠工」了。所以，必須是在保持樁架中放鬆，再在放鬆中進行一系列的微調，讓軀幹結構自然沉降，嵌入整體筋骨間架的「槽位」，並且要穩住。不能站樁時能沉住，一動起來又提上去了。

這個過程會使身體的重心下沉，再加上還要配合一些呼吸法，呼吸法又會引起一些體內的氣感，所以古人把這步功夫籠統地稱作氣沉丹田，導致後人就把這一段內容和煉氣方面的東西搞混了。我們要從提升功法的針對性角度，把這幾

個方面的內容梳理清楚，以避免認識上產生混亂。

第二步，**鍛鍊盆腔和腹腔的內膜飽滿圓撐，把「丹田球」真正「做」出來。**

很多人對丹田的印象多半是小腹內有一點空腔感和膨脹感。其實僅僅靠腹部筋膜肌肉的作用最多能鼓起一個「瓢」來，哪能構成一個「球」呢？要想構築完整的「丹田球」，至少要把會陰、尾閭、盆腔後壁的筋膜都騰起來，最直觀的感受是臀部深處的體腔內也產生空腔感，再加上膈膜的下沉，腰圍一周（帶脈）的抱攏，共同圍攏成一個球形的筋膜腔。

光有這個結構還不夠，還得運用呼吸法調整內壓，讓這個「丹田球」不斷漲縮，反覆錘煉其內部的筋膜強度，達到穩固的程度。按老前輩的要求，最後丹田要練得像一個打足了氣的皮球，不能是一個漏氣的癟皮球。

等這個「丹田球」的結構初步穩固後就要訓練它動起來。這就涉及「丹田球」表層附著的大量筋腱和肌肉，比如腹部、臀部、腰部等部位，那些豎向、橫向、斜向的肌肉要練得協調一致，不互相干擾。「丹田球」的正轉、反轉、斜轉都能流暢自如，而且還要能隨意切換方向、加速或減速、改變頻率。這樣丹田滾轉的輸出能力才能跟得上行拳，乃至滿足實用的需要。

第三步，**訓練丹田運動產生的力量由筋骨鏈向表層框架各個點位傳導，從而形成新的勁力傳導模式。**

正因為我們是利用自身經筋構造的鏈條狀筋骨傳力結構，所以我們的新動力結構天然契合人體的氣血循環路線。

最基礎的循行模式是以「丹田球」為中心和源點，勁力

先沿著脊柱上升（督脈），然後沿著胸腹中線（任脈）回歸
丹田，這是勁力在軀幹上的循行軌跡。在這個主循環圈上，
一部分勁力沿著脊柱傳導到肩窩、胯窩四個樞紐，再沿著四
肢的三陽經向指（趾）尖輸出，到達梢節頂點後再循著三陰
經流回胸腹，最後匯入任脈，回歸丹田。

　　四肢循環再加上任督循環，一共五個循環，形態有點像
海星。

　　所以，形意拳的勁力軌跡是一個個陰陽循環的圓，而不
是一條條的線。即使外形動作上打出一個看似直線的拳法，
比如崩拳或者炮拳，其勁力軌跡也是一個長軸約一米、短軸
只有幾毫米的橢圓形。大家可以把它想像成一個細長條形的
輪帶鋸。所以，形意拳的手法連綿不斷，而且手臂結構上總
帶著前搓和回掛的勁，也就是所謂的「出手如鋼銼，回手如
鉤杆」（圖 5-17）。

　　這種勁並不是拳手刻意做一個前搓或者回掛的動作產生
的，而是丹田勁在手臂陰陽兩面經筋上循環時自然產生的效
果。

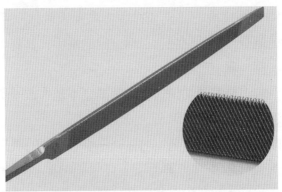

圖 5-17 鋼銼表面有小毛刺，能來回拉扯物體表面，
形意拳手臂勁力與此相似

「丹田球」的運動軌跡基本上是各種圓或弧，丹田勁在身體上傳導的路線是各種長橢圓，所以丹田運轉必然會引起軀幹和四肢在外形上呈現出一種波浪式運動。故而人們形象地把形意拳的勁稱作「翻浪勁」。

（三）起鑽落翻

形意拳功法體系的第三條主線就是「起鑽落翻」的整體運動模式。過去老前輩講解「起鑽落翻」的時候，往往是用「起手鑽拳，落手劈拳或橫抹」做示範，這就給人留下一個印象，即形意拳的「起鑽落翻」是一個手上的技術動作。這其實是個很大的誤解。

首先，**內家拳中「手法」這個概念其實是格鬥技術的代稱。**

可能是因為內家拳練到較高境界時動作幅度很小，往往只用手部接觸、控制對手，就可以將一身的整勁由指掌之間某個接觸點作用於對方，所以老前輩喜歡把一個或一組技術動作稱為「一手兒」。

他們講解技術的時候往往說：「今天教你一手兒。」「看這，還有一把手兒呢。」嘴上說的是手，其實可能包括踢、打、摔、拿、放等。

其次，**「整體運動模式」這個概念不是「做一個動作時全身一起動了」那麼簡單。**

就像一支部隊，實施步炮協同＋步坦協同的戰術不是說步兵、炮兵、坦克兵一擁而上，或者同時開槍、開炮就行了。它要有一套彼此配合的機制，誰主誰輔、誰先誰後，誰做什麼動作，每個個體都得按照事先制訂的規則來執行，從

而形成井然有序的整體運動。

很多人練內家拳只知道「整勁」這個詞，但是並不知道整體怎麼動才能產生整勁，甚至想當然地認為透過站樁站整了，然後整個身體砸向對手就叫整勁了。

經由前面章節的介紹，大家知道人體其實是可以劃分為若干節的，每一節都有自己相對獨立的結構和運動模式。在此之上，所有節還得有一個總的運動模式，否則各節一起動，各行其是，不就散架了嗎？

這就好像一支遊行隊伍，裡面的每個人都有自己的步點節奏和表演動作，有的人可能是一直向前走，有的人可能是走兩步就轉個圈，有的人甚至可能是退兩步再快進幾步，但是這支隊伍作為一個整體要保持一個大致隊形，比如方陣、圓陣、雁行陣。同時，還要有一個總的前進方向，不能走著走著就各自散開了。這個「大致隊形＋前進方向」就可以視作是簡單的整體運動模式。

形意拳的「起鑽落翻」就是這樣的一種統合全身各節運動的模式。為何形意拳前輩要設計這樣一種形式來規範、統合我們的身體運動呢？它的優勢何在？

前面說到丹田勁力運轉在軀幹、四肢上表現為陰陽循環的橢圓形軌跡。大家不難發現，這種輪狀勁確實比單純的線性勁力有優勢。打個不太恰當的比喻，線性勁相當於掄圓了以後直接拋出去的流星錘，錘頭有極大殺傷力，但是這種勁力是拋射出去時有勁，收回來時沒勁。而且勁力是在錘頭打到頂點時最大，而在其加速時其實並沒有那麼大，可以被阻截破壞（技擊中專門有「堵」法）。

輪狀勁雖然去、回均有勁，但是「輪子」的側面還是沒

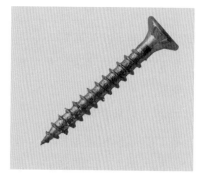

圖 5-18 如同螺絲釘般的形意拳勁力

有勁力分佈，所以「以橫破豎，以豎破橫」的原則依然適用。例如，電風扇的扇葉旋轉起來以後，葉片的邊緣固然讓人不敢碰觸，但要是拿根小棍往軸心和扇葉的連接處附近一杵，照樣能把它卡停，甚至可以把扇葉繃斷。

如何解決這個問題？不得不佩服前人的智慧，形意拳前輩給出的解決方案是把輪環結構升級為螺旋結構。也就是把長橢圓以其長軸為中心軸這麼一擰，擰成麻花狀，讓勁力軌跡呈螺紋狀分佈。這就好像一顆螺絲釘（圖 5-18）。

擰螺絲釘可以利用斜面、槓桿、扭距幾種方式達到省力的效果。有些釘子釘不進去的硬木頭，螺絲釘卻可以擰進去。這種螺旋擰裹的運動模式，具有以下幾個方面的優勢。

一是能保證動力鏈上的各個關節在運動時兼具靈活和穩固兩種效果。

每個關節都圍繞一個中心軸螺旋擰轉，這就使各關節屈伸的幅度很小，而擰轉的幅度較大。減少了自己運動造成的形變過大的問題。

二是能把經筋螺旋絞纏在骨架結構上，起到加固作用，增強打擊效果，同時儘量消除形意拳衝撞式打法產生的反作用力對自身關節的傷害。

這個其實不難理解，一般人打拳的時候，在打中目標時都會下意識地把拳頭擰一下。這一擰使手腕的筋產生絞纏效

果，組成腕關節的那些碎骨就會被筋腱包裹起來，形成一個暫時的剛體結構。既能使手臂傳導過來的力量不被耗散地傳導到拳鋒處，又能保護腕關節不會被反作用力挫傷。形意拳只不過是把這個機制儘可能地複製到了全身各個關節。

三是旋轉可以使對方的阻抗力發生偏轉。

當全身的骨架，特別是勁力的主要傳導鏈條，都在做螺旋擰裹運動時，我們完全可以把這個形態看作一根正在轉動的鑽桿。

大家知道，正在轉動的圓柱體的表面是有離心力的。外物碰上它是會被甩開的。所以，形意拳講究起手鑽橫，其實就是利用這種從腳到身、從身到手的螺旋擰裹形成的離心力為椿架的整體衝擊施加一層保護。對方的防禦間架，以及反擊、阻隔技術，大概率地會被我們的楔形結構破開縫隙，進而被體表的這層勁力撞大創口，使我們的椿架整體衝擊取得直搗黃龍的效果。

本節是對形意拳功法體系的立意和特點的簡要論述，希望能對大家理解和認識形意拳起到一些參考作用。

下面，我們從具體功法入手，看看這些理論是如何付諸實踐的。

第三節

形意拳構建內型的
主要功法──三體式

本節介紹的三體式的理論、觀點和練法源自宋虎臣、李旭洲、張貴良先生傳下來的宋氏形意拳一脈。

此乃一家之言，僅作為內家拳法構建內型的具體例子，僅供大家作為參考。

一 三體式概論

三體式作為形意拳最基本、最核心的樁功，歷來為形意門人所重視，素有「萬法出於三體式」之說。但是，最易為人所誤解的也在於此。

很多人都有著或有過如下的想法：

三體式只有一種形態；

三體式在形意拳各個流派中的功用是一樣的；

別家的三體式跟自己學的不一樣，所以別家都是錯的，只有師父教自己的三體式是唯一正確的。

由此產生了執對執錯、執真執假、正宗與旁門等一系列爭執。其實，形意拳有很多流派，之所以有流派差異，主要的原因並不是其中有什麼真傳與假傳、門內及闈外、嫡傳與非嫡傳的緣故。但凡假的東西，都不會有太長的生命力，早

就在百年的傳承過程中被淘汰了。

其實，不同流派代表的是不同的訓練體系，是不同的訓練思路、理論和側重點差異的產物。這點即使是在現代搏擊中也屢見不鮮，拳擊還分很多種流派呢。所以，用某個技術的差異來劃分對錯是毫無意義的。

雖然三體式在各個形意拳流派中都是根本功法，但是各家的訓練思路、理論和側重點不同，因此各家三體式的訓練目的和功用都不同。

我們在研究和學習三體式時必須將其放入相應的形意拳訓練體系之中來研究，從這支形意拳的整個訓練體系的思路、理論、側重點，以及功法構成等方面綜合分析三體式在這支形意體系中的作用。

就三體式本身而言，不過是一個特定的樁架罷了。這個樁架要想發揮核心作用，乃至衍生出一門拳法，則必然要在某種特定的訓練理論和具體行功心法的指導下才能實現。

不同的訓練理論和心法自然會產生不同的訓練效果。有的三體式起到類似渾圓樁的作用（僅從拳理上分析，渾圓樁的訓練功用應當與三體式有所不同）；有的三體式則起到熟悉攻防理念（如中線、三節、九宮等技擊概念）或作為技擊戒備式的作用；有的三體式是訓練技擊時拳手該有的身體和心理狀態；有的三體式用來訓練基本間架結構；還有的三體式內在要求更高，可發揮更加綜合的訓練作用，這裡就不一一列舉了。所以，各個支派的三體式都會有差異，這其實是非常正常的一件事。

就三體式的訓練效果來說，人體各項能力的訓練、發展的喚醒方法、訓練要求都不一樣，不可能都靠一個三體式解

決。如果非要這麼要求三體式，那肯定是想面面俱到，但實際上面面不到，很容易就把人練廢了、練疲了，也就練不出來了。

所以，三體式必須藉助某種形意拳訓練體系來發揮自己的作用，它需要五行拳、十二形等功法，以及其他各種輔助訓練方法作為系統配套。單靠一個三體式是無法練成形意拳的。

不同支派（訓練體系）所追求的最終訓練目標（成果）其實都有一定差異，而三體式則必然要為其最終目標而服務。所以，不同派系的三體式其實不能互相比較，故而不必標榜自己的才是正宗的，而別家的都是未得「真傳」。

二 李旭洲傳宋氏形意拳三體式的理論和特點

（一）本派三體式的指導思想

以訓練思路而言，本派三體式的主要訓練目的是鍛鍊身體內的各個系統之間的「相互關係」。也就是在運動時，身體的各個系統應該如何協調運作、各自分別負責什麼、管轄範圍是哪一部分。這些系統既有外在的、空間上的、肢體運動上的概念，也包含內在的、虛指的、臟腑氣血、能量運行等概念。

所以，本派三體式相對於別家而言，從理論設計上可以說是比較「中庸」的。它既不偏於鍛鍊身體素質，如筋骨、氣血等，也不偏於強化技擊方面的能力，而是對身體內部涉及拳術的各個元素均提出一定的要求，再以某種法度統攝它

們，促使其運行達到高度協調的要求，以取得整和整動的效果。在這一過程中，還要儘可能協調好練和用之間的關係。

把握好練和用之間的一個比較中庸的度，即能用到什麼程度（對用法理論理解到什麼程度）就練到什麼程度（身體各系統功能和相互之間的協調性），反之亦然，從而使身體功能與應用之間同步提升，而且互相契合。這是本派三體式的一個特點。

那麼，這裡所謂的涉及拳術的各個元素是指什麼呢？我們來打個比方：

如果說練三體式相當於把身體練成一部高效機器的話，那麼這些身體內部的各種元素就等於是組合成這部機器的具有各種不同功能的零部件。這些零部件會是什麼呢？它們顯然不是手臂如何擺放、腿腳是什麼要求、腰胯又如何……這些是純肢體類的東西。

這些可以被稱為要素的東西都必然是涉及身體操作的根本，是關鍵點，是統率某個系統或代表某種特質的東西。這些要素中當然會有實體的部分，但必然也會有一些看不見、摸不到的概念性要素。

對拳學修煉而言，這些概念性要素反而更為重要，我們必須在練功中把這些「虛」的東西練成「實」的（可感知、可操控的）。

我們將這些拳術要素中主要的幾種，按照在三體式中的不同作用分類如下。

1. 一個核心：重心

當然，也有一些流派認為三體式的核心是煉氣。關於這

一點，其實孫存周先生有一個觀點：初學者不妨先把「氣」理解成「重心」。以我們多年的實踐經驗來看，這樣操作對初學者更有現實意義。

本派三體式是以對重心的微調來操控樁架，從而使樁架能夠刺激到身體上單純依靠外練而難以刺激到的部位（如深層筋膜、經筋等），確保啟動核心區域，激發體內具原理屬性和原則性的東西（如「中」「指中力」「左、中、右三身」等），將靜態的樁練成動態（內動）的樁，以及提升樁架訓練強度。

重心微調的常用方法有重心下沉和重心後移兩種。還有非常之法，暫不必提。我們常聽說的所謂的蹲低樁其實不是彎曲腿部或壓低身姿，其本質是重心下沉，能沉多少就低多少，單純彎曲腿部沒有任何意義。而重心能沉下多少對身體內部的刺激程度都是不同的。

而重心後移是指重心由五五居中的位置逐步靠向後腿。由五五分配重心逐步變為四六、三七、二八分配重心。在這個過程中，重心的一點點移動變化都會牽動身體內部各個系統的變化，帶來極大的改變。

注意：**以上微調必須是重心主動移動，而不是靠肢體動作的被動牽動，讓人誤以為是重心變化。這二者是有本質區別的，取決於能不能帶動身體內部的變化。**

這個判斷標準是看你在重心微調時重心能動多少。無論是下沉微調還是後移微調，真實的重心主動微調的難度都是極大的，每次能移動的距離是以毫米計的，一毫米、兩毫米的改變就是極大的進步。而覺得輕輕鬆鬆就能移開一大段的，基本就是肢體變化牽動的，而不是重心主動移動產生的。

2. 兩大關鍵：中軸和丹田

內家拳常說：「練根不練梢。」所謂的根，我們認為是指中軸和丹田。

從淺義上講，中軸是我們身體的縱向坐標軸（上下方向），因為我們的身體是在三維空間中運動的，人是直立運動的，所以這個軸就顯得格外重要。

人在各種運動中若想保持好身體的均衡和平衡，都須以中軸作為根本的基準點。往深層含義上講，中軸是人體結構的核心。它是人體內如同棗核一樣的

東西，可以將它視為虛化的、縮小的人體本身。而人體如同套娃一樣，是一層層套在中軸之上的。人體的各種運動都可以視為是中軸在內裡先運動，然後反映到外在身體上來的。

從這個角度理解中軸，則人體運動中的脹縮、鼓盪乃至意練法裡的所謂「與天地呼應」的意念就都易於理解了（無非是把天地作為最大的那層套娃套在體外而已）。內家拳中一些日常不太常見或難以理解的運動狀態，這樣一思考就能做出來了，如猴形練縮身。

簡單地說，丹田就是椿架運動的動力核心，類似「發動機系統」。這在前文已有論述，這裡不再贅述。

3. 三項基礎

形意拳的內型是由三體式喚醒、構建和鍛鍊了體內的哪些系統、元素而形成的呢？

一是體內的骨架結構，二是體內的經筋結構，三是體內的氣血循環結構（周天）。

　　三體式鍛鍊初始不必談及神意，這個還太遙遠，也比較虛，也不必提及臟腑系統，這部分需要練習者到了五行拳階段才能真切地有所體認。初練三體式若先能把此三項基礎練出來，即為及格。

（二）本派三體式的技術特點

1. 本派三體式的功架特點

特點一：先天橫勁

　　本派三體式注重對橫勁的鍛鍊，而且強調要練先天橫勁。這是個什麼概念呢？大家可以做個試驗：兩腳左右開立，好比站了一個高馬步，不需要姿勢太低。這時有人橫向（從側面）推你的肩膀，你會被推倒嗎？你會發現對方即使用了很大的力量，也不能把你推到。而且，如果你讓身體再自然一點、放鬆一點，就會產生一種沉墜感。具有這種沉墜感後，對方連撼動你都很難。

　　明明沒有用力去頂抗對方的推力，那麼是什麼力量保證了你不會被推倒呢？這個不動即有的勁就是橫勁。

　　本派三體式樁功就是重點利用了這個我們自身具備的勁。這個勁，我們稱之為先天橫勁。

　　其他的如用腰胯力左右旋轉發力，或用其他發力方式打出來的橫向勁力，雖然也叫橫勁，但被歸為後天橫勁，因為你要靠動作才能產生力量。

特點二：身正胯斜

　　這裡的身主要指脊柱。胯則是指骨盆。常人的軀幹結構中脊柱、骨盆、丹田（如果理解不了丹田，可以簡單理解成腹腔）三者不可分，沒有相對運動的餘地。所以，一般站三

體式求整，整個軀幹彷彿是個桶子或板磚，脊柱、骨盆、丹田的朝向只能保持一致，進而導致下一步的運動方式非常單一，正就是正，側就是側，斜就是斜。

而形意拳練習者，經過無極樁、渾圓樁的鍛鍊後脊柱、骨盆、丹田都有了相對的獨立運動能力。

所以，本門三體式要求骨盆呈 45°，而脊柱則在內部擰轉，朝向正前方，丹田遂呈螺旋壓縮蓄勢態。這樣，軀幹在靜態中也具備了向多個方向運動的能力。此時，從外形上體現出來就是身正而胯斜。

特點三：沉肩斜肘

最初的形意拳要求嚴格的沉肩墜肘，兩臂貼身，滾出滾入。這樣的優點是間架緊湊、防守嚴密，但是一旦練習時對要領把握有所偏差就容易形成夾胸，對養生不利。後來，有的形意拳前輩吸收了八卦掌等其他拳種的優點，發展出了「肩撐肘橫」的技術要領。此要領可以使腋下以及胸、背、腰、腹的經筋、筋膜得以充分舒展。

但是，「肩撐肘橫」要領對練習者自身的筋骨結構強度要求很高，一旦筋骨結構強度不足就容易形成聳肩架肘、肋下空虛。

所以，本門三體式最後定架採用的是比較中庸的做法，要求肘尖斜向下 45°，即沉肩斜肘。這樣比沉肩墜肘的腋下要寬鬆一些，又比肩撐肘橫的結構緊湊一些。

但是這種結構要求肩軸能夠做開合—旋轉的運動，即可以準確地向沉肩墜肘、肩撐肘橫乃至展肩吊肘三個角度變化。此運動又被稱為腋下開合，其動作標準是大臂骨擰轉，而不是單純的屈張。

圖 5-19 半邊陰陽魚結構

圖 5-20 三體式俯視圖

特點四：半邊陰陽魚結構

本派三體式繼承了渾圓樁的鍛鍊成果，也充分發揮了三體式天然的三角身架結構特點，故而其樁架既不是三角結構，也不是渾圓樁的圓結構，而是介乎於二者之間的類似半邊陰陽魚的、變形的水滴結構（圖 5-19）。

這是充分發揮了三角和圓的結構優勢而形成的結構（圖 5-20）。它既有三角結構的中線合力、鋒矢突破的效用，又有圓結構的六面整力、圓不易受力的效果。

2. 本派三體式的功效

筋骨鍛鍊功效：六相具現（雞腿、龍身、熊膀、鷹捉、虎抱頭、雷聲）。重心後移，後腿支撐身體，腿表層的四面大筋挑起，內中還有一根主筋從足心直通丹田，升出一股撐頂勁。身體坐在後腿上，胯根始終曲蓄、保持彈性，隨時可以發出蹬勁，是為雞腿。

脊柱從尾閭向上貫勁，特別是脊柱兩側大筋挑起，直貫頭頂，有沖天之雄，是為龍身。

兩膀側開展，並向前包裹，厚實鬆沉，勁力直貫雙掌，是為熊膀。五指貫勁，如同鋼爪，臂筋挑起，甲欲透骨，是為鷹捉。

挑頂豎項，後頸大椎穴領起全身，如虎撲食之前頭伏在兩爪之間，而頸項梗起之態，兩肩放鬆下沉而前裹，是為虎抱頭。

丹田內運，五內震動，成其雷聲。

勁力鍛鍊功效：鋼釬手、鷹捉力、結構力。這部分下文會有詳述，這裡不展開。

三　本派三體式的具體練法和技術細節

（一）三體式架構解讀

本門三體式站姿如圖 5-21：

1. 下盤：川字步（橫步扣膝）

先在地面上確定一條直線（可選擇鋪設大塊地磚的地面）。後腳腳跟外切於這條直線，前腳腳尖斜交於這條直線。兩腳尖均是斜 45°。兩腳間距約一腳半，以能不費力地自由移動為度。

前膝有前頂（同時微內扣）之意，後膝有內扣之意，兩膝略

圖 5-21 三體式

有彎曲（皆有跪意），逐漸增大下蹲幅度，以不低於 135°
為宜，以免損傷膝蓋。

襠內是左右橫開外撐勁，重心五五分配，整個下盤呈斜
馬步。這樣才能使兩腿內外的大筋均勻挑起。

這些要領切不可用力去做。待兩腿大筋初步挑起後，
髖、膝、踝關節鬆開且有一定活動量之後，自然會形成真實
的兩大腿內裏之合勁。

下盤是橫步，則身上自然具備先天橫勁。隨著練習者對
自身的體認越來越深入，慢慢就能體會到這種內在勁力，並
利用樁功等功法將其培育壯大。

2. 中盤：正三角間架（身正胯斜）

身體因下盤的斜馬步步型限制而形成一個略小於 45° 的
斜面，這就是所謂的「看正似斜，看斜似正」，有（敵人）
正看（我）似斜，（敵人）斜看（我）似正之說。這個身位
既可以徹底變為正面，發動衝撞之力，又可以瞬間變為側
面，發揮撇閃之功，非常靈活。

整體上，仍然要保持「無極樁之四要」中的坐胯戳腰：
身體如同坐在一個凳子上，要有坐的真實感覺。

有前輩曾云：「站樁站到感覺是坐著才對。」有了
「坐」的感覺，則鬆腰斂臀、命門後撐等要領自然到位。

腰椎要有像旗杆或船桅一樣插在骨盆裡的感覺。平時我
們的腰椎是吊在胸椎下面的。站樁時，要先一節一節地鬆
開，然後逐節下沉。尾椎在骨盆上形成一個支撐點，各節椎
盤像累積木一樣，一塊托著一塊，從下往上豎起來，並且重
新合成一個弓狀體，挺拔有力，這樣身體才沉實穩健。

後胯與後肩在一條垂線上，如同整體貼住一個牆面一般。整體勁感是後貼，但不是後靠。

3. 上盤：鬆肩垂肘（沉肩斜肘）、吊腕

肩部關節要深度放鬆，相關筋腱放長以後，肩微向前合扣，不能用拙力。兩肩胛骨要真有下落並與背骨合槽歸位之感。

肩鬆下來之後，肘部自然產生下沉之勁，而不是人為向下壓肘。這樣既要滿足沉肩墜肘之要求，同時肘部還要保持「肩撐肘橫」的內在支撐勁力。整體外形是肘尖 45° 指向斜下方。

宋氏形意拳三體式的最初手型是平掌吊腕。自己在家裡練的話，可以先打一個前直拳，然後保持前臂、手腕、手背都不動，單把手指張開，拇指內扣一點，其他四指向前，指尖再稍微扣一點，像一條蛇張開嘴亮出牙。這時候手型就差不多定下來了。

這個手型因為手指、手掌（背）、前臂陽面基本在一個平面上，沒有過大的曲折，手臂的三陰、三陽經會比較順暢，氣血容易灌注到手指尖上，時間久了則指力會變強，本門稱之為「鋼釺手」，俗稱「鐵叉子手」。

腕骨要鬆開，手在保持「鋼釺手」手型不變的前提下，整體從腕骨上鬆下來，只有食指保持挑勁，這樣會使腕部的陽池穴產生向上的承力，好像空中有線吊著一樣。慢慢食指經前臂陽面到肘部之間會有一根大筋挑起，這根大筋對內勁從手臂向外傳導極為重要。

前後兩手之間如持大槍，前手食指就如槍尖。前後手之

間要有爭力，這個爭力其實是前手定位不動，重心下沉、後移，後手向後抽槍的勁。

後手的起始位置是在前肘下，向後抽槍時的運動範圍就是抽到臍前為止（這個抽槍可以是想像，也可以實際把動作做出來）。

這段距離就是三體式狀態下後手的運動範圍：前不過前肘，後不過肚臍。後手向前過了前肘就不應該再伸展手臂，而是要變式了。這是動作變化的規矩。

後肩找前手，後肩肩頭與前手手腕有對拉呼應之感，與前手食指指尖在一條線上。

（二）三體式的拳學含義

1. 基準姿勢

本派三體式並不是作為技擊戒備式之用的，而是作為一種身體狀態的基準姿勢，即側身態姿勢。這是相對於渾圓樁的正身態姿勢而言的。

這是一個重要的概念。為了保證身體的樁架穩定，尤其是在動態條件下穩定，以及經歷了動態影響後依然穩定，有必要給身體定下幾個基準姿勢作為變化的標準，以保證運動時不會出現錯亂。

人體最基本的身姿變化是正身（正面、平行姿態站立）、側身（側面、前後姿態站立）變化，所以最初的基準姿勢就是渾圓樁（正面樁）、三體式（側面樁）。

任何樁架的變化運動都是以這兩個姿勢作為開始或者結束，或以這兩個姿勢進行運動。形意門裡的老話所說的「落地回原」「式式還原」即是此意。

本門三體式可以按照一定的變式規矩直接從渾圓樁變化而成。整個變化過程裡面包含了正側變化、順拗變化、上下變化、斜向變化（*左上右下、右上左下等*），左、中、右三身協調而動。

圖 5-22 清代武士拉弓圖

2. 勁力結構

整個三體式如同上圖裡這張張開的弓（圖 5-22）。三體式從某種角度而言其實是一個勁力結構，而不能僅僅只是間架結構。脊柱和丹田是弓背，筋和筋膜是弓弦，整個身體則是箭。

整個身體的筋和筋膜，在三體式狀態下要形成類似圖 5-23 所示的張拉狀態。

圖 5-23 人體張拉狀態

　　三體式不能僅僅停留於筋骨間架結構狀態，這僅僅只是一個階段，或者說是三體式的一部分。練習日久，人體則必須形成張拉結構（或勁力結構）狀態（圖 5-24）。

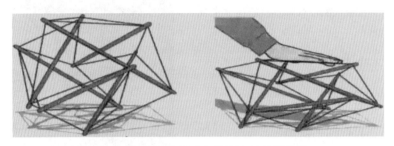

圖 5-24 自然狀態與受力狀態下的張拉結構

　　這個張拉結構在受力狀態下，還必須形成如下圖中這樣的發力狀態，就像這個急於奔馳的駿馬和極力想拉住它的人之間的關係（圖 5-25）。

　　步子想蹬出去，身體又要拉住它，這就是形意拳「輕刀快馬」的三體式勁力結構。

圖 5-25 拉住馬的狀態

上半身的間架結構力（確切說是整體樁架）與下半身的步子勁（確切說是整體突進能力）渾然一體，形成三體式的整動之勢，內裡蘊含著整動之勁。動步就要有勁，周身一動，身體各部分自然協調而動。這樣才能形成整體的自然力。

由此可知，在拳學應用方面，三體式重點練的是樁的整動能力（身步法），而不是四肢的姿勢。

（三）三體式身體各部的細節要求

頭要端正，既不可前俯後仰，也不可左右歪斜。頸項微梗，不鬆軟無力即可。

額頭要略有前頂之意。百會穴如空中有繩將之向上拎起。頭部有領起一身之勁的意思。

下頷要內收，有遮護咽喉之意。收下頷的要領在於微微點頭，如同與人打招呼一樣，則下頷可自然放鬆而收，不會有僵硬之感。

眼要平視遠望，視線不可散亂，亦不可呆滯。不是盯住目標，否則就僵死了。應凝神聚意，籠罩目標。如是養練法，則要求目光漫視，不可緊盯著一個目標看，要似看非看，等著事物自己映進眼中，而不是自己主動去看。

口要輕閉，牙宜輕扣，舌尖要輕頂上齶，有津液則下嚥。

肩要平，即兩鎖骨連線要與地面水平，不能一高一低，且肩頭要有內裹之勢，即虎抱頭。

肘要同時具有橫撐與沉墜之勁。肘尖斜 45° 指向地面，兼收沉肩墜肘、肩撐肘橫之效。

前臂要有自然的沉墜勁和向前的撐頂勁，五指如鋼釺，手臂整體（從手指到肩胛骨）如同一桿短鐵槍。

腕要吊，掌要塌，掌背成瓦楞形，有支撐力。五指自然分開，食指挑起前頂，拇指微曲（回扣），其餘三指有回鉤之意，虎口撐圓，手心涵空內吸。

胸部要虛含而不能窩，膻中穴之氣下沉，則可空胸順氣。脊柱要保持正直。

兩肋要如魚鰓一般左右橫開，然後向前合抱，同時也有鬆沉之感、呼吸之感，此為肋之開合。

腰要下塌，命門填平。

小腹宜充實，但不要繃腹肌或者鼓肚子。

尾閭自然鬆垂、放開，垂到位後自然前捲。此為尾閭內收，自然接好任督二脈，丹田上下合住勁。

後腳暗含蹬地勁，不可露形；前腳有向下的踩轉之勁，前膝有上提之勁。雙腳五趾抓地，足心涵空。前腳的腳跟可微微提起，但仍要保持下踩之勁。

鼻準、雙手、雙腿要合於中線之上。

三體式應左右交替練習，使得左右平衡，不可偏重一邊。

第四節

劈拳功法

　　練習三體式小有所得之後就應該馬上結合五行拳進行練習。三體式是框架，五行勁力是內容。內容填到了框架裡才是有機整體。

　　因受篇幅所限，我們不能把五行拳功法一一羅列，在此僅以五行拳的「母拳」——劈拳為例，具體介紹一下內家拳是如何由樁功（內型）轉入拳架（內動）的。

一　劈拳簡述

　　在通常的形意拳教學中，大部分老師都會把劈拳作為開拳第一課。從功架選用上說，一般採用正架順步劈拳，甚至很多形意拳練習者長期只練這種劈拳。

　　但是在各個支派中，對於這種劈拳的功用的理解差別很大。最常見的說法是求劈拳勁的，有所謂「劈斧之意，推山之功」之說。有的站位更高，說劈拳是練整體樁勁的。還有的闡發更深入，強調劈拳要練出身法來……這些說法都對，都有道理，可以說都闡明了「正架劈拳」功能的某一個方面。

　　以我們的觀點來看，劈拳本身的意義其實遠超作為五行

拳之一甚至五行拳之首的地位。劈拳本身就可以構成形意拳入門階段的一個小訓練體系。以常見的正架順步劈拳來說，它就好比書法中的「永字八法」，它的表現形式是寫一個「永」字，但目的其實是訓練八種用筆法則。

我們這個觀點也是根據形意拳動椿的訓練目的來講的。形意拳的動椿（五行拳、十二形等）是在訓練我們掌握椿態下的變化和運動，即整動。包括形意拳勁力的產生也是在椿態運動範疇內的，因為有了椿的「動態」，才在這個動的過程中產生了勁力效果。

家師張烈先生總結形意拳勁力如何產生時講到移動速度＋轉身速度＋出手速度。三個速度的疊加其實是三種運動形式的疊加，速度無非是運動的快慢罷了。

劈拳的運動形式比較複雜，是多種運動形式的結合。劈拳其實是練形意拳的運動模式。

有些朋友可能習慣於把劈拳看成是一個單純的功架，讀到此處恐怕難以理解。我們不妨把這個說法拆開分析，以便大家調整思路。

如果把劈拳視為一個單純的功法，如為找勁、練勁服務，那完全沒必要練順步劈拳，只練習原地劈拳就夠了，何必非要動步呢？

有人會說，你原地能發力了，也得會動步發力啊。這就恰恰說明步子是可以「疊加」上去的。步法體現的是步子勁，所以步法可以作為一個單獨的能力來練習，在本派功法體系中是用「催椿步」來練習。

那麼，動步劈拳就可以視為是原地劈拳運動＋步法運動。這就是劈拳是多種運動形式結合的意思。當然，完整的

劈拳不會只是兩個運動形式的結合，而是諸多元素的複合體。

以本派劈拳為例，所複合的元素大致如下：

（1）椿架結構：結構整勁，如「鐵叉子手」等；

（2）重心運動：沉身運動——沉劈勁；

（3）步法：橫步開合運動——步子勁；

（4）手部軌跡：縱圓運動——鬆沉撾勁；

（5）椿架運動：鑽劈運動——撞勁。

以上幾個元素大致涵蓋了形意拳最基本的訓練目標和出功夫的要點所在。這幾個元素如果能表達清楚、交代明白就是一個「六十分」的劈拳。

進一步說，五行拳乃至十二形也是這些元素的不同調整、延伸和變化，所以有「劈拳為母」「形意看劈拳」之說。劈拳練紮實了，練習者對形意拳的運動模式就有了準確的把握和身體表達能力。

所以說，五行拳中的劈拳不是一個技術動作，而是一個小訓練體系。練好劈拳是形意拳訓練的入門正途。

二 劈拳的正式練法

我們以李旭洲先生所傳宋氏形意拳的劈拳練法為分析物件，再進一步解讀一下劈拳體系的內涵。

（一）原地劈拳（鷹捉力）　🅞

保持三體式椿形。雙掌如同捋住一根很粗的大杆子，杆子被若干繩索吊在空中，然後純粹用丹田的爆發力帶動椿架

突然整體斜橫向旋轉，將杆子捋到身體側後方，同時將綁縛在杆子上的繩索全部掙斷。

要求兩臂保持三角間架結構，不能變形，要整體下摺。借著雙臂的自重，極力抖開肩背骨縫深處的筋腱和筋膜，力爭達到「雙肩齊脫」的效果。

做動作時，五指如鷹爪、鋼鉤，每個手指都要保持弓形的樁架結構，不能散亂。不能變成手掌勁、腕子勁或前臂勁。

整體運動軌跡是向斜下劃弧，其實就是劈槍的路線。最好下劈的動作完成後順著整體樁架的彈性回彈還原成三體式。不要做成「一、二」兩拍。

（二）雁形包裹專項訓練　●

包裹是從心意拳的裹拳發展而來的，是形意拳一脈比較有特色的技術。在李旭洲先生所傳的山西宋氏形意拳中這個技術非常重要。

包裹是一個非常形象的名稱，其理念是為了能把對手控制住、圈住，壓縮對手的活動空間和變化能力，如同用包袱皮把對手裹住了一樣。

傳統形意拳中的包裹技術多是用「裹橫」，突出表現為「臂裹」的形式，如裹肘、裹膀等。李旭洲先生則將它進一步強調為「身裹」，要求練習者軀幹的左、右半身能像大雁的翅膀一樣突然展開、猝然合抱，以「雁合翅」技術裹住對方，然後再施以合身撞擊，就是雁形包裹最典型的表現形式。大家不難發現，這是建立在本門三體式的「三身」理念之上的，如果把軀幹練成了大木桶，肯定沒法裹。

雁形包裹也是活涮關節、建立五行身法運動總模式的重要功法。所以，在練習劈拳之前，雁形包裹是要拿出來反覆單操的。

雁形包裹的具體練法如下：

起式後，以右三體式姿勢（參見圖 5-21）站立。

（1）雙手擰轉，兩手握拳，保持上盤的渾圓間架，即前肘向前的頂勁不丟，前手向下劃弧至丹田，後手配合，也在肚臍前劃一個小弧，歸至丹田，身體呈下立樁的樁形。

（2）此時右拳心向前，右肘尖指向前上方，小指一側掌沿朝左，呈吊肘形，封住中線和右外門。左手拳心向右，左肘輕輕貼住左肋，護住中線的下部（心窩到小腹），閉住左外門（圖 5-26）。

這個動作是腰軸內轉形成的。腰軸在軀幹「外渾圓」的「殼」裡右轉，而胯不動，腰椎上自然使出絞花勁。

兩前臂向回鎖掛時須肩開一線，手向回搖而身向前闖進，內在的勁勢含有頭打、（左）肩打、身靠之意。此謂「吞吐同時，出入並用」。

（3）雙手拉回到丹田之前時，拳眼朝向丹田，拳心向下，拳背向上（圖 5-27）。然後，腰軸自然回彈，兩手一翻，拳眼向上，沿任脈提起至胸前（圖 5-28）。此勢前臂陽面的大筋含有彈力，可崩彈對方的虎撲、雙按之類的攻擊手法。

圖 5-26 吊肘形

圖 5-27 拳眼朝向丹田

圖 5-28 腰軸回彈

圖 5-29 雙肘相合、雙拳沿任脈上鑽

（4）此時右前腳向前蹚蹬一步，前胯窩打開，腳尖外擺呈 45°。前膝與腳尖方向保持一致，帶有前頂勁。

而是以身子下沉之勢把前腳催出去。

注意：**用身體把腿碾出去，暗含扁踹腿。**

身體從兩腰開始分成左右兩半向前包裹，催動雙肘相合，兩前臂自然產生「擰裹滾搓」之力，推動雙拳從心窩處繼續沿著任脈向上鑽（圖 5-29），到下頜處斜向上 45° 從口前沿身體中線鑽

圖 5-30 槍尖形　　　　　　　　圖 5-31 三體式

出。右拳在前，左拳頂在右肘內側，呈定勢時大臂基本與地面平行，右手大致在眉高。兩手小指翻天，雙肘內合，但不失左右橫撐之勁，兩前臂間架自然合二為一，合成一個楔形或槍尖形（圖 5-30）。

（5）雙拳向內翻轉、變俯掌、呈三體式（圖 5-31），然後腰軸內轉將兩手拉回，然後重複上述動作即可。

這是雁形包裹單操法之一，以後還有展翅、合翅等變式，均需專門練習。

注意：雁形包裹的身體（根節）和手臂（梢節）的渾圓結構運動不能在一個平面上，身、手運動的軌跡自然形成兩個互反互襯的圓，為後續的五行拳定下身法運動的總模式。

手臂形成的渾圓結構如同一面盾牌，向側後運動，將對方的正面直線攻擊滑卸到一旁，同時進身側撞，肘尖始終要對準對方的心窩。

（三）劈拳行步練法

（1）在雁形包裹的第 4 步雙拳鑽到位的基礎上，重心移至前腿，兩腿之間的勁力從互撐變為相合，用後胯將左後腳提起，跟步上來。兩膝相合，兩足相併，左腳貼在右腳腳踝處，右腳獨立著地，呈寒雞勢，又名含機勢，即含機待變之意。這一動有一暗腿，為勾掛腿（圖 5-32）。

兩腿並步時，穀道內提，縮身團聚，但注意外形上不要顯露出來。

（2）承上動，兩臂翻轉，呈雙插掌，兩虎口均向上，左手小魚際一側摩擦著右前臂大魚際一側的筋向前穿，直到兩手上下相疊，兩肘相合。但肩窩要鬆開橫撐，不可擠胸（圖 5-33）。

（3）前手變插掌時，前推勁不能丟，即不能往回縮手。後手插掌壓著前臂摩經而出，後手小魚際和前手虎口相

圖 5-32 劈拳1

圖 5-33 劈拳2

擦，如火石摩擦出火星。先
出鋼釬手，意似已穿透對方
皮肉，紮入對方體內。然後
前臂內旋變掌，五指一炸，
掌心吐力，呈劈拳。左腿同
時向前探出，在落地的一瞬
間臀胯一坐、腰軸一旋、足
下一蹬、兩手掌一翻，勁力
直射而出，重心在一那變
為五五分配，而後迅速回彈
呈左三才勢（圖 5-34）。

圖 5-34 劈拳 3

　　左腿落步時為橫開步，
不是縱開步。用胯動推送大腿，兩小腿要磨脛而出，落腳時
縱膝落胯，蹬腳尖。此勢暗含跺子腳。

（四）劈拳的內動要求

　　內動比外形動作更細膩，非言語所能盡述。簡單來說：
　　（1）發勁瞬間，「丹田球」內轉，走的是前立圓軌
跡，後胯起，前胯落，勢如大式劈槍。
　　（2）內勁的勁路是從後足升起，沿督脈直升頭頂，然
後從任脈落下，沿前腿降至前足。

三　劈拳走架的要點

1. 劈拳練習時，三節、三身都要調動起來

　　軀幹三節，即上節（胸部）、中節（腰部）、下節（胯

部）的空間位置、變化角度、運動幅度都要搞明白。左、中、右三身要交代清楚。

三盤九節都要充分舒張開，不可被其他部位的運動擠扁，不可因為動態運動而變形。應該各安其位，各自發揮自己的作用。

而左、中、右三身的運動軌跡模式是在整體協調的大前提下各走各路的。每個局部都要充分完成自己的運動軌跡，不可含糊，不可湊合，不可做不到位。

2. 既要保持身架緊湊，又要把樁架開合體現清楚

要記住跟步時為合，起鑽時為開。這時身體該打開的部位、關節都要充分打開，該動的地方都要動起來。這點不可馬虎，否則落翻的時候很多地方是動不起來的，自然也就發不出內勁：

一是因為肢體關節沒打開，沒有活動空間；

二是因為該動的部位沒動，沒有被啟動，產生不了動力。

3. 本派劈拳講究的是撂勁式發力

所謂撂勁式發力，好比你拎著幾十斤重的麵粉袋子，拎不動了，往地上一撂，麵粉袋子往地面「砰」地一砸，很有勁。

怎麼做到撂勁？有兩個要點：

一是放鬆自然：身體做到自然放鬆就會體會到自身體重，這時身體有沉重感，就是鬆沉勁。鬆沉勁是自然勁之一，就是自身天然具備的勁力。

二是要求動作做到位：每一個動作都能在動作標準的前提下將身體自然地儘量舒展開。不會有地方「拿」著勁，該舒張的筋骨、該打開的關節都打開，這就是動作做到位。能準確地將動作做到位，則勁力自然就會釋放出來，不必追求發勁感，而是要關注動作的標準、準確、到位，即「到位即有力」。

以上二者結合即摺勁。

4. 劈拳雁形包裹，起鑽上步，打的是整體衝撞能力

整體衝撞能力不取決於步子大小，而在於身體，尤其是軀幹會不會主動。

例如，河北派形意拳有蹚步，講究前蹚後蹬，很容易體現衝撞。而我們所學的宋氏形意拳的劈拳沒有蹚步，而是先天橫步，講究到位一摺就都有了，所以這個衝撞勁就不容易體會。但不容易體會、動作小不等於沒有，這反而更需要我們求其根本，更加精細地去練。所以，要講究身體會帶著撞勁運動，這樣，小位移、小空間也能打出整撞勁來。

5. 劈拳動作中包含著大動和小動

大動是外動，主要是空間位移；小動是內動，丹點引爆、間架內變。二者皆不可忽視，須內外協調一致，都要做到位。尤其是內動，細節多、難練、難體認，更要細心體會。從學術的角度講，內動更重要。

以上是本門劈拳練法的簡要介紹，希望能對大家理解形意拳概念下「內型——內動——內勁」的表現形式有所助益。

第五節

形意拳的全盤練法

講完劈拳，其實我們想闡述的功理方面的話題就已經說清楚了。本節是延伸話題，涉及應用方面，就當是為了和形意門的廣大同門、同好們多聊兩句。

現實中，我們常常聽到年輕的同門抱怨形意拳難學、難練，苦練多年也不易練出功夫。其實，這不是形意拳技術的問題，而是訓練標準不清的問題。

形意拳的練法是有標準的，這個標準掌握在教練手裡。可能年輕的朋友們會感覺奇怪：我有老師啊。請大家認清一個現實：不是每一個形意拳的老師都是好教練。

老師可能功夫很高，掌握的功法很多，也願意傾囊相授，但是他未必懂得怎樣教會一個人──哪怕他是名家之後、宗師弟子。

對於任何學識、任何技藝，能夠到達一定高度和認知水準的永遠是少數人。泥沙俱下、魚龍混雜是造成目前這種亂象的根本原因。

以前真正的職業拳師，無論哪個門派的，都是按照一定標準訓練的。即使現在，仍有一部分拳師是按照這樣的程式訓練出來的，這樣的老師筆者有幸遇到過三位，分屬不同的門派和拳種。這樣的老師教拳，條理清楚，規矩嚴謹。

形意拳的標準化練習程式是怎樣的？

第一步，練樁功

第一階段以無極樁、渾圓樁為代表的正面樁類為主，主要目的就是調整身姿、身架，以正身形為主。

第二階段仍是以正面樁類為主，要正確體會放鬆，同時滋養筋骨，逐步強化筋骨。

第三階段還是以正面樁類為主，這時筋骨已經基本成型，開始體會如何構建間架結構。

第四階段才是正面樁和以三體式為代表的側面樁結合的練習，從某種程度來說仍以正面樁為主，其目的主要是體會間架結構的各種變化和應用。

第五階段是正面樁和以三體式為代表的側面樁結合的練習，從某種程度來說仍以正面樁為主，其目的是開始體會樁勁的產生。

樁勁與間架結構力是兩回事。間架結構力可以理解成初級的樁勁。其實，形意拳等內家拳一開始就是以樁勁為追求目標。所以，在早年的形意拳裡，間架結構力作為一個階段性的訓練成果是隱而不顯的，沒什麼人論述它，也沒有什麼人在意它，都把它當成一個過渡性的東西（事實也確實如此），隨它來去。

就筆者的練習體會來看，間架結構力的出現確實是樁功練習的一個客觀階段。從便於學習和應用的角度來看，把間架結構力當成一個正式的訓練階段單列出來是有必要的，只是不要止步於此。所以，這裡特別強調間架後面還有樁勁階段，那才是我們重點追求的目標。

　　第六階段以正面樁和側面樁為主，再加上各種強化類樁為鍛鍊手段。這裡特別提出強化類樁的出現是為了強化筋骨能力和樁勁的。到了這個階段，樁功基礎基本及格。

第二步，練行樁

　　行樁就是以五行拳為代表的動功，十二形之類的也在此例，不過十二形強度更大，練習安排得比較靠後。

　　行樁練習不是非得等到第一步六個階段全練完才能練習，一般是在第一步第四階段達標後就可以練習了。但是在這之前不要練，因為效費比太低，出錯的概率更高。

　　行樁本質上就是練習樁的移動和變化，故而必須有樁功基礎後才能練習。

第三步，練步法

　　形意拳的步法分兩大類：一類是步型，另一類是步法。

　　步型是指腿部的樁架結構。我們有兩條腿，所以還有一個兩腿樁架之間的變化與配合關係的問題。步型又是配合身法變化而使用的，也可以視為下盤樁架的各種變化，從形態上看就是順步、橫步、拗步、盤步等。

　　注意：**這些步型都是樁形，不是動作。能不能把這些步型校準、變化精準是很重要的能力，所以特別強調一下。**

　　而寸步、過步、三角步等是真正應用「步」的方法。其中，有的步法是為樁架在空間中的各種移動形式服務的，如橫走豎撞、橫拉斜進。這類步法大家見得多，也容易理解。

　　還有一類步法是為樁架在某些緊急情況下突然變化或做特殊變化服務的。知曉這種步法的人就不多了，也不太容易

理解。

五行拳裡出現的常用步型、步法就足夠我們平日練習用了。一般在五行拳熟練達標後，才需要進行專項步法練習。

第四步，練揉手

練揉手的熟悉樁勁應用原理和變化理論，掌握為何樁勁可以克敵制勝的道理，以及樁的變化原則。這在基礎的步法練熟後就可以練習了。

第五步，距離感訓練

第一階段，由雙人對練把形意拳的幾種基本距離感定型在身上。

第二階段，由雙人對練掌握不同距離下的身步變化原則。

第六步，練習實戰用的散招散式

第一階段，以原則性技術為核心，即學習怎麼用是對的、怎麼用是錯的。此階段練習可以跟第五步的第二階段練習一併進行。

下面兩個階段則最好在第五步訓練完成後再練習。

第二階段，以模式化技術為核心，即學習所有技術是按照什麼樣的模式、軌跡、原則變化的。

第三階段，學習一些成手成招，不必多，三五式即可，作為例題或練習題性質的技術，加深對第二階段內容的理解，乃至昇華。

第七步，摸肩搶步

這屬於輕對抗練習。雙方在對抗中熟悉和掌握學到的各種原則。這可以跟第五步、第六步的練習混搭著練。根據不同的訓練目的，可以有不同的條件限制和規則限制。

輕對抗可以視為一種增加了難度的常規練習。

第八步，實戰對抗

第一階段，條件實戰，即限定某些技術使用的實戰模式。

例如，限定使用劈拳，掌握正劈、橫劈、反劈等的不同應用情況和效果。

第二階段，半開放式實戰，即限定必須達成某種目的或效果的實戰模式。

例如，限定以步衝撞必須達成什麼效果或者運用龍形技術必須達成什麼效果，從而建立一個對技術應用的正確認識，而不是隨便使用一個技術就完了，不考慮效果。

第三階段，完全開放式實戰。

第九步，全盤打磨

把十二形在這個階段完全掰開揉碎講透，將全部形意拳融合在身步變化中，需要結合第八步一起進行。不實際對抗，則不足以理解。

至此，形意拳的訓練基本完成。只要堅持鍛鍊，這種練法基本都能收到一定的效果。

以上內容是按照訓練程式來說的，如果是就受訓者本人的感受來講，受訓者在不同階段的學習目標如下：

第一步，先掌握鬆。不懂什麼是真鬆，則練不出合格的形意拳。

第二步，體會到間架結構力。

第三步，體會到樁勁。

第四步，體會到整。理解了什麼是樁勁後才能體會到真正的整。此外所謂的整，都不夠準確。

第五步，掌握樁怎麼移動。

第六步，掌握樁怎麼變化。

第七步，掌握樁怎麼活起來。

可能有些朋友注意到筆者所列的這個訓練程式裡沒有發力練習，不禁心生疑惑：

形意拳居然沒有發力練習？確實沒有。在筆者所學的形意拳（其實是各種內家拳）技術體系裡，力不是「發」出來的，它是隨著身體運動而自然產生的。那種做一個很明顯、很威猛、很唬人的動作才能「發」出來的力，實際是用不上的。

筆者常跟人舉例子：一頭熊隨便用巴掌拍你一下，你能看出它的動作的哪一階段是蓄力、哪一階段是發力嗎？根本看不出來！它就是很自然地一摺或一揮，可那一巴掌你受得了嗎？！

所以，筆者不是說形意拳沒有發力，而是說沒有發力練習。形意拳的這種發力不是靠某種名叫「發力」的動作練出來的。發力的關鍵在於身體的高度協調，而不是靠某個刻意做出的動作。具體訓練：

第一步可以從身、手互不干涉體認開始，各動各的，然後揣摩身、手的各自運動軌跡和範疇。

第二步就是確定各自的運動模式和範疇。

第三步就是讓各自的運動模式和範疇有序地結合起來，形成整體運動。

第四步是整體運動瞬間加速，這其實是第三步的一個階段。把它單列為一步是為了幫助初學者在認知上從這種特殊的運動形式和我們日常印象中的發力之間找到一個交集，使初學者相信這種不練發力的訓練模式最後能產生發力的效果。

這個有點像公司運營。各個部門獨立發揮作用，然後在公司的整體運作機制下有序配合，向外界提供產品或服務，最後形成的結果就是公司賺到錢。

在拳術上，這就相當於是把力發出去了，運營機制越合理、效率越高，力就發得越好。公司管理越混亂，力發得就越差，如此而已。

可能很多朋友無法理解這個觀點。說到發力，大家會更願意接受類似「發力是類比弓箭、類比開槍開炮，或是模擬投石機」等這樣的理論。還有就是喜歡看前輩們示範那種看上去特別令人神往的發力動作，比如周身一抖、渾身一顫、六面一爭……

但別沉迷於這個，尤其別拿前輩那個「帥勁」當發力的感覺，更不可把那些動作當成發力的練習動作。那些動作純粹是勁力透體而出之後，身體呈現的一種自然現象。有這個也好，沒有這個也罷，並不影響你把勁力放透。

這就相當於是開炮的後坐力。炮彈的發射藥爆炸產生的後坐力讓炮身猛地後退了一下，而不是炮身猛地後退了一下把炮彈打出去。

如果硬要說形意拳有什麼發力訓練的話，那就是以下三點：

第一，身體徹底放鬆下來；

第二，透過樁功，根據一定標準改造自身的筋骨結構；

第三，按照正確的要領和原則，完成正確的樁架內外變化。

做到了以上三點，力自然就能發出來，而且威力穩定、靈活多變。根本不需要去練蓄發，或者專門的發力動作。

筆者對五行拳的定位也跟一些朋友理解的不同，在筆者看來，五行拳的地位完全沒有那麼「重要」。

這一半原因是對「形意拳的本質到底是什麼」的理解不同。另一半原因則是訓練手段選擇的不同——如果在理解方面大家差別不大的話，筆者選擇了一種比較折中、穩妥的路線。

筆者所學的形意拳中對於「內型——內動——內勁」的訓練程式大致如此，謹供大家參考。

第六章

八卦掌

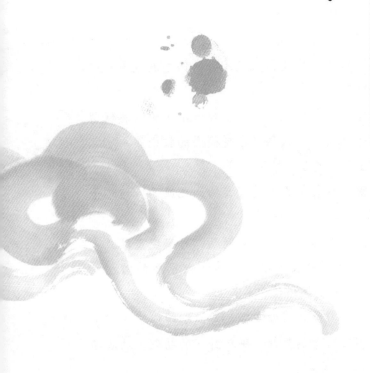

　　從李存義、張占魁前輩開始，形意拳、八卦掌就經常被提及，並相互比較。這兩種拳的修習者也經常相互參研，互相交流印證，亦不乏兩種拳同習者。

　　然而，內家拳研究者多習慣於從它們的共通之處進行研究闡發，它們的相異之處卻少見論述。尤其將它們做對比，從而點明八卦掌的特點、特長的則更少見。

　　但須知，它們有相同、相通之處，提供了它們能夠交流互鑒的可能性。八卦掌、形意拳兩門弟子代代交好、交流，必然是因為二者的道理和技術有所區別，且區別之處可以互補。

　　它們是因為有差異才交流，不是因為趨同才交流。否則，經過這麼多代人交流，它們早就成為一種拳術了。

　　孫祿堂先生創孫氏拳「三拳合一」，但依然保留著形意拳、八卦掌、太極拳各自獨立的技術體系，也就是保存了三者的差異性。

　　所以說，八卦掌肯定是有其獨到之處的，這才值得形意拳練習者去研究學習。

　　作為內家拳的研習者，我們應該將研究重點放在八卦掌的特點、特長，以及與其他內家拳的區別之上，這樣才更有研究價值和意義。

　　在這一章，筆者不揣淺陋，嘗試繼續以「內家拳體系」這個大概念為背景，將八卦掌的功理、功法的

獨特之處，以及其主要技術元素在「內家拳體系」中的地位和作用解讀一二。

請注意，本章節僅是筆者對八卦掌這一拳種的泛泛之論，並非專門講解哪一家哪一派的八卦掌理論或是技術。

第一節

八卦掌的立意

前文我們談到了內家拳改造人體時首重構建內型，而內型的基礎就是身架結構。

在一門成型的內家拳拳術中，該門拳術特有的身架結構是構成其體系的核心元素之一。因為身架結構是「改造人體、塑造人體新的運動方式」的第一步。無此一步，則後續功法無入手處，將來更不能用於實戰。

任何一門內家拳術都有自己獨特的身架結構，如形意拳三體式的第一重意義就是形意拳的身架結構。所以，形意拳才有「萬法出於三體式」之說。這就是為了向練習者強調這個概念，即形意拳範疇的各種動作都可以從三體式這個基礎身形架構開始。

前文我們論述了這個身體結構的構建過程。大家不難發現，三體式所代表的、體現的主要是一種「筋骨建構」的思路。這裡就有了形意拳與八卦掌的第一個區別：八卦掌的身架結構並不是筋骨結構，而是氣脈結構。

什麼叫氣脈結構？在「洗髓經」一章中，我們提到過人體的周身氣血可以視作一個無形軀體。由於氣血主要在經絡中運行，所以我們可以把人體的經絡網視作一個由氣脈連接而成的人體模型，也就是「氣脈建構」的概念。

當然，筋骨結構是支援人體的實體架子，八卦掌的氣脈結構並不能真的脫離骨架和經筋等實體而存在。但是，八卦掌的人體改造工程確實沒有止於筋骨層面，而是在筋骨建構的基礎上更深入一步，是以氣脈結構為主導。

所以說，八卦掌的身架建構的思路與形意拳不同，在後續功法、技術的特性方面也不相同。這就好比由不同的領導帶領同一個團隊，其工作方式也是不一樣的。當然，作為練習者，兩種思維兼備是最好的了。

一　八卦掌的身架：氣脈建構

（一）「氣脈建構」的概念

氣脈建構這種指導思想，或者說功法理論，可以視作洗髓經理論在八卦掌中的體現。正如形意拳功法體系的思想主線源自易筋經理論，八卦掌的功法體系可以看作是洗髓經理論在武術領域的延伸和發展。

大家在練習八卦掌的時候，可以從拳法的技術需求、功法設計的側重點、練功時出現的內感覺三個方面體會八卦掌體系與洗髓經的那種天然契合，非常有意思！

洗髓經賦予八卦掌的除了氣血功法理念外，最關鍵的就是「氣脈建構」的概念。

怎麼理解「氣脈建構」呢？這先要從傳統醫學的經絡學說說起。外在有形的經筋和內在無形的經絡合成經脈系統。這如同筋骨可以搭建起人體間架結構一樣，人體的經脈系統也可以構建一個經脈結構。

　　筋骨結構可以想像成樹木形態，樹冠撐開，枝繁葉茂，拳諺有所謂「玉樹掛寶衣」之說──這是初期，後期還可以將其想像成球體。這些大家多多少少都有個概念，或者聽過一些這方面的理論，大致有個印象。

　　那經脈結構是什麼樣的呢？

1. 經脈結構初期是以十二正經為主構成的結構

　　十二正經是有相應的有形的十二經筋的，所以理解十二正經的結構可以由經筋結構過渡一下。

　　十二經筋結構建成的要求是「大筋挑起」，這是一種筋骨強健、縱橫連絡的形態。與之對應的是經筋內的十二經絡自然就氣血充盈、經絡貫通。二者一表一裡，相輔相成，給人一種直觀的經脈形成結構的感覺。

　　經絡貫通之後自然就會產生某種氣血循環圈，這是人體自然具備的，練功只是進一步疏通、強化，並使我們對其有所感知。這種氣血循環圈也就是拳學上的周天。周天是經脈結構的主體，就像路網的主幹道、水網的骨幹。

　　有這個基礎之後就能形成初步的經脈結構了，這才是八卦掌所要求的經脈結構。

　　再往後，我們又會發現僅靠十二正經是不夠的，必然要拓展到奇經八脈，因為任督二脈、帶脈、中脈等脈的循行路線恰好是人體的橫向、縱向剖面、中軸，是人體結構的基本線，故也是經脈結構的基本線。更深層的經脈結構要先由這幾條經脈定下基本的框架。

　　由奇經八脈定下基本的經緯線和中軸，那麼後期的周天鍛鍊，如小周天、大周天、卯酉周天等就有了基礎的框架可依。

圖 6-1 人體的經脈結構是立體的，類似於交流道

　　氣脈結構發展到高級階段也是一種「渾圓」概念，與筋骨結構最後可以形成渾圓間架一樣。

　　幾個不同循環軌跡的周天相互聯絡貫通就構成了立體的經脈結構，就如同現在的交流道（圖 6-1）。

　　氣脈建構（經脈結構）大致是這麼個形態。氣脈為裡，經筋為表。八卦掌以氣脈為主，表現在身體構造上則經筋的形態與形意拳有很大不同。

　　拳諺有云：八卦如大蟒鋼鞭。這個鋼鞭類似於鋼纜承重繩（圖 6-2）那種鋼鞭，而不是竹節鋼鞭那種硬鞭。這與形意拳那種鋼架衝車式的筋骨結構是截然不同的，兩者的運

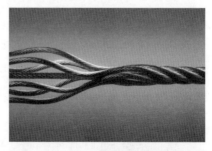

圖 6-2 八卦掌的經筋形態類似於這種擰成一股的鋼纜承重繩

動特性自然也是不同的。

我們把八卦這種身架建構方式稱為氣脈建構。明確了這個概念，可以幫助練習者意識到八卦掌建構身架的主體元素是氣脈，而不是筋骨。

這種建構模式的理論基礎是洗髓經。以洗髓經的思想所構建出來的「內型——內動——內勁」有其特殊的性質和運動模式。

2. 氣脈建構的創建過程

要建立人體氣脈建構的藍圖，首先必須強調「中脈」的概念。中脈在內家拳的氣脈建構理論中是一個居於核心地位的關鍵概念。

中脈在氣脈建構中代表的是中軸。尤其是在初學者對自身中軸沒有切實感受之前，先以中脈當作中軸在氣脈建構上的投影，這是一個方便之法。

其實，剛開始誰都不大可能有切實的中軸感覺，甚至不可能一開始就「練到」氣脈意義上的中脈，所以，只能先在意識裡建立人體結構上的「中」的概念。

為什麼非要這樣做呢？因為練習內家拳必須先有一個身架結構。前面說過，人體結構應當是平衡、均衡的。筋骨間架可以先以脊椎為中軸。氣脈建構就必須以中脈為中軸。中脈不容易感覺到，所以必須從一開始就在意識裡牢固樹立一個「中」的概念，以此為參照物去定位不同經絡上的點、線之間的空間關係。

這個結構上的「中」的概念是貫穿氣脈建構中每個周天循環的。每一個周天的側重點都是僅限於一條或幾條經絡。

有了「中」這條基準線，任何一組經絡的周天循環就都會圍繞著同一個核心來運作。這樣就不會造成整體氣脈建構的失衡。

故而，在氣脈建構伊始，中脈相當於起到了尺規、標杆的作用。中脈位於人體軀幹之中，所以以中脈為基準可以自然確定人體之「中」，也就是定

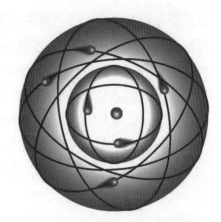

圖 6-3 八卦氣脈結構是周天的疊加複合，類似「經典原子模型」圖

下了氣脈建構之「中」。這有點像古代建城，先不修中央大道，但要在規劃中把中央大道的位置留出來。然後，以這條還不存在的道路為主軸建房、修路、通明溝暗渠、建城牆……這條中央大道也就自然顯現出來了，然後只要平整了土地，大道基本上就通了。

所以，以中脈為基礎定出中軸，然後逐步打通四周的經脈，即前任後督、左右維蹻，帶脈一周為壁壘，最後打通中脈，這就初步搭起了人體經絡的結構框架。人體的氣脈結構也就有了雛形（圖 6-3）。

注意：**這裡只談氣脈結構上中脈的意義，並且對整個氣脈結構的解讀也是只談結構上的概念，不涉及氣機運轉層面。**

經脈建構正確與否是以氣血是否通暢、順達為標準的。這與筋骨建構以勁力通達為標準雖有所重疊，但也有差異。經筋從屬於經絡，故而在氣脈建構中經絡以另一種方式將經

筋串聯了起來，構成了內家拳的氣脈建構。我們還可以理解成經筋以經絡路線為內在骨架搭建了一個結構，跟以骨骼為內在骨架搭建起來的間架結構不太一樣。在這個結構關係中，無形的經絡是骨架，柔韌的經筋為維繫，堅硬的骨骼反而變成了輔助支持。這與形意拳的間架理念正好相反。

這種聯絡方式使得八卦掌能做出很多古怪、獨特的動作。這些動作如果要在骨架結構的狀態下完成是非常吃力的。所以有「八卦如龍」之說，八卦掌盤架不見棱角，有柔若無骨之感。

（二）氣脈建構需從養氣、煉氣入手

在實踐中，氣脈建構的建立是要以氣感為主要引導的，尤其是練習初期，練習者是非常依賴氣感的。

這個氣感絕非來自單純的臆想，或者不知真假的某種感覺，而是來自真實的氣血充沛感、氣血流暢感和氣血通達感。尤其是氣血在經絡中自然地運行，不同經絡串聯起來會形成真實的周天運行之感。

氣血真實地充盈起來才能有真實的氣感。氣血必須真正地滋養經筋且直到經筋強壯的程度，才能讓經筋發育到能承載周天循環的強度。周天循環圈只有穩固到了幾乎有形有質的程度，才能足夠支持氣脈建立立體的「建構」。

筆者所學的八卦掌理論認為，練八卦掌當從養氣、煉氣入手，須先培養氣血。具體方法，除了前文介紹的洗髓經功法和無極樁功法外，專屬於八卦掌的煉氣法門就是走轉。走轉就是俗稱的八卦轉圈功法。這個功法有一個重要的作用就是煉氣，除了有通常的培養壯大自身氣血的功效之外，師傳

還有稱為得氣的功效，即「得天地清氣以補我身」的意思。

　　得氣的要領在於走轉時要注意渾身放鬆，尤其要心靜，這點最為重要。隨著練功日久，鬆靜功夫達到一定程度後走轉時能感覺自身像飄在空中，進而逐漸有自己融入天地之間的感覺，即得氣了。這也可以視為洗髓經的靜功思想在動功中的進一步闡發。由此可見，內家拳確實是對易筋和洗髓功夫的發展。

（三）氣脈構成的渾圓結構是內渾圓

　　氣脈建構的最後目標也是建立一種渾圓結構。這種渾圓狀態不靠筋骨間架撐圓抱球以顯形，所以我們稱之為內渾圓，也有同道根據其特殊形態而稱之為軟渾圓。

1. 內渾圓是氣脈形成的渾圓狀態

　　這也就是說，氣脈建構不是搭成人形結構就算完了，還必須形成渾圓態。這種以「氣」為主導形成的渾圓，以氣脈周天為骨架，襯以筋骨，又蒙以筋膜，從而形成球狀的渾圓態，這就是軟渾圓的意思。

　　既然稱為軟渾圓，那麼無論是作為虛質部分代表的、各種周天相互聯繫形成的周天結構的形態，還是作為實質部分代表的、筋膜勁力舒張充盈的形態，都必須練到渾圓如球的狀態方可稱為渾圓。

　　軟渾圓不以骨架為支撐結構，而以內氣和筋膜張力為內在支撐，所以它表現出的樁架特點是彈性而不是剛性，尤其是不露外形。正是因為有這種特性，八卦掌的勁在孫氏武學理論中被形容成鋼絲球。

2. 臟腑的氣脈建構是內渾圓球的「內膽」

內渾圓的構成要素不僅僅有氣脈、筋膜，還包含臟腑之間的氣脈建構。內渾圓是以氣為本。這裡說的氣是指維持人體運動所需的能量，當它被養練到能充盈全身、運行強勁、強健有力，足以成為身體很多功能運轉時的主導，方可說是「以氣為本」。同時，「氣」（能量）這個概念還強調不同的人體功能的作用。

氣的不同功能主要表現在臟腑的不同功用上（對此類概念有興趣的朋友可以查看中醫理論）。形意拳的五行拳功法主要對應五臟。八卦掌的內功有所拓展，涉及六腑。

從十二經的氣血循環方向來看，是從五臟六腑流出或注入。同時，五臟六腑之間也是有直接的內氣循環的。它們按照內功修煉的原理聯絡成一個結構，即臟腑結構。這是一種功能性結構，可以強化臟腑之氣的作用。同時，臟腑之間的各種內氣聯絡方式還會產生不同的功能差異。

氣在行周天的過程中，融合臟腑之氣以強化功用，獲得不同的增益效果，就是臟腑結構的作用。這才是完整的內渾圓概念。

具體的臟腑結構及其內氣聯絡方式，各家有各家的法門，本書就不詳細舉例了，各宗各法即可。僅說一個大家熟知的例子，即所謂「心腎相交」的說法。如果將它降低到拳學意義的層次，就可視為是一種臟腑結構。

第二節

八卦掌的運動模式：圓運動

　　八卦掌的內動和外動模式都是圓運動。這個提法可能很多朋友會覺得是故作高深，形意拳的翻浪勁、起鑽落翻模式表現的不也是圓嗎？而且很多拳法都有圓運動軌跡。

　　八卦掌的圓運動又有何特殊之處而值得單獨拿出來說呢？這個還是要從「內動——內勁」上分析。

　　八卦掌的內動方式與形意拳是有很大差異的。老輩常說：「形意直中求、八卦變中求。」這裡的「直」和「變」不僅僅是說形意拳走直趟子、八卦掌轉圈這麼淺層次的差異。應該說，正是因為兩種拳的內動方式有根本性差異，才造成了這種外在運動形式上的明顯區別。

　　形意拳的「內動——內勁」的指導思想還是偏「直勁」，正如大槍勁的靈魂是最後那一紮。大槍的攔拿之法雖然「以圓機為之本」，但終究是為了服務於那一紮。說白了，起鑽落翻、走圓劃弧是為了與行家裡手爭勝機，碰上俗手、庸手，或者已經得機得勢，還費那個勁幹什麼？「不鑽不翻、一寸為先」，那可是寫在譜上的。

　　而八卦掌的內外運動的指導思想就是走圓，內動模式是自轉、公轉，外動軌跡（身形步法）是大圈走、小圈變，最後用的技法和勁力也是以各種圓勁為主。與其他拳法相比，

這一點確實是有些特殊。八卦掌的「圓」，可以說是一個複合性概念。

一 八卦掌的總體運動模式是三維空間中立體的圓運動

這怎麼理解？

首先是三維空間，其次是立體，最後強調的是圓運動。

（一）三維空間

這個概念強調的是練習者頭腦中的空間感應該是三維的，而不是二維的。空間感，簡單來說，就是空間定位能力。那什麼叫三維、二維呢？兩者有什麼區別？

打個不太恰當的比喻，這好比是地上的老虎和水中的游魚。老虎的運動方向主要是「前、後、左、右」，基本上是在一個二維平面內運動。而游魚除了前、後、左、右，還可以在水面和水底之間的區域進行大幅度的升降運動。等於比老虎多了一個縱向維度。魚的運動就是三維空間運動。

大家還可以做個實驗來理解三維空間。請先站在一個地方，或者坐在椅子上也可以。然後，以自己為原點開始嘗試感知身體周圍的空間。

這時我們最先感知到的是自己正面的空間區域，也就是「前」。我們的眼睛長在臉的正前方，所以很自然地就能建立起來對前方區域的空間感。說具體點就是進入這個區域的人或物大概距離我們有多遠，其行進軌跡大概與我們的中線處於一個什麼角度，是比較容易判斷的。

　　有了「前」就可以很自然地感知到「後」，也就是我們背後的空間區域。這樣我們就建立了一維的空間感知。不過，因為沒有視力支援，所以我們對「後方」的空間感會比「前方」弱很多。雖然也能投入一定的注意力，如果後方來人或有物體接近，我們會有所察覺，但不易判斷其距離和方位。

　　明確了「前、後」，我們可以把感知能力往左、右調動，從而感知到左、右空間。這樣我們就建立了二維的空間感知。不過一般人對左、右兩側的空間會有一種奇特的「陌生」感。雖然左、右兩側近在咫尺，但給人的感覺卻如同隔壁陌生鄰居的屋子──一直知道它們在那裡，但自己從來沒進去過。這就是因為我們對左、右兩側的空間感知太弱了。

　　如果左、右的空間感只是弱，那麼，到了上、下時一般人的空間感就約等於沒有。就算你想投入注意力，也不知道該怎麼辦。如同把一個人突然丟進了宇宙中，沒有參照物，你都沒法給自己做空間定位。但幸好我們還是處於地面上，所以建立一個基本的上、下概念還是可以的。

　　在靜止狀態下，我們可以是比較從容地建立一個相對清晰的，具有前後、左右、上下六個方向的三維坐標系。

　　然後，我們試著動一動，走兩步。

　　向前走是最自然的、最舒服的。向後走也行，但是會有一點兒缺乏安全感，怕撞到東西，怕摔倒。

　　橫向左右移動（不能轉身，直接橫移），會感覺有點彆扭，走不了那麼俐索。上、下運動時一般人能做到的就是跳一下、蹲一下，除此之外，大腦裡就沒有能對應的其他動作了。

　　須知，你的身體是不敢向感知能力覆蓋不到的區域運動的。就算大腦強迫身體去，身體也會抗拒，會採取自我保護措施。

　　這個大家也可以實驗：你現在閉上眼睛，就算前面是一馬平川，你都不敢像睜著眼的時候那樣大步流星地往前走，而是會很謹慎地小步往前蹭。

　　所以，在拳術訓練中，空間感知能力的培養和應用是很重要的一環。而且，要應對的局面越複雜，空間感知能力就必須越全面。

（二）立體運動

　　所謂立體運動就是三維空間感的延伸。當習練者意識到自己是在三維空間中運動時就有了將動作放在三維空間中做的可能。這就會改變「只能表達出動作的起點和落點，中間過程只能含糊過去」的動作習慣，而能夠做到將動作主幹放在起落之間的那段時間內完成。

　　什麼是「只能表達出動作的起點和落點」呢？這就好像我們要跨過一個水窪，普通人只能做預備起跳和跳過落地這兩個動作，而當身體處於水窪上空時身體是不受自己控制的，是被動的運動狀態。

　　當身體不受自己控制，處於被動的非動作態時，這樣的「運動」在內家拳理中是不被承認的，是無效運動。

　　如果用畫圖來表示的話，當我們除去無效運動，僅統計有效動作時，整個動作軌跡就表現為點到點（圖 6-4）。這種只有起點和落點清楚的動作是非立體的，在拳理中就不算三維動作。

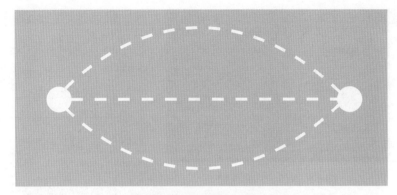

圖 6-4 虛線部分是無效動作

圖 6-5 圖中仰泳動作軌跡是完整的

　　而三維動作就好比籃球運動中的滯空動作，是主動控制身體的運動。這個比方雖有些不太恰當，但可以說明這個意思。

　　起落點及空中運動都是有效的、清楚明白的動作才是三維立體動作。當我們畫圖來表示時（圖 6-5），即點在方向線上的移動軌跡要完整，不能有無效動作打斷這個軌跡。

　　三維立體運動必須是有效動作。這意味著首先是有具體動作，而不能是靜止的。其次是動作是主動的。最後，動作是飽滿的，是鋪展到整個三維空間裡向六面延伸的。

圖 6-6 水母的六面運動

圖 6-7 單換掌式

最典型的例子就是水母的運動（圖6-6）。

若想做到這點，如果單憑想像去操控身體模擬這種運動是很難達成的。

最簡單的辦法就是換個思路：給身體創造不得不進行三維立體運動的條件，即直接把身體放到三維空間中，好比直接讓身體處於滯空狀態。此時身體做出的動作基本就是三維立體的。

八卦掌是怎麼表達三維動作的？這體現在八卦走轉功法之中。習練者在練習八卦走轉功法時可以把身體分為三個部分：雙臂、中軸、雙腿。

在練習走轉時，這三個部分是按照功法原理互相協調、互相配合進行運作的。以單換掌走轉（圖6-7）為例。

首先，在走單換掌時，雙臂是不動的。

其次，在走單換掌時，雙腿要走轉不停，走轉起來如同行雲流水，沒有間斷，兩腳不斷交替前進。

最後，最關鍵的就是中軸，不易理解的話先理解成軀幹

也可以。在走單換掌時，中軸是在一腿落地、另一腿即將抬起之時單獨運動的。這就是說中軸並不是被雙腿托著運動而自己不動，這點跟雙臂不同，中軸是會自己主動運動的。

還有一個關鍵點：**它運動的時機是在兩腿交替之時。**

這是一個什麼時間點？這恰好是身體處於三維空間中單重狀態的瞬間。當兩腿都落地時，身體由雙腿支撐就是雙重狀態。而當我們的重心並沒有腿支撐──一腿即將抬起，另一腿剛剛落地，還未站穩──這一瞬間並沒有腿真正支撐身體，身體這時處於瞬間的單重狀態。這就使得軀幹部位（中軸）處於三維空間之中，好像龍騰空而起了一樣（類似於籃球運動中的滯空動作），這時中軸主動擰轉向前。

這就是八卦掌單換掌走轉的三維運動方式，也是最基本的三維運動方式。

八卦轉掌功的所有掌式的主幹動作都是在兩腿換步之時由中軸（軀幹）主動完成的三維運動方式。

當我們處於三維運動中時就自然具備了向六個方向（三維）運動的動力。這可以從八卦掌的其他掌式中清楚地體現出來，典型的就是獅子滾球掌。

如果沒有中軸在兩腿換步之時主動運動，則走轉功法也只能算是如同蛇爬行一樣的二維運動罷了。

綜上所述，在三維空間感知與三維立體運動方面，八卦掌確實有自己的獨到之處。

（三）圓運動

圓運動顯著表現在八卦掌的身法和勁力方面。

1. 八卦掌的身法是不停旋轉的

這不是由步法走圈帶出來的，而是軀幹的核心，即中軸主動自轉產生的。如果對中軸沒感覺，可以先理解成「骨盆——脊椎」這個中樞。

例如，單換掌就是練習中軸做最基礎的正轉圓和反轉圓。身體中軸的圓運動產生了身法，進而產生了走圈的步法，而不是步法產生了身法。內動產生了外動，而不是外動拖著內裡動。兩者的主從關係一定要分清。

八卦掌的小八掌、大八掌、六十四掌等升級變化，其實就是各種圓的複合疊加。雖然圓的軌跡不一定是正圓，可能是各種圓的變體，但一切運動不能脫離圓的意識和中軸的圓轉變化。這是八卦掌的身法準則。

2. 八卦掌的勁力是「圓勁」

正因為八卦掌的內動是圓運動，所以產生的內勁也是「圓勁」。如果對圓勁沒有直觀認識，可以看看電風扇葉片或者圓鋸（圖 6-8）。

也就是說，八卦掌的勁走的不是圓周那一圈的邊，而是從圓的軸心到圓周都圓滿無缺的一個整圓面。走這個勁時必須一氣呵成，中間無有斷續，勁力均衡不偏，不可一停一頓或忽強忽弱，這才能形成「圓勁」。

圖 6-8 圓勁類似於圓鋸的切割原理

沒練過八卦掌的人可能

不太好理解這個「圓勁」有啥用處。這種勁力的特殊性可以從片旋掌中體會一二。這裡說的不是片旋掌的招術動作，而是片旋勁。這個「片」就是片烤鴨那個「片」。你看廚師用刀把鴨肉一片片地從鴨身上削下來，那個片是很輕、很薄的切入感，而不是劈、剎。

「旋」是少數民族吃羊腿時先用刀尖桑進肉裡，然後推動刀身轉一圈而旋下一塊兒肉來，用的是「旋」勁。這種勁隨著身步轉動就發出來了，而且勁力軌跡合圓，具有自然的連貫性，不用使很大的力氣，不會干擾八卦掌走轉的節奏。

「圓勁」是八卦掌的基礎性勁力，八卦掌的勁力變化和升級都以此為本。

3. 八卦掌的主要手法軌跡也是圓形

這不能算是顯著的特色（因為太極拳也是如此），因此不必特意強調了。這三個要素裡面含有一兩項的拳種有很多，但同時滿足三項條件的確實不多。八卦掌是身步、勁力、手法三方面全部合圓的代表性拳種。

二　八卦掌的圓運動軌跡形成球體的各種截面

八卦掌的椿架結構在空間中的整體變化就像一個螺旋的鋼絲球（圖6-9）在滾動。這是比單純的平、橫、縱、斜等圓運動更複雜的運動模式。

因受人體結構所限，我們不可能

圖6-9 螺旋鋼絲球

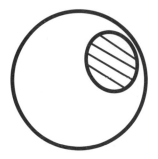

圖6-10 陰影部分為身和手運動軌跡截取的區域

真的把自己聚合成一個封閉的球殼。所以，八卦掌的各種動作都相當於各個方向的扇面、弧面，然後這些動作的軌跡在三維空間中合成了一個球形輪廓。或者說，各個動作是在一個球體的框架上截取部分區域。比如，單換掌的身和手運動的軌跡相當於在這個球面上截取了一個圓形區域（圖6-10）。

所以，大家研究八卦掌的圓運動時一定要結合它的氣脈建構的思想去理解。八卦掌的本意是想構建一個球形結構（渾圓態）。但是受人體結構所限，我們的四肢不可能像蚌殼一樣完整地合攏起來。八卦掌採取的辦法是複合、疊加由各種球形截面的運動，建立一個動態的球形結構。所以，各家八卦掌的基礎八掌或稱定式八掌，基本上都是在構建球體上的經緯圈或者弧面。

三 練八卦掌時的軀幹運動軌跡是偏心圓運動

圖6-11 白色圓形是軀幹的運動軌跡

練習八卦掌行步走圈時，軀幹在空間中的運動表現出來的是偏心圓（圖6-11）的軌跡。

這裡需要注意，不能把八卦掌的身體移動軌跡想像成單純的正圓運動，

即不能只考慮自轉（自身的轉動）或者只考慮公轉（繞圈運動）。八卦掌的行步走圈是一種公轉與自轉相結合的圓套圓的運動模式，只注重某一方面而忽略了另一方面則無法保證功法的效果。

八卦走轉必須同時兼顧公轉與自轉，尤其要注意揣摩這兩種轉法之間互相磨合、互相促進的效果。偏心圓運動模式比單純的正圓運動對身體能力的要求更高。

四 圓運動對關節、筋骨、氣血的需求更高

八卦掌的複合圓運動模式對身體活動量的要求突出體現在各個關節處。這種立體的、多向的圓運動要求各個關節活動量更大、活動能力更強。這是在練八卦掌時格外需要留意的地方。

無論軀幹大關節還是四肢小關節，八卦掌都對其提出了比一般性的骨節轉動更高的要求。所以練八卦掌必須要「開關節」。一般鍛鍊關節的要求可以稱作「活關節」。「開關節」則是比「活關節」更進一步。

「活關節」練到產生近乎脫臼式的質變時，才能稱為「開關節」。具體來說就是關節內要伸展出更大的「活動空間」，即兩個骨節之間的關節囊要舒展開，而不僅僅是骨節間相連的筋腱的「柔韌性」增強。

關節要具備更強的活動能力，而不是靈活性。也就是說，不是只要靈活就夠了，還必須有足夠的韌性和強度，以支撐身體完成一些大幅度擰轉、下勢等明顯超負荷的動作。

結合前面的內容，我們可以把易筋經的原始功法視作對

人體筋骨的「正常」級鍛鍊，把形意拳視作對筋骨的「加強」級鍛鍊，而八卦掌則是對筋骨的「變態」級鍛鍊。

滿足「變態」的筋骨鍛鍊要求就必須要有氣血的參與，於是自然引入了增強氣血方面的內容，也就是洗髓經的功法。

所以，八卦掌的「打開」關節並不只是在筋骨層面下工夫。一般人認為的那種單純的抻拉拽磨是絕不可取的，因為那樣做不僅不可能做到「開關節」，還極有可能對關節造成不必要的磨損。

八卦掌的「開關節」是用洗髓經中的「自我按摩」的思路，在保證氣血供應充足、周身氣脈通暢的前提下，透過拳架動作慢慢地把關節揉開。習練者在練習過程中要放鬆、柔和、走圓、不停地疏通氣脈，以更充盈的氣血去濡養關節，包括利用氣血反覆衝擊經筋縮緊之處。

這樣氣脈、氣血在「開關節」的過程中也同步得到了鍛鍊。這也是八卦掌功法契合洗髓經功理的例證之一。

五 八卦步練的不是步法

八卦步練的不是步法，而是腿上的功夫。

注意：**這裡說的是八卦步，不是八卦走轉。**

二者是有區別的。八卦走轉是一種綜合性的功法，而八卦步僅僅是組成走轉功法的元素之一。

什麼叫步？腿移動一段距離，從而出現了明確的空間位移，這叫步。不同的位移方法就是步法，如直進步、後退步、斜行步、三角步、四門步，等等。

但八卦步不是為了練這種位移。八卦步練的是腿上的功夫，所以它是功架，並不是步法。練八卦走轉時，一步的距離大小不是看你的腿能邁多遠，而是看你的腿能伸展至多遠。這如同練易筋經時伸展手臂一樣，用「伸懶腰」的勁把腿部的筋骨完全伸展開，不要再有任何多餘的位移。這是八卦步的行步功夫，鍛鍊的是腿部筋骨的伸展能力。

這好比把一塊本來折疊起來的布鋪展開來，占了很大的面積，但不能說這塊布產生了位移。

這是八卦掌的基本的基本、根本的根本，所以武術界認為八卦掌實際上是腿上的功夫。

這種行步功法練的是腿上的骨節、經筋、經絡，目的是既要把髖、膝、足三節練靈活，又要把腿上的足三陰三陽經練通，氣血能到達腳趾尖，相應的經筋能灌上勁。

凡是走圈時腿沒有舒展到位的都是在練步，不是練腿，沒法得到切實的好處。身、腿、步的關係好比是俄羅斯套娃，一個套一個，層次分明。腿上的功夫若是練不明白，身、腿、步就分不清了，八卦掌的功夫也就交代不清楚了。

八卦步首先要練出來的是符合八卦掌基本規範的一步。這所謂的一步是指兩腿的筋骨間架做一個開合。這個開合的幅度是由兩腿之間所有的關節、經筋的伸展量決定的。自身的筋骨韌性、強度最大能伸展多少距離就伸展多少，不要有任何位移。這好比打開一個人字梯，你把梯子的兩腳打開，支在那裡就行了，不用再挪動。這一步對八卦掌來說就如同先學數字「1」，後面才好學「2、3、4、5…」，然後再學加減乘除等。

後期練的八卦掌身步法則是鋪開和位移的結合體，二者

缺一不可。這其實是「腿部功架＋位移方法」形成的步法，本質是一種「拿腿當手用」的思路。正如形意拳的上盤手法其實是易筋經功架和拳法技術相結合形成的。八卦掌也是用這個思路，只不過是從下盤練起而已。

這跟固定好某個步型，然後進行位移所形成的某種步法的練法是不同的。所以，八卦掌並不講究走什麼專門的蹚步之類的步法，因為「腿部功架＋位移方法」的走法自然就是蹚趟一體了。這是八卦步要練的東西。

六　八卦掌圓運動的本質：周天運轉

（一）「通周天」並不神秘

上文講到了在氣脈建構中周天的作用很重要，可能會給人一種氣脈建構很難的感覺，因為大家通常會覺得「通周天」是很難的事。

確實，「通周天」並不簡單，但是在拳學範疇裡大家也不必把它想像得太難。這就好比考試，若是想考 100 分固然非常困難，但是要考 60 分，則是努努力就能達到的事情。「通周天」也是一樣，並不是考到 100 分才算「通周天」，有 60 分就夠了。

在內家拳範疇內，任督二脈的氣血循環順暢就可以稱為「小周天已通」。這聽來好像過於簡單，但如果按照佛道修行標準的要求，這確實是不容易練成的功夫。但是我們談的只是內家拳範疇內的周天，其境界與概念並不與修行的概念和標準相同。我們甚至可以說得更直白些：內家拳這種調理

身體的周天功法的要求不需要太高。只要大家認真按照周天功法的標準去練，人人可練成。

　　「通周天」的功法，也是分很多種類的。比如常見的所謂「通周天」大多是「意通周天」，因為多是需要意念引導產生「通周天」的感覺。而這個周天感基本由意念想像的循行路線而產生，並不一定真的是練到經脈了（當然也不是說絕對不可能練到）。

　　本門觀點來看，並不主張這種周天練法。本門所宣導的「周天法」究其原則來說，是透過固本培元，養足氣血，氣血充盈後自會按照十二經絡和奇經八脈的軌跡循行。

　　這一切都有賴於氣血養足自然而行，並不過多藉助意念引導。這既是自然會發生的，也是必然會發生的。待氣血養足後，你想不讓它循行都不行。所以，這種「周天法」簡便易行，原理也比較簡單，也不會出現一些朋友擔心的出偏、練錯問題。只要自己不亂想，想出問題都難。只要堅持鍛鍊，人人可行，並無神秘之處。

　　至於真正的佛門、道家的修行者用的周天功法及其理論則根本不在我們討論的範圍之內，也不必多想這方面的問題。強調一下：**我們所談論的理論和方法都限於內家拳範疇。**

　　本門「周天法」的練習順序是先通小周天（任督周天），待小周天練習有成後自然會帶起大周天循環。這都是水到渠成的事情。

　　再次強調一下：**本門所宣導的「通周天」功法並無神奇之處，無非是經筋、經絡、氣血鍛鍊有成後的一種自然結果，大家不必過多解讀。**

雖然我們一直在說「通周天」並不高深，但這種說法主要是針對混淆內家拳的周天概念和修行界的周天概念的現象，是「矯枉須過正」的說法。實際上周天是內家拳功法體系中一個不可或缺的元素，在內家拳中起著重要的作用，所以我們不可輕視它。

正確對待周天的態度是認真學習內家拳的原理、原則，按照功法體系的標準認真練習，建立起對周天在內家拳中的作用的準確且符合實際的認識，不做任何無意義的猜想和過多的聯想。

（二）周天與八卦掌的「內動—內勁」的關係

八卦掌的身架結構是氣脈連接而成的，所以八卦掌的內動其實是內氣在經脈中運行，引發氣脈所統攝的經筋、經筋串聯的骨骼、骨骼上附著的肌肉共同運動所產生的。氣脈連接之後會自然形成周天，所以八卦掌的「內動—內勁」模式是自然契合周天運轉軌跡的。周天在八卦掌中不僅起到了構建結構的作用，還有規範運勁（發力）模式的作用。

形意拳的發力是由勁力的通達感來逐步建立和修正自己的運勁模式。八卦掌則是透過氣脈的通達感來建立和修正自己的運勁模式。

也就是說，八卦掌的運勁從一開始就是以氣為主導的，所以其軌跡自然就合乎周天運轉的路線。反過來說，八卦掌的動作只有與周天軌跡相合才能保證氣脈內的氣感通暢，從而運勁順達。這是一種必然的因果關係。

在介紹易筋經的時候，我們提到過煉氣必須騰膜。八卦掌這種以氣運勁的模式，相較於經筋的作用，更為強調筋膜

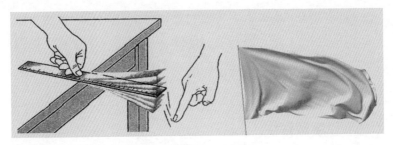

圖6-12 八卦掌發勁的「剛」與「柔」

的作用。所以，八卦掌運勁發力可以表現為軀幹四肢交叉貫通，整體間架呈現柔韌彈性的擺搖式發勁形態。不同於形意拳的剛體結構明顯、軀體「整塊」平移的發勁形式，八卦掌的發勁可以說是剛如鋼尺彈振、柔如樹枝搖曳或旗幟舒捲（圖6-12）。

八卦掌的這種運勁模式修煉到高境界就是所謂的「旋風勁」，即以中軸撐身，以身帶步，做高速的正轉、反轉、旋進、旋出，而身步運動能自然衍生出強大的離心力和向心力。

七 八卦掌內外圓運動的核心：鬆腰

修煉八卦掌功法，登堂入室的關鍵要領就是鬆腰。千萬不要以為這個很簡單，或當成是一句圈裡的套話——太多內家拳都強調要鬆腰了。這個要訣內涵很豐富，很多要領、要求都融合進了鬆腰裡。

（一）鬆腰得氣

前面我們談了八卦掌以煉氣為本，而煉氣需要鬆腰。

打開中焦（氣脈上下貫通的要道）的關鍵在於鬆腰；啟動兩腎與命門（氣之源頭）的關鍵在於鬆腰，所以有「把握住腰隙練功」之說；貫通中脈的要點也在於鬆腰，中脈是煉氣、用氣之首脈。

（二）鬆腰練脊柱

八卦掌的身體動作主要依靠脊柱運動來完成，所以練活、強健脊柱是八卦掌功法的重要任務，而活脊柱的關鍵在於活腰。

腰鬆不開，脊柱就不能上下貫通；腰鬆不開，也就練不到尾椎，整條脊柱就缺失了根部兩節，也就談不上整體鬆活；腰是掌控脊柱靈活變化的部位。整條脊柱的舒展不是從頸椎舒展到尾椎，也不是從尾椎舒展到頸椎，而是從腰向兩頭舒展，所以鬆腰是活脊柱的關鍵。

內家拳中的「塌腰」要領就是服務於這個目的的。要展現身法變化的靈變時也是要求「調（ㄉㄧㄠˋ）腰」。

（三）走轉功夫在於鬆腰

八卦掌是身法拳而不是步法拳，盤活身法的要點在於腰。走轉練的是兩腿的功夫。兩腿的根最終是接在腰上的，而不是依靠腿部有什麼特殊的竅門練出來的。所以，練活兩腿的關鍵在於練腰，在於鬆腰。

因此，八卦掌內外圓運動的核心是腰功，而腰功的基本功就是鬆腰。

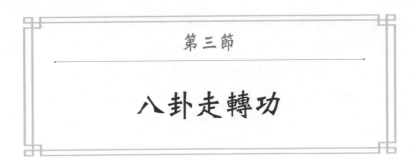

第三節

八卦走轉功

走轉是八卦掌的基本功。我們前面提到過八卦掌的功理和洗髓經是一條線下來的。八卦掌所使用的築基法門「鬆靜、養氣、練脊柱」與洗髓經完全一致。

洗髓經功法中的行步法融入八卦掌內，與八卦掌固有的行步功法相結合，互參互助，逐漸發展成了八卦走轉的功法，其要點在於以脊柱運動來帶動兩腿行步。原理簡單，但是功效強大，內涵豐富。

下面針對這些內涵簡單談談八卦掌走轉的功法。

一 八卦走轉的圈

八卦掌走轉的圈有大小之分。大圈，有八步圈、十六步圈、三十二步圈之說；小圈，則有四步圈、三步圈、兩步圈、一步圈之說等。其中，八步圈是最常規的走法，也最為適中合用。至於這八步圈要走多大，周長要達到多少，這就因人而異了。

前面我們說過，八卦步的起始階段是功法。它的練功目的不是走多少步湊成一個圈，而是先練習下盤的開合功。每一步的步幅都是下盤功架開的幅度。因此，八卦圈的大小是

根據自己的步幅（下盤開合的幅度）確定的，不是以人為制定的規矩為準。

你的步幅要以你自己恰好把一條腿伸到頭（不太吃力，又不太輕鬆的一步）為基準。這個步幅以後就不變了，左右腳皆是如此。然後，走轉八步，圈定一個圓，這就是你走轉圈的大小。

至於十六步圈，則是為了把身體走開，有類似伸筋拔骨之效，是訓練極限走的能力。三十二步圈則是跑圈，不是走的，那是另一種練法。而四步圈、三步圈、兩步圈、一步圈皆是為了滿足訓練實用能力的需求。在此不贅述。

二　八卦掌走轉主要是鍛鍊下盤

八卦掌的下盤是個廣義概念，比一般的「胯、膝、足」的下盤概念大。具體地說，下盤是由腰（脊）、胯、腿三大節共同構成的。要確立好下盤的運動模式，這三大節是在同一條邏輯線上。

沒錯，八卦掌走轉鍛鍊下盤的目的就是要確立下盤的運動模式，確定好下盤各部位之間的秩序關係。這跟上盤其實一樣，廣義的上盤也可以視為是由胯、腰脊、手臂三大節共同組成的。

腰胯是如何帶動手臂運動的？何處為主動、何處為從動？手臂運動時走了什麼軌跡？腰胯又走了什麼軌跡？這幾種軌跡是如何咬合在一起的？這些就是運動模式和秩序關係需要確定的方面。上盤的運動模式好練，秩序關係也好確定。畢竟人的上盤比下盤更容易感知、操控，一些主動、從

動的邏輯關係在頭腦中也更容易理解。

　　但是下盤難練，下盤各節都不易感知到，也不易操控。尤其下盤承擔著支撐身體和移動身體的功能，一些在上盤看來很容易理解的邏輯關係，在下盤來看就不好操作了。

　　比如腰胯帶動腿部運動能在踢腿和邁步時形成統一的感覺嗎？如果說腰胯帶動運動腿可以做到，那麼支撐腿是否也是腰胯帶動的？支撐腿和運動腿之間的關係又是怎樣的？如此等等，很多此類運動模式和秩序關係上的問題需要在走轉功法裡解決。

　　由此可以看出，常人日常的步態和下盤的動作模式是不符合內家拳標準的，尤其在涉及重心調整、姿態調整、身體均衡等方面時，常人的處理方式比較簡單——只需達到能用就好、夠用就好的程度，但是容易出問題。所以，我們也經常聽說一些因步姿不正確而導致的身體問題。

　　八卦掌要求的步態是比較複雜的，它既提出了對正確步態（涉及身體的均衡、平衡、穩定、端正等方面）的要求，又提出了應對複雜情況的步態（涉及各種極端情況下的身姿調整、重心調整、步法調整等方面）的要求。這都要求我們學會新的走路方式，這與常人走路是絕不相同的。人的步態原本也不是天生就正確的，是需要學習的。

三　八卦掌走轉的要領　▶

　　走轉看上去像走路，但實際上它是一種綜合性鍛鍊身體的方法，因為人能夠做到直立行走，這本身就對全身提出了很高的要求。

在行走時，人全身的各個系統、各個部位都在盡力完成各自的工作以利於行走，也都在進行密切的關聯活動以確保整個行走過程的協調與穩定。行走時，腰、胯、腿、頭部、肩部、雙臂等部位都會參與到行走動作中來，都有自己的任務。尤其是脊柱和骨盆這對核心組合，更是極為關鍵的一環。

說走轉是八卦掌的核心功法絲毫不為過，走轉確實有極大的鍛鍊價值和鍛鍊意義。本小節就介紹走轉的一些細節。

（一）裡直外扣

走轉時注意一腳走直，另一腳走扣，這是裡直外扣的走法。

比如向左轉，則左腳是裡腳，右腳就是外腳。走轉的時候，裡腳一直走直線，而外腳則是在落腳的時候內扣一下。

注意：**外腳不是開始就扣腳，只需要在最後落腳的時候扣一下就可以。**

一腳走直，另一腳走扣，體現在身法上就是一橫一豎的變化。所以，這本質上是以直扣的走法變化在走轉中不斷地鍛鍊橫豎互補互變，這點大家可以多多體會。

（二）腰身擰轉

走轉時要注意鬆腰。

鬆腰和走轉是一體的。越走腰越鬆，腰越鬆則兩腿也越鬆，走轉得也越好，這是一個互相促進的關係。

走轉軌跡呈圓形，會自然形成一種擰轉勁，這股勁會影響身體，達到擰鬆身體的效果。此時可以逐步嘗試加上腰身

自主的擰轉勁（不必一開始就這麼做），從而把腰鬆得更好。

走圈帶來的擰轉勁是公轉，自己主動加的擰轉勁是自轉，自轉與公轉相呼應就是走轉功法了。

（三）走轉不停

走轉是動態的功法。

無論是第一天練走轉，還是練了幾年，都要注意走轉起來就要有勢動不停的意思。也就是一直走，中間不能有停頓，不能有停頓下來的定式。無論你走得快還是慢，不停的意思都是一樣的。

走轉時，人體是處於擰轉的體態，唯有不停才能讓功法活起來，讓全身在走轉中充分鬆開、活開，讓氣血行開。這就如同一個陀螺，只有不停地轉才能保持直立，一旦停止就會倒下。走轉的旋轉態才是功態，只有不停頓才能保持功態的持續，一旦停頓就失去意義了。

（四）下盤建構

走轉時一般常用下沉掌或抱月掌的掌式，其中下沉掌最為多見。

走轉時要注意兩臂如抱球那樣的抱成圓，這就是上盤的結構形態。同樣，下盤也有自己的間架結構，兩大腿骨之間也要抱成圓，也是如抱球那樣，這是下盤的結構形態。

下盤結構除了可以從站樁中練習，在走轉中也可以練習。走轉即行樁，簡單而言就是樁連續動起來。

走轉練習下盤結構時不可急躁，要練得細緻。要注意體

會樁中的結構關係在走轉中是怎樣一點點變化的，從這個形態慢慢換成下一個形態（越慢、越紮實越好）。無論怎麼變，結構所維繫的各個部分的協調關係不能變。結構不能丟，勁力不能散。能進行動態變化的結構才是真正的結構。

四 八卦掌走轉功法以清靜心法為根本

練習八卦掌走轉功法時先不要想過多、過高的功理。誠然，走轉功法可以支援八卦掌從入門到高深的不同階段的鍛鍊需求，既能練出初級的功夫，也能練出高級的功夫。

建議大家在初級階段多練筋骨功夫，以及通經絡、行氣血的功夫，這樣才能獲得更大的益處。不要一開始就想著馬上練習高深的功夫。

什麼是八卦掌走轉的入門練法？放鬆、心靜、養氣，以及鬆腰、鬆開腿部關節的走轉法。這既是最常用的走法，也是最紮實的走法。這種走轉法最能養練身體。

任何高深的功法或任何身體的變化都離不開穩固的身體基礎條件。所以說，不怕厚培根基。再高深的功夫也不過是初級功夫的昇華罷了，所謂磨刀不誤砍柴工。

從自身實際感覺的角度來講，養練身體的走轉法有「鬆活身體，舒張腰腿」「鬆開腰（胯），擰轉身體」「鬆開氣脈，鬆靜得氣」三個階段。這是一條自動升級的脈絡，堅持從初級功夫走起，自然就會過渡到高深的階段。

至於其他的一些變化，比如我們談到的氣脈建構、行氣運勁，這些都離不開這個紮實的基礎支持，否則皆是空中樓閣。

第七章

孫氏武學淺析

　　按照一般的順序，形意拳、八卦掌講完之後就該談談太極拳了。但是恰好筆者準備用來做案例的太極拳是孫式太極拳，這就多了一些問題。

　　眾所周知，孫式太極拳作為孫氏武學的重要組成部分，與孫氏形意拳、孫氏八卦掌共同組成孫氏三拳。所以，很多人對孫式太極拳有些誤解，認為它不那麼純粹。因此，在介紹太極拳之前，我們得把孫氏武學的思想和理論簡要介紹一下，為我們後面解讀太極拳的機理做個鋪墊。

　　筆者有幸曾隨孫氏武學傳人張烈先生學習了孫氏三拳。張烈老師是孫存周先生的弟子，他所繼承的孫氏武學，除了孫祿堂老先生所傳之外，還有孫存周先生自己的心得，這其中有些獨特的地方。

　　不過，孫氏武學博大精深，筆者愚鈍，至今也難以登堂入室。下文所談只能說是一些個人淺見，僅供大家參考。不當之處，還請諸位賢明多多指正。

第一節

孫氏武學的「三拳合一」

自民國以來，孫氏武學一直在武林中享有盛譽，但同時也一直籠罩著一層神秘的面紗。

孫氏拳以形意拳、八卦掌、太極拳「三拳合一」為人稱道，但這個「三拳合一」到底有何獨到之處也一直是眾說紛紜。

有人說，「三拳合一」是指孫式太極拳，因為這是孫氏武學中成型最晚的拳種，孫式太極拳是把形意拳和八卦掌融合於太極拳之中。

又有人說，所謂「三拳合一」是三拳都帶著形意拳的東西，因為孫祿堂老先生的形意拳功夫最紮實。

也有人說，孫式太極拳是太極拳摻合了形意拳、八卦掌，不是真太極。

還有人說，「三拳合一」是形意拳、八卦掌、太極拳的重新排列組合……

種種說法不一而足。但這些說法其實都屬於臆測，是外界對孫氏武學的誤讀。

對有師授的孫氏武學傳人來說，我們所見所學與其說是形意拳、八卦掌、太極拳三種拳，不如說是只有一種拳，即孫氏拳。

　　什麼是孫氏拳？

　　孫氏拳其實不是指稱某種拳術，而是指一個統一的武學思想和武學理論。而孫氏拳的那些套路、動作不過是這種武學思想和武學理論的外在表達形式。

　　也就是說，孫祿堂先生創立「三拳合一」的孫氏拳不是創編了三套動作形式不同的套路，而是對形意拳、太極拳、八卦掌理論、功法和技術理念進行了歸納整理、總結提煉，最後冶為一爐，統一形成了一套標準、規範的學術體系。

　　孫祿堂先生這個「三拳合一」的學術體系有以下三個特點：

　　將三拳的拳學思想提煉、統一為「中和」理論；

　　將三拳的鍛鍊程式提煉、統一為以「無極學」等為代表的訓練理論和訓練體系；

　　將形意拳、八卦掌、太極拳的技術動作規範到同一標準的技術動作體系之內，具體到每個動作應該做到什麼程度、可以做到什麼程度、以什麼標準進行變化，都有規矩可依。

　　注意：**孫氏拳的本質是一種學術體系，而不是一個拳種。這才是孫氏拳「三拳合一」的含義。**

　　雖然這套學術體系以「孫氏」命名，但就像歐姆定律、歐氏幾何一樣，這是對創始人的一種尊崇和紀念，而非表示這是一宗一姓之私學。

　　而孫氏形意拳、孫氏八卦掌、孫式太極拳只不過是這套武學思想理論的三種不同表達方式。

　　需要特別指出的是，三拳中任何一種拳法單獨拿出來都不能代表完整的孫氏武學理念，而只能表現其中的某一部分。如果我們把完整的孫氏武學當成一個整圓的話，孫氏三

拳則是這個整圓上的磁區，面積大小有所不同，部分區域還有重合。

　　所以說，孫氏形意拳、孫氏八卦掌、孫式太極拳並非因有某種獨門絕技或是融合了其他拳種才得名。它們如此命名僅僅是因為它們是孫氏武學體系的代表。

　　或者可以說是先有了孫氏武學體系，然後才有了孫氏形意拳、孫氏八卦掌、孫式太極拳。

　　孫氏武學體系是第一位的，孫氏三拳是孫氏武學體系下的次一級的概念。

第二節

既然「合一」，
為何還保留「三拳」

筆者曾經在其他場合為朋友們解釋過孫氏武學「三拳合一」的理念。

當時就有一些朋友問我：既然老先生已經從理論上把三拳的體系打通了，為什麼不乾脆創編一套集三拳的優勢技術於一身的新拳法呢？我們直接學這套拳多好啊？

有這種想法，說明他們還沒有真正理解「三拳合一」的意義所在。

孫氏「三拳合一」合在其武學理論和指導思想上，而不是技術動作的「合一」。不僅不在技術動作上「合一」，而且孫氏的「三拳合一」必須將三拳分別保留下來。

因為從學術角度看，不將它們統一為一個套路更有意義和價值。要知道，孫氏形意拳、孫式太極拳、孫氏八卦掌是對孫氏武學思想的三個不同方向、不同角度的不同表達。關鍵就在這個「不同」上，因為三拳之間的區別和差異恰恰是它們的學術價值所在，不容抹殺。

所以，孫氏拳中的形意拳、八卦掌、太極拳確確實實的是三種拳。每種拳都是對其本拳種的立意，即核心思想的具體而純粹的表達。

所以，在修習孫氏三拳的時候，練習者尤其是初學者一

定不要往一種拳裡摻雜其他兩種拳的東西。如果形意拳裡面摻了太極拳，或者太極拳裡面摻了八卦掌，或者八卦掌裡面摻了形意拳、太極拳以後，你所修煉的技術就不再是對形意拳的原理和原則、八卦掌的原理和原則、太極拳的原理和原則的準確的、精確的表達。

這就好比是在考英語作文的時候，你覺得光寫英語不足以展示自己的才學，那麼在中間插兩句中文的古詩詞吧，讓老師看看什麼叫「學貫中西」。但老師不僅不會給你加分，反而還會扣分。

總之，孫氏三拳各自代表了一種武學思想，體現了武學大道的一部分或一個側面。

例如，孫氏形意拳就體現了內家武學中「橫走豎撞（橫豎是理，走撞是橫豎道理之用）」的內容。這是老先生整編拳架時根據「形意」的立意而做出的取捨。孫式太極拳、孫氏八卦掌也是如此，都是在武學大道上各自擇取了一部分內容，然後提煉而成的。

形意拳、八卦掌、太極拳互助互補才算完整，這樣才成就了孫氏拳。

第三節

孫氏三拳是統於理，不是合於術

　　孫氏武學的「三拳合一」是合在理論上，不是合在技術上，更不是合在動作上。「三拳合一」是原理統一，不是外在形式統一。

　　現實生活中，確實有人津津樂道於拳裡這一式是形意拳，那一式是八卦掌……以套路動作內容豐富而揚揚自得。而他得意於套路動作的包羅萬象，其實就是他對拳學理論的認識並不到位造成的，所以才執著於成為一個「動作收集家」。

　　當然，也有真正的高手把各家的內家拳法的理論和技術都吃透後，根據自己的身體條件和技術風格對三拳技法進行裁剪、取捨，將兩種或三種拳法的技術元素有機地融合在一起，形成了技術體系更全面的新拳種。不過這種技術層面的新拳法往往最適合創始人本人，以及與他的身體條件、脾氣稟性相近的人，普適性不強。

　　而孫氏武學的「三拳合一」與上述兩種情況不同。孫氏三拳提煉出了一個統一的原理。我們可以稱這個原理為「內家拳之理」。什麼是「內家拳之理」？大家常聽說形意拳、八卦掌、太極拳是一個道理。這個道理指的就是「內家拳之理」，即內家拳共同遵循的道理。

這裡有必要提醒大家一下：「形意拳、八卦掌、太極拳是一個道理」這句話是從純理論的角度、純學術研究的角度而言的，也就是說形意拳、八卦掌、太極拳都符合「內家拳之理」，從這個層面來講，形意拳、八卦掌、太極拳是一個道理。但這絕不是說形意拳的道理＝八卦掌的道理＝太極拳的道理。

強調這個絕非多此一舉。因為很多人聽說了這句話就真的認為練好形意拳、八卦掌、太極拳之中的任意一種就能最終掌握內家拳的全部道理。其實，這個說法對於那些已經處於內家拳較高境界的老師們而言說說無妨，但對初學者來說就是一句空話、大話。

剛開始學習一種內家拳的時候，大多數人只能做到掌握其技術——可能只是這個拳種的一些特色技術（如形意拳的崩拳、八卦掌的拓掌等）——不大可能掌握其理論。而在後期，即使掌握了某種拳的大部分技術，也並不能保證就能參透這門拳法的道理。能掌握技術並不等於就能掌握理論，這點大家必須要明白。

明理是遠比學會技術難得多的事。明理跟掌握技術是兩個範疇的東西。我們常聽說好的運動員不見得就是好教練，因為教練必須要明理，而運動員並不一定需要。

退一步說，即使你已經領悟了一種內家拳的拳理，也不一定能夠悟透內家拳的全部原理。很多人學了一門內家拳，又看到了「形意拳、八卦掌、太極拳是一個道理」這句空話，就想當然地認為學了一門拳——比如形意拳——則自然而然地就能懂八卦掌和太極拳了……

但其實任何一種內家拳的技術都只是內家拳統一原理的

部分表達。前文我們說了，完整的內家拳就好比一個圓，而形意拳、八卦掌、太極拳的學術體系分別是圓上的一個扇形，習練者要由這個扇形反推出這個圓的原貌，可想而知有多難了。

也有人認為，既然只學一家悟不透，那麼學三家不就可以了嗎？孫祿堂先生不也是參學三家，然後悟透的嗎？其實這要看你怎麼學、怎麼理解。

很多人直接學孫祿堂先生已經整理完的孫氏拳，還會認為孫氏拳是將三拳的動作合為一家了。

練太極拳的時候，總琢磨著哪個動作是形意拳、哪個步法是八卦掌，而練形意拳的時候又在研究哪個手法是太極拳的、哪個身勢是八卦掌的……這雖然是直接學孫祿堂先生整理完的體系，但都理解錯了。直接學原始形意拳、八卦掌、太極拳的人更要小心。

還是那句話，形意拳、八卦掌、太極拳三家拳好比三個點，你可能覺得有三個點就可以確定一個圓（內家拳統一原理）了，可以一覽此圓全貌。但是，你想沒想過，萬一它（內家拳統一原理）是一個球呢？你所能領悟的圓，可能只是這個球的一個側影或截面而已。

所以說，從收集三拳的技術動作來研究其中相似性的角度去思考「三拳合一」，如同管中窺豹。你即使是換了三個角度去看，也是看不到全貌的。因為用枚舉法研究技術，並不能總結出根本原理。

很多人覺得，把形意拳、八卦掌、太極拳的技術合在一起就自然能參悟出完整的內家拳原理。然而問題是內家拳並不只有形意拳、八卦掌、太極拳，也有別家的特色技術，如

六合八法拳、南派鶴拳，等等。

按照這個思路研究下去，你只要還有一家拳法沒學過，就不能保證自己的理論體系是完整的、統攝所有技術的。那這「拼圖遊戲」要拼到什麼時候是個頭呢？拼不完的。沒有對核心原理、基本原則的精準把握，只是在動作、技術層面進行大量地收集和堆砌，很有可能導致一個不倫不類的結果。

孫祿堂先生能成功是透過現象看本質，將三家的拳理統一，才完成這個「拼圖」。老先生悟透了三拳因何分為三拳，每一拳各自代表了什麼本質性的武學原理，然後探索「三拳合一」，逐步推導出了內家拳統一原理，最後根據這個原理重新制定三家拳法的規範，作為表達這個統一原理的形式。這才是孫氏拳的「三拳合一」。

孫氏拳的技術和動作是以內家拳統一原理為根本，參考原始三拳的立意，刪繁就簡，只保留最根本、最核心的東西，不設招術。三拳套路中的每個動作都是拳理的表達，相當於一個個的定理和公式。孫氏拳想留給人們的與其說是技術，不如說是原則、原理和解題的能力。所以，孫祿堂先生的著作中的每個動作不寫「××式」，而稱為「××學」，就是怕讀者學了技術而丟了原理。

孫氏武學原理和思想

　　孫氏拳的原理和思想，即孫氏拳用於「三拳合一」的原理和思想，既是發端於傳統文化的，也是根植於傳統文化的。孫氏拳的原理和思想可以說是中國傳統文化在武學原理上的投影。

　　孫氏拳的整體設計、架構、功法的推演等皆是以傳統文化的理論來指導武術修煉的實踐，無不是傳統文化思想在實踐中應用的典範。

　　首先，孫氏拳的立意是基於傳統文化中「修齊治平」思想的。孫氏拳首重「修身」，重在探求和突破人體自身的極限。這個「立意」不同於一般拳術，並非以追求更高效的「打人」之術為訓練目標。

　　據傳，孫祿堂老先生曾對弟子們講過「汝等若要強身健體，我教汝綽綽有餘。若要打天下第一，則速速另投明師」，就是這個思想的體現。

　　孫祿堂老先生所言的「強身健體」並不僅僅是使身體強健的意思，更是指精神上的強健、人格上的強健。所謂「天行健，君子以自強不息」即是此意。故而孫氏拳在功、技兩方面的設計上皆突出了以「修身為本」的思想。

　　其次，在功法層面上，孫氏拳以「氣一元」論為指導思

想，以「中」為核心，強調周身為「一氣」，以「一氣」理論把全身內外、精神和身體、有形和無形部分統合在一起。

它以「一氣」的「無極、太極、兩儀、三才、四象、五行……」的變化來指導人體經過鍛鍊後應該產生的變化，使功法鍛鍊與天地之理相印證、相呼應、相融合，將武學之道對人體的鍛鍊上升到完善自身、昇華自身、成就自身的程度，使練拳脫離了單純技術的層次而上升到人生修養的層次。

最後，在技法層面上，孫氏拳把武學中「術」的內容壓縮到了極低的程度，讓練習者沒法憑藉某個「絕招」或者「祕傳」手法戰勝別人。

這就必須以強大的身體功能和符合功理的運動模式降服對手，從而杜絕了練習者投機取巧的可能，迫使練習者只能在自身修養上下大工夫。

所以說，孫氏武學是獨樹一幟的。

孫氏三拳合於一理，這個理是整個孫氏武學體系的根本。孫氏拳的理採用的是傳統儒家思想的「中和」之理。此「中和」之理在理論上來講是「中和」，在拳術實踐上來講則是「中」。

故此理合於大道，亦合於武學之道。

中道最難。《中庸》云：「中也者，天下之大本也；和也者，天下之達道也。致中和，天地位焉，萬物育焉。」又云：「天命之謂性，率性之謂道，修道之謂教。」中，性之未發，含於內，謂之中；不過不失，無過不及，謂之中；為性，為體。和，發而中節，恰到好處，謂之和。為情，為用。

　　中和即體用合一，在現實世界中，大道根本與作用一體不二。中和之道體現在人身之上，體現在武學理論之上，可以表述為：中即人之「中」，指的是人的最本質的核心，是人的「真身」「本體」，這是體。和是指用身體將武學之道做出最精準、最適宜的表達，這是用。

　　孫氏拳研究的就是這個本質核心，抓住的就是這個本質核心，練的就是這個本質核心。將「中」把握住、修煉好，使之成為統攝、融合人體各種內型構架的一個集成體，再以三拳之特性作為這個「總內型」的動態表達（此時，內動、外動已經統一了）。

　　那麼，在拳學實踐中，我們該如何理解和把握這個「中」呢？中是大道核心，不可思議，等而下之，就是中氣；中氣虛無縹緲，再等而下之，就是中軸、中脈；中軸、中脈難以具象，再等而下之，就是中線和丹田點；中線和丹田點難以把握，再等而下之，就是「脊椎──丹田球」這個內型中樞。

　　在理論解讀方面，練習者不妨採取這麼一個「降本流末」的方式，便於理解。

　　在具體操作層面，孫氏武學的「內功」就是按照這個順序一點一點、一步一步練上去的。

　　下面以家師張烈先生傳授給我們的入門功法體系為例做一解說，以便讓大家對孫門「以中為核心的功法體系」有個直觀的感受。

1. 深蹲

　　脊柱挺直而臀部挨地。這個可以視作中軸在「上下」維

度上運動的極限。

2. 龍形盤坐

要求左右轉 180°。這個可以視作中軸在「上下＋左右（旋轉）」兩個維度上運動的極限。

3. 崩拳步

俗稱大步。這個可以視作中軸在「前後」維度上「半步」運動（前腳進，後腳跟，但不過前腳，故稱半步）的極限。

4. 鷂形翻身

可以視作「人體間架以中軸為核心」，向內裏抱和向外展開（束展）的極限。

5. 燕子抄水

要求儘量做到胸骨擦過地面。可以視作中軸貼地走下弧時能做到的極限。

6. 龍形

要求不許蹦高，就在盤坐的壓縮形態下完成龍形的左右騰空換式。

這個功法全靠中軸爆發式的抽拔提頓。

7. 原地崩拳

可以視作中軸的「發力」訓練，其實沒有所謂的「發

力」。家師再三強調，練崩拳時不要存「發力」的心思，就是中軸帶動整體間架「拔地而起」——但只取這個勁勢而不能露形，沒有前面龍形的功底的話則根本無法理解這個要求——同時做左右 45° 極速切換。

對我們而言，只是椿架左右變了一下，並無「發力」之心。但是這個過程中，如果間架接觸到了對方，那自然會產生重擊的效果。

類似的築基功法還有一些，這裡就不一一列舉了。張烈老師在部落格（blog）上對此有相關的介紹，有興趣的朋友不妨去瞭解一下。

這裡筆者只想再強調一下，自孫祿堂祖師起，孫門歷代傳人其實是一直把內家拳作為一個「科研課題」來進行研究。前輩們取得的學術成果，或者說最後形成的「研究報告」，就是所謂的孫氏拳。

孫氏拳的「心法」以及拳架中的「規矩」體現了他們當時對內家拳開展研究所能達到的理論高度。這為我們今天學習和研究內家拳提供了珍貴的思想、理論、模型和資料。

我輩後學應當領會孫氏拳的立意，以一種探討學術的角度來看待孫氏拳、理解孫氏拳，要從這份「研究報告」中探求內家拳的規律、模式、規矩。不要總猜想孫祖師在三拳套路中暗藏了什麼秘傳的技巧或招法。

第五節

孫氏三體式

一 孫氏臨界三體式的概念和意義

孫氏拳的特點中有一點是為武術界所公認的，那就是孫氏拳的要點在於三體式，孫氏三體式必定是有些獨特說法的。

本節僅就個人所學，粗略談談孫氏三體式的一些特色。

筆者所學的孫氏三體式是孫存周師爺傳授張烈老師的。張烈老師說，他拜師之後的第一年，師爺別的啥也沒教，就盯著他站了一年三體式。

孫存周老先生作為一代武學大家，其學術顯於武林的卻不多，這點很讓人遺憾。近些年，比較著名的也僅是張烈老師的部分著作見於網路，也曾在網路上引起一番議論和爭論。其中，最出名的也是關於三體式的爭議，從這點就可見大家對三體式的關注程度。

引起爭議的是張烈老師公佈的孫氏臨界三體式的練法。在張烈老師之前，大部分人從未聽說過這種練法。於是還鬧過笑話，因為這種三體式的練法比較「極端」，所以有人給它起了個「極限三體式」的名字。

又因為並不瞭解這種三體式的具體練法，還根據網路上

的一些孫氏拳的要領，自我想像了一個「極限三體式」的樣子，錯把孫祿堂老先生示範的孫式太極拳的「雲手下式」動作作為了「極限三體式」的示範。

其實本無「極限三體式」一說，即便想把張烈老師的三體式與其他三體式區分開，比較合適的說法也是臨界三體式。張烈老師原先也不是這麼稱呼它的。張烈老師只有一種三體式，除了這種三體式，張烈老師也沒學過別的三體式。

所謂的臨界三體式，對張烈老師來說就是普通三體式。只是在跟其他人接觸後，有人指出，你學的這個三體式還有「臨界態」一說啊。張烈老師才發現原來這還是個「特點」，所以也就接受了這個稱呼。

關於臨界態的具體練法和說法，張烈老師的著作裡已經充分說明了，筆者在這裡僅轉貼一段，簡略說明這個問題。

以下文字引自部落格《張烈老師講武術》：

三體式的出左腳……
……
能正確伸出左腿的訓練方法：
動作 1：標準站立。
動作 2：做好三體式的標準下蹲，這時先不考慮手上的動作，兩臂仍在體側。
動作 3：把上身向右傾斜一點，也就是說你的重心由於身體的右傾已轉移到右腿上。這時你的左腿可以向前邁了。邁到標準的步幅，使膝蓋前端與腳跟在一條垂線上。
動作 4：左腳向前邁成標準步幅後，把開始向右傾斜的身子逐漸直立起來，或者說是整個身體向左慢慢傾倒（請注

意，傾倒的過程中要注意肩胯相合，胯不能突出，身體是一個整體地倒過去——編者注），在傾倒的過程中要注意自己腿的感覺。

在向左傾倒到要倒不倒時，你會突然感到像過電一樣兩腿一震，感到兩腿發熱，好像從來也沒有用過這麼大的力量，非常吃力，同時會感到兩腳的腳趾用力抓著地，兩腳好像弓一樣弓起來，只是腳趾和腳後跟著地。我將這要倒不倒的這一點稱之為臨界點。

詳細的內容請看《張烈老師講武術》系列文字和影片。下面僅就個人的一點粗淺心得和想法聊幾句。

張烈老師的臨界三體式站法引起了一些誤解。最常見的就是跟所謂的「極限」說法相混淆。其實，在張烈老師所講的孫氏拳理論裡，極限是極限，臨界是臨界。兩者是兩個不同的概念。

極限通常指的是達到動作規定的標準，達到身體承受能力的極致。大家可以參看前面說的入門功，基本上都有做到極限的要求。簡單而言，就是盡己所能。

而臨界則不是這個概念。臨界指的是身體失衡的一瞬間的狀態，即人將倒而未倒的狀態。

由此可以看出，兩個概念其實指向的是不同的內容。極限指向的是筋骨鍛鍊的標準，而臨界指向的是重心鍛鍊的標準。

說到重心，有人會把臨界態與孫氏拳中廣為人知的「坐滿足跟」的要求相混淆，認為重心全放在後腿上，並且進一步放到後腿足跟上就是臨界態，或者是重心儘量往後坐到快

倒時就是臨界態，還有人管這個叫單重。

然而，這個既不是單重，也不是臨界態。臨界態三體式在張烈老師的著作裡明確說明了是側倒，而不是後倒。

為何這麼要求？

因為只有這種方式才符合形意拳、八卦掌、太極拳三拳之理，滿足下一步三拳之運動要求。也有內家拳派用前傾或後倒的方式練重心的，區別的關鍵在於它們不用考慮將來「三拳合一」的問題。

那麼，這種抓住重心練功的方式有何好處呢？

這可以從孫存周老先生的一個典故談起。

傳說，曾有門中前輩請教孫存周老先生「如何煉氣」的問題，孫存周老先生回答說，你只需把拳術中有關氣的要求都想成是對重心的要求就行了。

從中我們可以看出抓住重心練功的好處：重心既可以代替很多概念（限於入手階段），也可以統合很多要素。這些要素都事關拳術核心。有些不太容易感知到、刺激到、鍛鍊到，由對重心的把控練習則變得相對容易感知、刺激和鍛鍊。這些要素有的是實體，有的則是虛體，有的甚至只是一些概念、定義、要求。故而不好練，卻又必須練。

那麼，這些核心內容包括哪些呢？簡單來說：

（1）實體類的：脊柱、骨盆、經筋、內膜等；

（2）虛體類的：重心、中軸、氣脈、丹田、周天等；

（3）概念類的：正、整、整動、極限、虛實等。

孫氏三體式透過對重心的調控將這些核心要素調動起來，而後將人體潛在的各種運動能力「引」出來，進一步提升為內家拳所需的「功力」，從而把握住了內家拳學的根

本。孫氏臨界三體式則是實現這個目的最佳、最基本的手
段。這是孫氏三體式的設計思路和訓練目的的獨到之處。

從這個角度講，孫氏三體式並不單純從屬於一種拳術
（如形意拳），其本身也不是為單一拳種設計的。它是服務
於整個內家拳統一原理的。

在孫氏拳體系裡，孫氏形意拳的根本是臨界態三體式，
八卦掌和太極拳的根本則是在這個臨界態基礎上由八卦掌和
太極拳的特點而衍生出來的變化。故而我們可以說，孫氏三
體式的本質不在於這個「式子」的外形姿勢，而是在於透過
它練出的身體功能和身體狀態。我們姑且稱之為三體態。

孫氏三體式是孫氏拳的核心功法之一，是「三拳合一」
理論的具體體現和論證。

二　三體式與孫氏三拳的關係

孫氏三體式在孫氏武學體系內地位非常高、作用非常重
要，但是我們必須說明：

從技術角度而非理論角度來說，三體式的功架、樁法、
姿勢是形意拳的根本，但孫氏八卦掌和孫式太極拳可不是以
三體式（姿勢）為根本的。孫氏拳的根本是無極式和太極
式，這是由孫氏拳的拳理決定的。

孫氏三拳的運轉都遵循「氣一元論」的生化發展理論。
無極式和太極式分別代表身體的無極態和太極態，這在「氣
一元論」中是最初始的兩種狀態，所以是根本。

孫氏拳的進階不是先練某個式子，再練某個式子這樣靠
技術動作來串接。它遵循的是人體改造的發展規律。在孫氏

三拳的實際修煉中，身體的無極態合格了，繼而就自然轉變為太極態，然後太極態向兩儀態轉變，兩儀態向三才態或四象態轉變……這是孫氏三拳的演進邏輯。

既然拳的變化是人體的「態」的發展，是「中和」理論的演變，那麼，如何表達和展現這個「態」就不必拘泥於某個特定的姿勢了。只要是符合道理的、能準確表達出這個「態」的概念的式子就是正確的。

大家可以觀察到，其實孫氏三拳的外形姿勢自太極式開始就已經各不相同了。所以，大家不要被孫氏三體式的外形姿勢限制住，非要把八卦掌、太極拳的拳架跟三體式的姿勢和要求嚴絲合縫地對應上。

筆者見過孫氏同門轉八卦掌、走太極架的時候，極力想表達出「式式不離三體式」的深刻內涵，結果使自己很拘謹。這個筆者深表理解。

當初筆者學孫氏八卦掌時，張烈老師開始說三體式一轉身就是八卦掌的青龍轉身式。但到實際操作的時候，他把一些八卦掌的細節要領補充進去之後，筆者發覺身上的勁跟形意拳階段就完全不一樣了。當時筆者也很擔心是不是把三體式的東西給丟了。

後來自己練到一定程度才明白，其實按照拳理來推，三體式姿勢所構建的內型向上發展就應該是形意拳的「內動——內勁」，這跟八卦掌的理念根本不是一個路子。

張烈老師開始的時候那麼講是為了強調「三體態」——例如中軸正直、肩胯相合、臨界態等基本要領——到了八卦掌階段也不能丟。

「三體式一轉身就是八卦掌的青龍轉身式」只是用來教

初學者的方便法門，作為一時之用可以，當成原則、原理來說就不合適了。所以，這裡專門向準備練習孫氏拳的同好做一個提示。

如果單從理論上來講，三體式鍛鍊的是一種以中軸統攝身體、以重心調動身體的能力。這種特殊的身體運動功能確實是在孫氏三拳中一以貫之的，但從結構形態、外形姿勢上來說，三體式這個姿態就是為了後面練習形意拳服務的，其暗合的三體式姿勢外形帶給身體的狀態最適合形意拳的橫走豎撞的變化模式。故而是形意拳的基本態。

而太極拳的基本——太極態，八卦掌的基本——兩儀、四象態，都與三體式的外形姿勢不太相合。所以，如果想從孫氏八卦掌或孫式太極拳入手，大可不必將三體式時時掛心、處處強調了。

尤其對孫式太極拳來說，三體式的姿勢不但不是助力，反而是一種約束。因為孫式太極拳的動作範疇很寬泛，如孫式太極的單鞭拳明明是個斜橫步樁型，你非讓它符合三體式的姿勢或要領，這會多彆扭啊。

習拳不可教條，應當真的把拳理吃透，並結合自身實踐去理解，不可僅憑概念和想像就去做一知半解式的解讀。當為學者戒。

三 渾圓樁與孫氏三體式

有這麼一個說法：渾圓樁側過身來就是三體式，筆者學的宋氏形意拳採取的就是這個訓練思路。但這不是孫氏拳的拳理。

　　孫氏拳說起來並沒有普通意義上間架結構的概念，所以沒法拿一般意義上的楔形結構、十字結構、菱形結構、弧形結構、圓形結構等筋骨結構類的概念來套用。

　　前面說過，在孫氏拳中，筋骨結構、氣脈結構、周天結構、臟腑結構這些要素都已經融在「中」之中了。所以，孫氏三體式體現的是「中和態」。

　　「中和」的概念，與渾圓概念還是有區別的。

　　如果要把「渾圓概念」和「中和概念」都拔高到大道一如的境界，那筆者也只能承認兩者是一回事。但是具體到用理論指導實踐上，這兩個概念是分別引導人往不同方向發展的，其操作起來難易程度的差別也很大，所以強行把二者混同並沒有什麼意義。

第六節

孫氏形意拳

孫氏三體式與原始形意拳的三體式立意不盡相同，所以孫氏形意拳的訓練程式和要求也有自己的特色。

這裡簡要介紹一下孫氏形意拳的特點和要領，為大家理解「中和理論以三拳為表現形式」提供參考。

一　劈拳練正，崩拳練整

為何孫氏形意強調劈拳練正、崩拳練整？

為何不是按練劈拳勁、崩拳勁這麼劃分？

為何說學會劈拳、崩拳就可以掌握孫氏形意拳的大半？

這體現了孫氏拳的什麼思想？

是「勁自形出，不做勁而勁自足」？淺了。

對劈拳、崩拳訓練主旨的這種定義反映的是孫家看待拳的視角不同。孫家的這種理論的立足點很高，是由「見山是山」到了「見山還是山」的境界。

這是什麼意思？

當我們初學拳的時候，我們覺得練拳、練功就是在鍛鍊身體素質，如力量、速度、柔韌性、彈跳力、打擊力、抗打力，等等。此為「見山是山」。

　　學拳兩三年後發現練內家拳必須練各種樁法，完成內型建構，然後必須盤架，找勁變勁。於是就有了五行練勁說、五行身法說等理論。在這諸多方面，各家有各家的高招。此為「見山不是山」。

　　而孫氏拳，則是「見山還是山」。孫氏武學認為，拳歸根結底講究的還是身體素質，或者說是功力。

　　前人說「功大不講理」。孫氏武學說，為什麼不能「功大又合理」呢？如何使功力和拳理完美契合？

　　那就是「正、整」二字。這二字把內家拳身體素質的概念提煉、提純了，是從本質上來闡釋內家拳練習者的身體素質。

　　所有的身體素質都被視為「正、整」概念的外延：

　　所謂的各種勁力都是「正、整」自然具備的；

　　所有的身法都是「正、整」的運動；

　　不具備足夠強大的力量、柔韌性、間架結構等基本素質的身體，也就無法完成準確、到位的「正、整」動作。

　　劈拳練正怎麼理解？

　　從真正練拳、研究拳的角度來說，五行拳不管有多麼精妙，說到底還是人體所做的幾種動作。

　　那麼，我們可以說五行拳功法的主體是人體。我們練習五行拳時要練的不是五行拳動作的優美，而是人體完成這些動作所需要的各種能力。

　　所以，從這個角度出發，孫氏形意的劈拳學研究的就是如何訓練人體在動態模式下的中正能力。

　　劈拳的動作本來就包含前後移動、起鑽落翻、左右轉身等基本動態。孫氏劈拳要求無論如何動都必須能夠保證：

（1）動作發自中軸（中軸變動能力），同時身體各部分的動作達到相互均衡，恰到好處，無過、無不及；

（2）動作的起承轉合，自身始終能保持姿態端正，沒有歪斜牽扯（動態平衡能力）；

（3）身體樁架結構穩定，沒有大幅度變形（樁架結構強度）。

這就是劈拳練正。

崩拳練整呢？

就是在「正」的基礎上做最大幅度、最快速度的整體運動。張烈老師形象地拿對方當柱子，整個人「一頭撞死」在對方身上。

注意：**不是「用力」撞對方一下，而是真用撞死自己的心和力去完成這個動作。**這時候你不會考慮自己是用哪裡「發力」、力量走的是哪一條傳導鏈。

整個人已經和這股力道合一了。

孫氏的五行拳、十二形在應用中都是要求在動態中始終保持自身的中正均整，用整體樁架的品質傷敵，用整體運動的大勢破敵，而不是拋射出一部分肢體打人。如此才能做到拳譜上所謂的「莫在一絲存」。這就是孫氏拳所要訓練出的形意勁力、形意打法。

簡單來說，能做到周身整體這一動才算是孫氏拳練習者打出的「一拳」。單純出一臂、伸一腿或者轉一下腰胯都只能說是局部運動。這與一般人理解的拳法是用「拳（頭）」打人的概念有本質的區別。

這就是孫氏武學概念中的「正」和「整」。正則至剛，整則至猛。

二 純任自然，自然而然

孫氏拳對身體素質的要求很高，訓練強度很大，而且還要做到內外均衡貫通，內外齊到，內外齊動。這就必須把骨和筋分清，骨架立住，筋路打通，勁發於中，走筋繞骨。面對如此高難度的要求，孫氏拳要求習練者必須全部出於自然，不能勉強做。

未能達到這些要求的人練內家拳時常常表現為自身初步練出了骨骼間架和部分大筋，未及把筋路徹底打通，就用筋骨湊出來的固定框架趕緊開始練用法了。筋路不通就強用肌肉拙力來驅動。只要力大手快，也可克敵制勝。

也有的人為了達成周身貫通的效果，強調用意念調動筋骨、氣血，激發整體。就習武之人而言，此法見效較快，未嘗不可取。

但孫氏拳認為，上述方式雖易上手，但是對身心健康不利。孫氏拳堅持純粹的自然練法，雖然週期稍長，但練出來的東西是「長在身上」的，並不需要刻意去用意、用力激發。這種自然勁兒，搭上手，對方就不好受。

三 內外一氣，演化五行

孫氏形意五行拳是經無極、虛無含一氣、太極、兩儀、三才諸法訓練，人體已經達到「中和態」之後衍生出來的五行之用，即一氣之起落、一氣之伸縮、一氣之流行、一氣之開合、一氣之搏聚。這個訓練程式不同於原始的形意五行拳理論。

在一般的形意拳訓練程式中，五行拳是為了給初學者打基礎。

初學者身上不要說「一氣」了，連「五行」中的「一行」都沒有，所以要先從某一方面練起。

例如，劈拳屬金。一般形意拳練劈拳，主要是取「金」的沉降、分割的屬性，對應身體則先外練肩背、內養肺氣。鬆肩出勁，打通手臂的經筋，練到手頭沉重，掌力下落如斧劈物一般。這是對局部的、單一方面能力的鍛鍊和加強，其他四個方面暫時不考慮。

「金能生水」，然後開始練鑽拳。鑽拳屬水，水能「潤下」，對應身體則是在肩背練開之後，自然刺激到腰部，並順路而下，打通腿部經筋。

所以，鑽拳外練腰腿、內養腎氣。

依次類推，練過一輪五行拳之後，以橫拳為收束，將五氣逐漸摶聚為一氣。

然後才能練一氣之起落、流行……

而孫氏劈拳，也屬金，它直接練的就是一氣之起落。因為經過無極、虛無含一氣、太極、兩儀、三才諸法的修煉之後，到了三體式，人體已經是「中和態」了。

正如孫祖師書中所說：「三體式總是陰陽相合，陰陽相合總是上下內外合為一氣……氣以動而生物。」也就是說，你已經把自己的身體練成內家拳所希求的「體」了。這個「體」即「一氣」，是後續所有拳法動作的「根本」。

五行拳就是「根本」（「中和態」的人體）在應用方面的具象化、符號化。五行拳的拳式動作就是「根本」分別展現它可以如何變化。例如，練劈拳就是「一氣」表現出起落

上下之運用。

　　簡單而言，當你能夠按照孫氏拳的規矩完成五行拳拳架時，你的身體就已經是內家拳的「根本」了，後面你只要按照孫氏拳的原則、原理、規矩去運動就行了。而不是像一般形意拳的訓練程式那樣，初學者還未明白內家拳的「根本」為何物，需要經由原始五行拳的練習，一步步由週邊向「根本」練進去，直到有一天恍然大悟——原來內家拳的「根本」就是我自己啊！

　　立意不同，思路有別，則方法雖同名而異路。很多學孫氏形意拳的人不懂這個差異。不在「無極——太極」的築基功法上下足夠的工夫，匆忙開了五行拳，等於是拿一氣運用之法煉體築基。以用為體，兩邊夠不著。

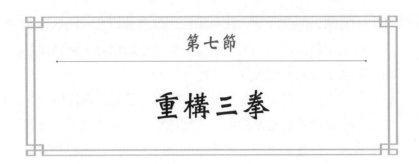

前面以孫氏形意拳為例，簡要介紹了其拳法體現「中和之理」的思路和方式。在此基礎上，可以略微仰望一下當年孫祿堂老先生是如何從原始的三拳中提煉、提純出了現在的孫氏三拳。

形意拳橫走豎撞，八卦掌勢如旋風，太極拳持中守定。這三個描述看上去談的是用法，實際上，這是三拳終極形態才能表現出來的應用形式。所以在這個層面上，練與用無限接近統一。或者說，只有明白了最終我們要怎樣使用身體，才能真正明白改造身體的目標、步驟和標準。

從這個角度講，練法即用法，拳功一體，體用合一。如果不理解這點，所謂的練也只能起到類似練健美、練健身的作用。當然對身體健康也很好，但是缺乏應用層面的回饋資訊，無法對練法進行微調，就難以取得最佳的鍛鍊效果，更難以致用。

那麼，具體到拳法修煉中，如何把握練與用的關係呢？

一 要明白和掌握「鬆沉勁」

鬆沉，形象而直白地講，就是將整個人的重量栽到對方

身上。普通人無法理解，甚至無法想像這個概念，因為普通人只能感受到自己的力量，感受不到自己的重量，更別提把自己的重量放到其他人身上。

要感受到自己的重量，最基本的方法就是站無極樁。

楊澄甫前輩曾提點後學：「太極拳功夫純熟之人，臂膊如綿裹鐵，分量極沉。」按照這個指向，一直在鬆靜的路線上堅持練下去，將無極樁站到周身都有如綿裹鐵、分量極沉的感覺，特別是脊柱和骨盆也有這種清晰的沉重感，就算有所成就了（形意拳的明勁階段也大致如此）。

將這種經過鍛鍊的、帶有沉重感的骨骼，按照拳學之規矩重新組裝起來，形成不同結構佈局的「鋼架子」，就是內家拳的初級拳架。

有了這個拳架才可以談拳法，如同只有手裡有把鋼刀，才能精準表達出刀法的妙用。沒有鋼刀，拿個木刀、木棍，只能勉強說說刀法的大致路數。但拿個紙片或者一段繩子，那就很難表達出刀法了。

這種「骨節沉重」的功力感，沒有練過純粹鬆靜路線的無極樁的人很難有所體會。無妨，我們直接把自己想像成一個鐵球（丹田）或者一根鐵柱子（中軸），大概也能找到幾分整體沉重的質感。

鬆沉勁是內家拳的基本勁。這是三家共法。在這之後，形意拳、八卦掌、太極拳三家在拳法方面各有取捨。

怎麼取捨？

首先，所謂整個人（先把自己想像成整根鐵柱子）栽到對方身上，這是一種不可控的「整撞」。一般只有我們自己突然失衡跌倒，這時又正好有個人出現在我們跌倒的軌跡上

才會取得自己的全部體重栽在那個人身上的效果。正常情況下，雙方只要還有一丁點兒自我保護的本能發揮作用，都很難取得最佳的衝擊效果。

所以，我們要先把這種衝撞能力變得可控，也就是我自己這根鐵柱子想倒就倒，想往哪個方向倒就往哪個方向倒，而且想恢復平衡就能恢復平衡。然後，鍛鍊到讓它能夠沿著十字線來回自然移動。

如果你能做到無論前進後退還是左右橫移，無論你做緩慢的移動還是做快速的移動，拳架都能自然保持鬆沉，鬆沉勁都穩定存在，那麼就可算是形意拳入門了。

注意：**不必刻意琢磨怎麼把鬆沉勁「發出去」。**

你就是根大鐵柱子，你往誰身上一倒，身體重量就砸在誰身上了。重量是鐵柱子自身的屬性，誰能把自身屬性拋離本體？之所以有人總覺得「勁發不出去」，那是因為自身結構不過關，與對方一接觸，自己的結構就散了，力量內耗掉了。這個道理如果理解不了，請再去看看關於「正和整」的論述。

當你走斜線（即米字交叉線）時還能做到這點，就算是形意拳的進階。當你能帶著這個鬆沉勁圍繞一個圓心（敵方），在一段圓周上走出一個弧度——不需要太大，基本到45°左右就是極限。這既能避開對方攻防俱強的正面區域，又保持著我方直衝的攻勢。

形意拳取的就是這個範疇。再大就會失去「形意直中求」的意義，變成迂迴作戰了。這時這根鐵柱子沿著半徑，瞄準圓心一撞，這個過程表現出來的就是「橫走豎撞」。豎撞就是直線型衝撞，形意拳最純熟。

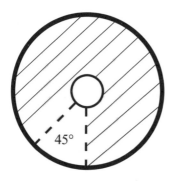

圖 7-1 以左架（左戒備式）為例，陰影部分為八卦掌所取進攻區域（俯視圖）

這就是形意拳的取捨了。

八卦掌就難一些，它主動捨棄了形意拳那種貼近人體用力和擊打的直線走法，選擇全心全意地繞著對方走，然後取的是 45°弧背後的區間（圖 7-1）。

以對手的間架為參照物，八卦掌切入的是對方肘後到後腦的位置。那裡是一般人的反應盲區。因為行程遠、覆蓋面大，所以八卦掌平時訓練的軌跡是各種圈或弧。當你沿著一個圈走動，圈大、圈小隨便走時仍能自然保持拳架的鬆沉勁，算是八卦掌入門了，但這還僅屬於公轉。

然後，加上自轉，就是原地不動，自身的中軸轉動，也帶著這個鬆沉勁。這就是八卦掌的進階。

最後，不管正轉、反轉，身上都有鬆沉勁，進而在公轉和自轉的同時再做正轉、反轉。這時就是旋風勁了。旋風勁不僅有外斥之力，同時含內吸之力，就是這種正、反轉協調出來的。打個形象的比喻就是在鐵柱子上焊刀片，然後旋轉起來，沿弧線避開對方的正面防區，紮向對方側後方，再「旋」（ㄒㄩㄢˋ）進圓心。

這就是八卦掌的取捨了。

太極拳就更難了，就是一個中定。憑何能中定？須用鬆沉產生的不動之動。如同古代的重甲步兵，輔以大盾、拒馬，結陣以待敵。只要敵人衝不動我方陣形，則敵之隊形必然變形、破碎。在對方調整隊形之際，我方再稍作移動，用

堅厚的陣形擠壓對方，則對方自潰。總的來說，我方不主動去遠距離對衝，也不設法去迂迴，就是「嚴陣以待」。

這就是太極拳的取捨。

以上三拳不同的應用思想和戰術的根本就在「中」的強度和能力上。

說直白點，就是自己樁架結構凝聚成的那根「鐵柱子」夠不夠重、夠不夠硬、夠不夠靈活。

相比較而言，形意拳、八卦掌對「中」的要求沒那麼高，基本達到 60 分，最多 70 分、80 分就夠用了。因為形意拳和八卦掌可以自己主動尋找或製造敵人的防禦漏洞，還可以用一些具體技術補充不足。「中」只要能保證自己的間架在運動和碰撞中別散，就算達標。

而太極拳是以「我之不可勝」制人，所以太極拳所要求的「中」要達到 120 分。

說白了，太極拳跟人比拼的不是別的東西，而是我的「中」比對手強得多的多。那麼我就不可勝了。

如果達不到這個 120 分就跟別人用太極拳技術，認為無論什麼對手來了只要化開對手我就贏了——那想得就太單純了。形意拳、八卦掌裡沒有化勁嗎？外家拳裡還有個「順手牽羊」呢，那麼憑啥就只能你化人家？你的「中」不夠強，達不到標準，在你沒出手前就已經輸了。當你想用技術處理太極拳的問題的時候，你在意識上已經輸了。你已經承認功夫不過關，「中」不夠強，必須拿其他的技術補。但是技術玩兒得再溜，也不是太極拳真正追求的東西。

如果你的「中」夠強，能達到標準，不用接手你就已經贏了。這個「中」包含很多意思。其中，最基本的、技術層

面的優勢這就是姿態維持的穩定性。

我們都知道，當你姿勢正確時，你的各項技術發揮才最佳，而你姿態不佳時，技術是做不好的。太極拳的這個「中」就是把姿態維持的概念提煉後發揮到極致。你的「中」比對方穩定，則你的姿態相對於對方而言就是更優的。

你就好比一個極為強壯的大塊頭，對方是個小瘦子。他站在你面前，姿態就無法保持穩定。你再稍微用點方法破壞一下對方的平衡，對方就倒了。這就是「中」的碰撞。

二 要加強內家拳基礎勁力的培養和鍛鍊

所謂內家拳基礎勁力，姑且限定在「鬆沉勁」和「結構勁」範疇，這樣好理解一點。形意拳是典型的「前後結構勁」強，一般人也是「前後方向」的力量強。真碰上本力大的對手，形意拳法占不了太大優勢。所以，形意拳要先橫走、再豎撞。

用形意拳、八卦掌最後能贏人，其實多數是贏在橫勁上。一般人的橫勁都弱，所以站過樁、橫勁強的人就占大優勢。形意拳是先用橫勁破勢，後靠豎撞勁取勝。八卦掌則是在「橫向結構勁」上下工夫。八卦掌的間架和走的圈其實是無數個類似陰爻、陽爻那樣的「橫勁」連綴而成的。相對而言，八卦掌玩法更精妙，變化無窮。

除了「前後勁」，還有個勁──上下勁。上下勁是內家拳的基本勁，甚至可以說是根本勁。太極拳能贏人，關鍵就在於這個上下勁。如果說橫勁對一般人來說是強弱的問題，

那麼上下勁則是有無的問題。

可以說，普通人的上下勁基本為零。而太極拳要把這個勁練成 120 分。只有練到 120 分才能有質變，擴大至全身，由單純的上下勁變成通天徹地的大中軸。否則，單純的上下勁也不過是六面勁之一罷了，形意拳、八卦掌也有。

上下勁天然與鬆沉勁相合，也可以說是對鬆沉勁的一種凝練和強化。

三　感知和運用重心的能力

一般人對重心沒有感知。有運動經驗的人會有意識地保持重心穩定，以維持身體平衡。而內家拳要求習練者感知自己的重心，並且要鍛鍊主動運用重心的能力。

形意拳表現得最直接，用人體總重心當「拳頭」，直接去撞對方重心或中線。八卦掌比較「滑頭」，總是在不停地公轉和自轉，使重心的位置不定、軌跡不明，讓對方找不到、摸不準。而當抓住戰機，即控住對方身體某個部分時，重心便突然加速旋轉，由此產生「旋風勁」，切削或者摔跌對方。這個原理類似於車床裡的滾軸捲住了頭髮或手指，突然一下子把頭皮撕下來或者把胳膊絞斷。

太極拳對重心控制的要求則比形意拳和八卦掌更高。太極拳是先能以自己之「中」碰對手之「中」，聽出對手「中」的強弱後再用自己重心的變化發放或控制對手。當對手主動進攻時還能空掉自己的「中」，藏起自己的「重心」，不讓對手碰到。

下面是比較玄乎的東西了，僅供大家參考。

　　太極拳講神意，以神意制人。人的神意在平時是散亂外馳的，必須先將其聚合起來，使其與身體運動相合。但是人的身體分為多個部分、多個系統。神意關注一方，則難以兼顧其餘。所以，要將神意與身體整體運動統合為一，必須使神意合於「中」。

　　只有「中」上出了實感、有了功夫，才能體會到神意果然能用。如果神意合不上「中」，那麼就會與身體運動脫節或是被拘於某一局部，往往就變成「瞪眼嚇唬人」了，何談以神意制人？

　　所以說，間架、鬆沉、基礎勁、重心，再加上氣脈、氣血、周天、臟腑、神意等要素全部統合起來，才是一個完整的「中」的概念。

　　孫祿堂祖師是從原始的內家拳諸法門中把鍛鍊這些要素的功夫一一提煉出來，最後再歸納統一到一個「道理」上，即「中和」理論。

　　所以說，孫氏武學的「中和理論」是在傳統武學理論基礎上，從五行、六合、渾圓、形整、整動、周天等概念中提煉出來的新思想、新理論。「中和」確實是一個更為凝練的武學概念，而不是從古代哲學思想中硬借過來的。

　　三拳有別，區別在取捨。而三拳可以合一，合一在理論。

第八章

太極拳

　　形意拳、八卦掌、太極拳三大內家拳中，如果從學術研究的角度而言，太極拳的境界最高。又加上太極拳傳播最廣、著述最豐，讓人不敢輕易言之。

　　對於太極拳的認知，可謂是千差萬別，見仁見智。而且，很多見解並不限於拳術領域，而是從養生、健身、袪病、防身拓展到了氣功、丹道、禪修、兵法、易理、思想、文化、管理……

　　所以，本書把關於太極拳的介紹放在三拳中的最後，並將論題範圍限定在拳學領域，僅探討其拳理和訓練方面的問題，僅用筆者師傳的孫式太極拳做例證。專門用一章講解「孫氏武學」的思想，為的就是避免與其他關於太極拳的見解、認知發生衝突。

　　以下筆者僅就自己所學之太極拳談一點粗淺的看法，謹供大家參考。其他有更高明見解的朋友，各宗所學即可。

第一節

淺析太極拳的構成

　　太極拳，其實不是一個可以一言以蔽之的拳術概念。

　　筆者接觸過很多太極拳同好，透過跟他們交流發現一個現象：很多太極拳愛好者很容易被太極拳的表像和所謂的既有概念、定義所迷惑，在練習過程中，往往緊盯太極拳幾個粗淺的標誌性符號不放，而很少抓住太極拳的本質。

　　哪些算是太極拳的標誌性符號呢？

　　提起太極拳，一般人首先想到的下面幾個印象：鬆鬆柔柔、慢慢悠悠不能用力；

　　動作要抱球、劃圈、走弧線；

　　太極拳的較量方式就是推手，沒有拳腳相加那種「野蠻」的技術；

　　太極拳分為很多流派，每種流派有自己的風格。

　　例如，陳式太極拳講究纏絲，有炮錘，相對剛猛；楊式太極拳講究神意氣，動作鬆柔舒展，不猛烈；吳式太極拳講究柔化，動作要小巧；等等。要學哪一派就得按照哪一派的風格練，不然就是不正宗。

　　很多太極拳愛好者把這些形式上的東西當作太極拳的精髓，甚至奉為經典。一些太極拳同好之間的爭執也不過是基於這些概念之間的衝突而導致的。

那麼，太極拳到底是什麼？

一 太極拳是什麼

這其實是個很大、很複雜的問題，應該進行細緻的研究。分析一個細節就能寫出一篇文章，回答一個問題可能就能出一本書。

但是，在現實中，人們卻往往習慣於簡單化地理解太極拳。例如，身體不好，練太極拳後康復了，那麼認為太極拳就是個健身功。或者去參加武術表演，報的是××式太極拳，那麼認為太極拳就是個套路……

正因為太極拳流傳極廣，而練習太極拳的人習拳的訴求又多種多樣，所以太極拳在現實中呈現出了各種各樣的表像。這些複雜的表像掩蓋了太極拳的本質。一代又一代的太極拳愛好者們就難免盲人摸象、管中窺豹，從而看不見太極拳的本相。

所以，我們在研究太極拳的時候還是要從太極拳本身的構成和作用入手，其他衍生出來的社會效應、交叉領域則不涉及。

太極拳，首先有個「拳」字，也就是說，它最早行於世間時就是一門拳術。拳術就是一種克敵制勝的技術。怎麼打敗敵人就是解決這個問題的方法。所以，最原始、最淳樸的太極拳其實就是基於本派太極拳所彙集的各項技術元素，研究怎麼應用、怎麼克敵制勝。它首先遵循的是人類搏擊的基本規律，而並不一定完全契合所謂的太極拳理，甚至還會出現很多與太極拳理相悖的技法，如主動攻擊、以強壓弱、以

快打慢、以大力克小力……

說白了，能贏就是好（太極）拳！這個也許並不十分符合一般人對太極拳的印象。然而，在筆者尋訪太極拳傳承的時候發現，那些「古老」的、「民間」的、「鄉村」的、「土味兒」十足的太極拳樣本是拳腳膝肘、虎虎生風，擒拿跤絆、彪悍兇猛的，亦不吝於使用摳眼、撩陰、鎖喉等狠毒招數。

而在大都市，追求太極理論的愛好者就非常講究「聽勁化勁」，追求「不丟不頂」「沾連黏隨」，甚至很多人不承認帶主動攻擊動作和力量型動作的太極拳是「太極拳」。因為這樣的太極拳不符合喜愛太極理論的朋友們對於「太極」二字的理解和心理預期。

這並不是個新鮮問題，就像武林傳說中當年陳式太極拳剛進北京時，因為「纏絲勁力特剛強」而被很多人質疑：這到底算不算太極拳？也多虧了楊家承認陳家是師門，陳式太極拳才被大眾所接受。

即使楊家也經歷了這麼一個從「土」拳到「新」拳的技術變遷的過程。

傳說班侯公始終堅持盤小架、有騰躍動作、發勁凌厲。

健侯公則是堅持按小架練拳，但在傳拳時已經逐步改為中架，兼顧技擊與養生，更適合普通人練習。

到了澄甫公就改為了更便於普通人掌握的大架，動作舒展大方，楊式太極拳由此流傳天下。

那麼，「土」拳與「新」拳這兩種「太極拳」到底孰優孰劣？這種變化到底是進步還是退步呢？到底哪個才是真太極拳呢？

這些問題至今還不斷在太極拳愛好者中引發爭論。

這些問題確實不好回答。它並不是二者對立的問題，實際是一個事物的兩面──太極拳可以分為兩部分去理解。一種可以稱為「純粹的」太極「拳」，即格鬥技術；另一種就是太極功，即按照太極理論衍生出來的內功原理和煉體方法。

只是，太極拳的主要技術傳承載體，甚至可以稱作「課本」──「太極拳架」，也就是常見的太極拳「套路」，就有點尷尬了。

好的一面是由拳架實現了拳、功合一，提升了訓練效率。不利的一面就是混淆了拳、功之別，練習者很難搞清楚自己練的到底是什麼。但是這有它的歷史成因，咱們只能面對這個現實，然後自己把它搞清楚。

這個其實也不難，太極拳裡的每個動作，我們都從兩個方面分析一下，也就明白了。如果是對敵，這個動作應該怎麼用？攻防意義、變化路數如何？如果是練功，這個動作練的是哪些部位？有什麼要求？如何起到強化自身的作用？

從這個角度講，太極拳的確不能自學，必須有老師「拆講」，其實也就是由老師把這兩方面的問題給練習者剖析明白，讓練習者更有針對性地進行訓練。

功是體，拳是用。功可健身，拳可禦敵。二者並非對立，而是一個事物的兩面。至於實際中側重哪一邊，那就全看修習者個人的喜好和需求了。兩者並無對錯之分、優劣之別，而是兩條發展路線。

在現實生活中，太極功確實是佔據了主流，主導了我們對太極拳的認知。這是因為我們所能見到的太極拳的好處和

妙處都是太極功帶給我們的：鬆靜圓柔，用意不用力，身心安靜……太極功的流傳與影響實在是太廣了。

但其實太極功也並不輕鬆。太極功畢竟是為太極拳提供身體素質訓練的，所以它追求的本質是強身，而不是一般意義上的健身和養生。

太極拳容易給人一種練起來輕鬆的感覺，一方面是緣於降低了要求，完全按照健身操的標準打太極拳，如常見公園裡老人們練的健身太極拳。另一方面是因為相對於外家拳要窩腰、壓腿、劈叉、負重的「外練法」而言，太極拳是在反覆盤架中，藉助調息催動氣血慢慢把筋骨揉開、筋腱展開、經絡打通的，一邊練，一邊滋養，痛苦較小，而且有小成之後會有舒適通暢之感，所以感覺上比較輕鬆。

但實際上，太極功同樣包括了開關節、伸筋拔骨這些武術煉體的基本要求。在對軀幹內部的大關節、小肌群，以及內膜、五臟的鍛鍊上，太極拳的要求更高、更細緻入微。不僅如此，太極功還將人體的重心、中軸、經絡、意識等「無形」要素納入了訓練範疇。

所以，從修身煉體這個角度來說，由太極拳發展到太極功是一個必然。

畢竟，對於人體自身潛能的研究開發，對於傳統哲學理趣的追求是無止境的。這種對人體身心兩方面的提高和挑戰有一種強大的吸引力，很少有人抵禦得了。

太極拳早就有「體」和「用」之說。也就是說，太極拳本來就可以分為「功」和「拳」兩部分。「功」在「勝己」，也就是改造自身的生理和心理，讓自己更健壯、更強大。「拳」在「贏人」，即為了戰勝對手。

其實，任何一種拳法都可以分成這兩部分，之所以把太極拳特別拿出來談，是因為太極拳在體、用之別上分化、發展得更加精細、更加深入。拳、功幾乎可以彼此獨立發展了。這種分化可以視為太極拳的價值所在。

二 太極拳的拳技

根據筆者接觸過的太極拳的經驗來看，太極「拳」所包含的技術部分可細分為三大類。

第一大類是技擊的通用技術，即拳打腳踢、頭頂身撞、擒拿摔跌，也包含摳眼、撩陰等「黑手」，同時有一套相應的對抗拆解技術。

這些通用的攻防技術其實是一門拳術的基礎，雖然看上去很普通，沒有過人之處，但是其重要性如同加減乘除之於數學。如果沒有這些，則難以稱其為「拳」。

第二大類是限於內家拳使用的技術。

例如，整撞勁、丹田功、纏法等。這些技術，太極拳之外的形意拳、八卦掌，甚至一些介乎於內、外家之間的拳法也有，在拳種技術體系中所占比例有多有少。

第三大類才是屬於太極拳自身的特色技術。

例如，黏控技術，空打、化打技術、「中定」等。

這三大類技術，從純學術角度來看，確實有難易、高低之分。要不王薌齋先生怎麼會感慨「打人容易放人難，放人容易控人難」呢？

但是從自我修煉的角度來說，筆者以為要是打算練太極「拳」，就得全盤掌握這三大類技術，而且最好是從最基礎

的技擊技術練起，拾級而上。否則，自以為所練功夫境界很高，如煉氣啊、神意……結果卻由於基礎不紮實而難以致用。

三 **太極拳的功法**

對應著三類「拳技」，太極拳的「功」其實也可以分為三類。

第一類就是通用的身體素質訓練。

例如，柔韌性訓練，包含伸筋、壓腿、下腰等，古今中外都有要求；體能訓練，包含長跑、蹲起……還有利用器械強化體能的訓練，現代是「擼鐵」，古代是玩槓子、石鎖、大關刀等，其實目的都大同小異。

第二類是只有內家拳才會提出的身體素質訓練要求。

最具代表性的就是筋骨功，如站樁可改造自己骨架的傳力結構；八段錦、易筋經以及盤拳架可讓新的傳力結構穩固且順暢地動起來，丹田功可涵養氣血、充實筋膜，給新建構的筋骨間架提供動力。還有一些專門強化內家拳「勁力」的訓練，可以理解為內家層面的負重訓練，比如抖大杆、抖皮條、揉石球，等等。

第三類則是專門服務於太極拳的特有技法的專項功法。

首先是要在靜功上下大工夫，具體功法可以採用無極樁、靜坐等。要追求太極拳的高境界就必須靜功有成。靜功的首要功效是涵養氣血，氣血充足了才能潤養筋、骨、膜，筋、骨、膜厚實、堅韌了才可生成周身的掤勁。

此外，身鬆、心靜才能感知自己身體結構的內動，從而

才能感知對方內結構的運動走向。

有了這個基礎練習者才能慢慢放棄思想意識上的掄胳膊使腿、主動使勁的慣性，而把感知敵我之「勢」放在第一位。太極拳勝人在於得機得勢，而不是看誰先一拳悶在對手臉上。怎麼得機得勢？你得先感知到什麼叫「機」、什麼叫「勢」才行。

其次是丹田內轉功。有的太極拳支派保留了單練法，有的太極拳支派則將其藏在拳架裡。這裡說的丹田，其實是一種更精細化的「丹田」概念。

雖然內家拳都離不開對丹田球的鍛鍊和需求，但太極拳對丹田球的訓練內容比其他內家拳的丹田功都更豐富，要求也更細緻，涉及的方面也更多。

太極拳的指導思想是「何處挨人何處發」，即要求周身各處皆可發人，而且是先化後發，所以太極拳修煉者的丹田必須練得比其他拳種的更靈活，練成「萬向球」，進而發展成周身無處不丹田。

這個怎麼理解呢？其實就像把自身練成「鬼工球」（象牙套球），一層一層，每層都是萬向球，而丹田則是要由一個丹田球練成一個丹田點。這對練習者軀幹內部的大關節、小肌群的要求就很高了，反過來說，對脊柱、骨盆、五臟六腑的鍛鍊效果也更顯著。

其他內家拳雖然練到高境界也可以具備「周身皆可發人」的能力，但是實際能做到的不多，即便能做到，也多是靠幾處大關節部位（如形意更多地體現在丹田腹打），而善用細微處發人還是要屬太極拳。

最後是推手。現在有些朋友對此很不認同，也有不少朋

友認為推手就是太極拳的「實戰」，是用法。但筆者認為推手應該列入功法，而非用法。

推手一是要雙方互相有一定默契，即都預設遵守一定的規則，否則根本推不起來；二是它本來的目的是借對方施加的壓力來體查、改進自己身上不合拳理之處，即把對方當成「負重訓練」的工具，而不是為了把對方推出去而推出去。所以，它應該算是一個雙人對練的功法。

首先，我們承認推手練出來的成果必然可以用到拳法技擊裡去，但是同時也應該認識到，單純靠推手得到的一些能力，相對於實戰能力還是有一定差距的。

其次，正是因為不把推手當作爭勝負的手段，所以在練習過程中雙方都可以耐心細緻地「找東西」，對提升自身功夫的品質是極有好處的。

雖然其他內家拳也有推手訓練，但是像太極拳推得這麼細緻、體察得這麼精微的並不多見。只有太極拳是真正完全從勁、意上體察對方。而其他拳種，要嘛是混合著攻擊技巧的變化使用，以「技」代「勁」；要嘛是聽「力」而非聽「勁」；要嘛就是完全變成了反應練習，誰手快誰就佔便宜……這從太極拳的推手技法跟其他內家拳的顯著區別上可見一斑，從搭手開始，立意就不同。故而推手也可以算作太極拳的特色技術。

為什麼要把「體」「用」分得那麼清楚呢？是為了練個明白。練太極拳，不是有個學生想學，正好有個老師想教，那麼學生跟著老師一比劃，就能學會了的。

要全盤掌握一門太極拳，「體」「用」的六項課程一項也不能少，而且要有明師指導，要有師兄弟做陪練（過去說

練太極拳的人至少要有三個人作為陪練：一個不如習者的，一個跟習者水準差不多的，一個比習者略強一些的）。最關鍵的是要有充足的時間，一天至少有 4 小時以上的專門訓練時間，至少堅持 3～6 年，而且絕對不能回避高強度的體能訓練和對抗訓練。

不求實戰能力，只要強身健體（傳統健身，超過常人的身體素質），那也得保證足夠的訓練時間和強度。時間上至少超過 1 小時，最好能達到 2 小時。功架上可以用中架或低架盤拳，也就是所謂的「走地盤架」。

如果只要健健康康、精力充沛（傳統養生），那就得在太極內功（靜功＋丹田功）上下工夫。如果能正確練習太極功，就算只是盤高架，健身效果也是很明顯的。當然，每天至少要練 30～40 分鐘，否則效果會打折扣。

掌握太極內功的好處是不受空間的限制，沒條件盤架子的時候，在行走坐臥、等車乘車時都能練一練。這種練法對身體造成的負擔小，一般不會產生運動損傷，而且在恢復精力方面效果特別好。

有朋友可能會問：不練內功，只練套路，有效果嗎？

當然有。選一個長套路，打慢點，或者多打幾遍，爭取把訓練時間保持在 20 分鐘以上。出出汗，伸伸筋，基本上也能取得健身操的效果了。雖然聽著不提氣，但是肯定比不運動要強。

請大家認清一點，練功從古至今就沒有小投入、大產出一說。能達到付出和收穫成正比就是好拳了。

真喜愛太極拳的朋友，請先看看自己除了工作、生活所占時間外，每天還能拿出多少時間練拳。能夠投入多少時間

進行有效的訓練，才是決定最終練拳效果的關鍵。有的人動輒稱自己練了多少年太極拳，其實就是每天上班之前或下班之後抽空兒打個套路，那成效能好到哪裡去？

再看看，自己能找到什麼樣的老師和陪練。若要真練成像樣的功夫，那就必須找正經的老師，去老師家裡或者館裡學。若就是想學一套有太極拳味兒的健身操，在公園裡找個會太極拳套路的大爺或大媽就行。甚至照著影片學也未嘗不可。這也算是對「內家拳能不能自學」這個問題的一個回答吧。

最後看看，自己能練什麼樣的功法。太極拳功法體系龐雜，有些工法人人可練，練了就有效果，比如太極拳套路。有的功法下點工夫就能練到，比如筋骨、呼吸層面的內功。有的則真是考驗悟性、底蘊，甚至福緣，內外因素不具備則看了也白看、練了也白練。例如，「神意」和行氣的功夫——這不是故弄玄虛，真實客觀存在，而且可以說是太極拳的主體內容之一。但是你一天忙到晚，精力嚴重透支，哪有多餘的精、氣、神去練功？

太極拳的拳理、功法不是什麼「秘傳」「絕學」，更不是什麼「玄法」「神功」，而是紮紮實實、腳踏實地的東西。不必神話它們，而應該認真地去瞭解、分析和練習它們。

把以上要素和自己的現實生活條件做個比照，基本上就能推算出個人在太極拳上收穫的回報了。這樣學太極拳才能學個明明白白，不至於心理預期和實際結果落差過大，也不至於在將來某一天滿心失落地吐槽太極拳是騙人的了。

第二節

關於太極拳的慢練

　　必須承認，慢練幾乎成了太極拳的一種標誌。這種標誌性特點影響深遠，又得到「養生光環」的加持，甚至已經開始影響整個內家拳「圈子」了。

　　很多圈外人或者剛接觸內家拳的人，都把慢練當作判別內家拳的第一標準，大有「不慢練不是內家拳」的勢頭。所以，我們在探討太極拳的時候有必要把這個問題搞清楚。

　　毋庸置疑，慢練確實是太極拳的一個特色，也是太極拳明顯區別於其他拳種的特點之一。但為什麼太極拳要慢練，慢練的意義和價值何在呢？要回答這個問題，我們必須要明確太極拳的功理、功法特點。

　　太極拳（功）是對人體全身進行的一種整體性的鍛鍊。太極拳對習練者的價值，無論是在養生方面還是應用方面都在於此。

一　功理細緻入微

　　相較於其他拳術，太極拳的功理將人體構成部分辨識、分析得更加精細，可以說是細緻入微。

　　《方式》和本書前文都講過，人體可以大致分為五大系

統，進而分為筋、骨、皮、肉、臟、腑、氣、血、神、意。
這種人體認知水準足以輔助大部分內家拳的功法練習。

參照這套理論，大家可以自己分析、判定很多內家功法
的鍛鍊目標。

但在太極拳的「人體觀」裡，人被分得更加精細。例
如，筋不光要分清經筋、筋膜，還要進一步細分。除了十二
正經的經筋，經筋還有很多支脈、絡脈的經筋等。筋膜還要
分骨膜、肌膜、腔膜、臟腑之膜等。骨不僅要練關節、練骨
壁，還要練髓。皮不僅要練表皮，連毛髮都有訓練內容。如
此種種，劃分極為細緻，注重的方面很多。

其中，「神意」的培養和引導在太極拳體系中尤為重
要。太極拳重神意，而這往往是其他拳種並不特別重視的方
面，或達不到太極拳這樣的重視程度。例如，形意拳也講
「神意」，但更偏重於「意」，更像是一種「精神力」的用
法，即以意指揮勁力和氣血的方法。至於練習者如何體認到
「神」、如何養「神」煉「意」，則比較「順其自然」。一
般老師就是要求多站樁，有時間再打打坐。

而太極拳的「神意」更在養成方面有清晰的功法。太極
拳是把「神意」視為人的一個組成部分，甚至可以說太極拳
的內型結構體系是圍繞「神意」這個核心搭建起來的。

如果說形意拳的內型側重筋骨建構，八卦掌的內型講究
氣脈建構，那麼太極拳的內型則是「神意」建構。太極拳注
重對「神意」的培養和應用，以「神意」在拳法中起主導作
用，拳論中亦有「意氣君來骨肉臣」之語。至於「神意」建
構如何操作，咱們在後文講到孫式太極拳時具體介紹。

綜上，「太極」語境下的周身（整體）涵蓋的是這麼一

整套（而非一個）非常精細的概念。

正因為訓練的子項目如此豐富，所以太極拳的慢不是為了慢而慢。與其說太極拳打得慢，不如說太極拳練得細。不管是站樁、單式還是盤架，練習者都需要細細地體認自身——從上面所談的筋骨皮肉、臟腑內膜到氣血「神意」的每一寸、每一分、每一毫的運動變化。這種精細運動要顧及的方面太多，所以快不起來。

二 「神意」統攝全身

太極拳的內動是一種以「神意」統攝全身每一個部位的運動模式。對於體內的各個層次、各個部位、種種細節的體認與鍛鍊的最終目的是讓人體的所有組成部分，無論物質的還是精神的，不僅是體內各種有形的部位、器官，還有各種功能，都透過「內動」協調、整合起來，各安其位，各司其職，真正地協作運轉起來，使人成為「真正的人」。

這麼說似乎有點奇怪，不練太極拳還不是個「真正的人」了？這裡不得不插入一條理論說明：

從中醫的角度或者內家拳理論來看，普通人（沒有接觸過內家拳概念或中醫概念的人）在日常生活中，身體運作的層次或者效能是很低的。普通人對自身的器官運作沒有實際的掌握和把控能力，都是隨著身心的本能而運轉，同時受自身先天的某些缺陷所制約。

舉一個比較淺層次的例子，一個人坐著坐著身體就歪斜了。你告訴他，直起腰來！他直一下，一會兒又歪斜了，他自己還覺不出來，甚至還覺得這樣挺舒服。懂中醫或者傳統

武術的人一看就知道他脊柱周圍的筋不夠強，左右兩邊的肌肉力量也不均勻。一邊的筋肉累了，就要蜷縮起來，節約能量，結果就導致軀幹往這邊歪。類似的有脖子往前探、駝背、內外八字腳，等等。他本人也知道這樣不好，但是他自己真感覺不出來。這用拳學術語來說就是他的「神意」統攝不了他的身體。

從這個角度講，一個人連自己的身體都做不了主，怎麼能說是「真正的人」呢？但是普通人經過鍛鍊，真正把握住自身，進而可以操縱自身去做一些常人看起來有很大難度的運動（比如丹田內轉、周天運轉）。能做到這一點也就契合了太極的真意，也就成為了「真正的人」。

為了實現這一點，普通人不得不慢動、慢練，深深感知、細細調理。身體整體的大內動是由各個局部的小內動組成的。每一處的小內動都需要先感知到是哪些部位參與此項運動，再慢慢地、細細地磨合，就像調試機器一樣，所以這個階段的動作根本就快不起來。

太極拳的「慢」練不過是一種練功時的必然選擇，而不是為了標新立異或者刻意標榜什麼，更不是一般人理解的為了照顧老弱病殘的練習者而專門放慢了打拳速度。

雖然慢練的功理和方法恰好適合此類人群鍛鍊強身，但是我們要知道，這不過是一種帶有必然性的巧合。太極拳的理念是以人為本的，其功法體系是建立在其顯微鏡式的「人體觀」基礎上的。

太極拳的套路也有將人體各個系統的運轉，以肢體動作的形式演化一遍的功用。可以說，太極拳是「反躬自省」的拳。哪裡動作做不到位、交代不清楚，說明哪裡的肢體或體

內某個系統有不合適的地方。透過對動作的調整達到對肢體或體內系統的調理作用。

三 整體性的筋骨功夫

太極拳的筋骨功夫是貫通全身、細緻入微的，可以說是一種整體性的伸筋、拔骨、騰膜。

內家拳都是從筋骨功夫入門的。太極拳對筋骨的要求更高一些，除了內家拳通用的要求，如要柔、韌、通等，關鍵還要貫通全身，無處不到。

鍛鍊筋骨的運動沒有快的。比較直觀的例子是瑜伽：緩慢勻速地做，做到極限了，還要停一會兒，讓韌帶適應一下，因為開關節、拉筋主要練的是筋膜、韌帶。騰膜更需要藉助呼吸之法。筋腱組織裡面沒有神經，不能像肌肉一樣直接受大腦控制，快動猛拉是會受傷的。

太極拳的每個拳式，在初級階段都要求以丹田為核心，向四正、四隅、上下舒展身軀。這可以理解為把身體置於一個球狀框架內，身體進行的是球體漲縮式的筋骨訓練。要做到這種全身性的伸筋、拔骨、騰膜，動作肯定快不起來。

故此，太極拳的慢是不得不慢，不慢就不足以鍛鍊到位，不足以達成修煉目的。然而，一旦練成之後則是該快就快，也能快，該慢就慢，也能慢。快慢完全看有無實際需要，而不是去迎合某種大眾認知的「必須」或被當作某種「標誌」。

第三節

孫式太極拳釋疑

在正式介紹孫式太極拳的功法之前，還需要對幾個關於孫式太極拳的常見問題進行說明，以幫助大家對孫式太極拳建立一個相對正確的第一印象。

一 孫式太極拳是不是「三拳合一」

有很多人認為孫氏武學的「三拳合一」是落在了孫式太極拳上。他們的理由是孫祖先學形意拳，後學八卦掌，最後才學太極拳，所以，孫式太極拳肯定包含了形意拳和八卦掌的內容。

對此，正面的理解是認為孫式太極是孫祖融形意拳、八卦掌、太極拳於一爐的集大成之作。反面的看法則認為孫式太極拳不純粹，是摻了形意拳、八卦掌的「雜拳」。甚至還有人認為，孫式太極拳不過是打慢了的形意拳。

筆者個人並不認可孫式太極拳是形意拳、八卦掌、太極拳合一之說，或孫式太極拳不過是形意拳的底子之論。孫式太極拳之所以是太極拳，是因為它本身確實是按照太極拳的道理編創的拳法。它完全符合《太極拳論》中「太極者，無極而生，動靜之機，陰陽之母也。動之則分，靜之則合。無

過不及，隨曲就伸。人剛我柔謂之走，我順人背謂之黏。動急則急應，動緩則緩隨。雖變化萬端，而理唯一貫」的要求。

孫祿堂老先生是學風嚴謹之人，孫氏拳是學術嚴謹之拳。這點從孫祖的幾本著作中可以看出，拳理清晰、明確、精湛。孫氏三拳是孫祖經過數十年苦修，悟透了形意拳、八卦掌、太極拳各自的拳理後總結出來的，是對三拳拳理的一種表達形式。也就是說，孫氏三拳是具象化的拳理，既不是套路，也不是招數。

上一章介紹過孫氏武學的「三拳合一」是三拳的拳理統合為一，即在「內家拳」這個大概念下形成了一套根本性原理。這個內家拳原理就是人體生存和運動之理，堪稱人體之道。孫氏三拳的交集就在這裡。

就練習者個人而言，「三拳合一」是功夫合一。「功夫」這個概念用現代詞彙表達，大概可以解釋為人體素質和運動功能。按部就班地修煉三拳就是一個功夫的自然融合的過程。

具體來說，當你練好了形意拳，便具備了形意拳所要求的身體素質和運動功能。然後，你帶著形意拳鍛鍊出來的強大身體，以及形意拳形成的獨特運動功能，進入八卦掌的修煉過程；把八卦掌要求的身體素質和身體功能煉到身上後再開始練太極拳……當三拳的功夫全部上身之後就自然實現了個人層面的「三拳合一」。

當然，在某些動作上，三拳或許有相似之處，但那是針對某些問題，三拳在處理上有相通之處，而不是真的完全一致或功能重合。

所以說，孫氏武學保留三拳是因為需要用孫氏形意拳來體現形意拳的道理，用孫氏八卦掌來體現八卦掌的道理，用孫式太極拳來體現太極拳的道理。

練任何一種拳都要把這個拳的道理練到極致。不要想投機取巧，盤算著我練好了形意拳，轉著圈打就是八卦掌，放慢了打就是太極拳。用這個思路學孫氏三拳是沒有意義的。

參考孫祿堂祖師本人學藝的過程，他最初是形意拳有所成就，為了提高自己的拳術水準又學八卦掌，後為了徹底搞明白內家拳的道理才又去學太極拳。如果三拳實無分別，孫祖又何必再學八卦掌和太極拳？把寶貴的時間用來專修形意拳豈不更好？

從技法貫通、套路串編的角度來說也是如此。以孫祖的學識經歷，將三拳統合到一個套路裡或乾脆編創一個新拳種很困難嗎？在那個時期，這種操作幾乎成為武術界的潮流。

例如，張占魁先生創形意八卦掌，他的弟子趙道新先生創心會掌、裘稚和先生創螺旋拳等。同時期，還有形意太極拳、太極八卦拳、龍形太極拳（以太極拳為底版，融入形意拳和八卦掌技術的一種拳），等等。

為何孫祖執著於保存相對獨立的三拳呢？因為三拳確有各自的作用和價值。綜編無法代替專精。

二 練孫式太極拳需不需要站三體式

孫式太極拳遵循的是太極拳之理。太極拳拳理在於「夫太極者，法演先天，道肇生化焉。化生於一，是名太極。先天者，太極之一氣；後天者，分而為陰陽，凡萬物莫不由此

（邢喜懷《太極拳道》）」。講究的是太極一氣，陰陽動靜之道。

故無極式、太極式才是孫式太極拳的根本，因為此二式演化無極生太極、太極分陰陽之理是符合太極拳拳理的，是對太極拳拳理的準確表達。

所以，孫式太極拳不是非站三體式不可，不是說絕對不可以站，而是沒必要將三體式上升到孫式太極拳的根本式的程度。三體式表達的是「三才」的道理，這是形意拳技術體系的理論基石，故而三體式是形意拳不可或缺的基本功。所以說，「三體式是形意拳的總機關」。

而太極拳強調的是對太極陰陽之道的表達。三體式在這個理論框架下至多能起到表達演化過程中的某一個階段的作用，並不能上升到總綱、總則、總式的高度。孫祖從未說過「三體式是太極拳的總機關」。故而，練習孫式太極拳不一定非要站三體式。同理，渾圓樁也是很好的功法，但對於孫式太極拳來說也不必非站渾圓樁不可。

三　練孫式太極拳是否可以「以武入道」

孫式太極拳被稱為「合道之拳」，這個合道首先合的是人體自然之道。具體表現是孫式太極拳不以各種奇功妙術標榜，不以奇技淫巧示人，而是紮紮實實地以人體本身為本，根據易筋經、洗髓經的道理，把人的身體各項功能練至最佳狀態。

所謂內功就是氣血充盈、經絡通暢、臟腑強健、筋骨強壯。所謂外動，就是人體各個系統、各項功能的運轉合乎道

理，各守其本，各安其道，各有秩序，不強作、強為，等
等。

其次是合太極拳拳理。孫式太極拳的每一式都是對太極
拳拳理的提煉、總結和具體表達。所以，孫式太極拳每一式
稱為「××學」而不是「××式」。

孫式太極拳每一式、每一動都是道理和原則的具象化，
相當於太極拳拳理中的基本單元，而不是單純的外形動作。
例如，懶紮衣一式練的是起落、進退、開合的原理，而不僅
是手腳起落、伸縮、轉動的一組動作。

孫式太極拳套路裡，沒有超出正常人身體運動方式的、
反常規的動作，例如，扭轉到極致或歪斜到極致等都是由常
見、常用的動作構成的，練習者在正常運動的基礎上，逐漸
逼近自身運動能力的極限。這個要求與易筋經功法中的「到
位」要求一致。透過在身體承受能力的臨界點上的一絲絲增
加，逐漸突破自身的極限。

所以，孫式太極拳始終堅持中庸之道，從平凡中見神
奇。技合乎道，自有奇效，如同修行人只是修心，而不是求
神通。以太極之道為根本，以合道的方式運轉拳架，這是孫
式太極拳的奧妙所在。

調整人體，使自身與拳架中蘊含的太極道理相契合，在
「以身證道」的過程中返歸本源。這才是孫式太極拳套路動
作和要領的根本目的。所以，練習孫式太極拳的套路動作不
要從「招法」的角度去思考。

孫式太極拳的拳架設定、動作轉接只求對太極拳拳理做
出最精準的表達，放棄了對「打人」的技巧、竅門的追求。
對不符合太極拳拳理的技術元素絕不妥協，一律刪減。故而

孫式太極拳的套路動作非常質樸，沒有花哨的地方，也沒有可以借力偷懶或炫技的地方。

孫式太極拳的動作編排順序乃至每一節動作的分配，使整個套路按照一定的節奏進行，這都是遵循一定的原理和原則的。故而，完整的孫式太極拳的套路鍛鍊效果最佳。

四 孫式太極拳是不是所謂的小架拳

太極拳給普通人的印象是舒展大方、氣勢磅礡，這可能是大架流傳比較廣，習練的人比較多的緣故。

例如，陳式太極拳一路、二路流傳廣、習者多，而陳式太極拳小架則在內部流傳，鮮為人知。而楊式太極拳世傳多以楊澄甫先生定的大架為本，門內只有個別支派繼承了小架，故不如大架流傳廣泛。

所以，一般人提起太極拳，腦子裡的印象大多是大架拳。而評價太極拳時，也是以大架拳為衡量標準。與之對比，孫式太極拳給人的印象就是小架拳，言下之意就是動作不夠舒展大方。

可能是因為小架拳的肢體動作幅度不夠大，不太適合學拳初期對舒張筋骨經絡的鍛鍊要求，給人一種不好練的印象。所以，孫式太極拳是小架拳，難練，不適合初學者，也就成了一般人對孫式太極拳的刻板印象。更有甚者認為孫式太極拳架子拘謹，容易練錯，對身體有害，如不利於呼吸、不利於放鬆、容易練僵等。其實，這都是對孫式太極拳不瞭解而導致的誤解。

孫式太極拳肢體動作幅度看上去不大，是因為其並不以

四肢的伸展為主，而是直指核心，這也是孫氏拳所有拳法的主要思路——拋棄所有枝葉，只抓主幹。

孫式太極拳拳架伸展的是軀幹，對身體根節的動作要求非常高，軀幹部的關節運動量很大。而習慣從梢節入手練拳的人往往意識不到這一點，還是以通常的梢節啟動的習慣行拳，自然覺得非常拘謹，不舒展，而且很難上功。

孫式太極拳的所有動作都是由根節發動起來的，所以孫式太極拳動作的舒展程度完全取決於以下兩點。

1. 軀幹部位的運動能力

軀幹部分的運動能力分為內外兩層。

外動的舒展程度體現在架子雖小，但身體進退顧盼的活動範圍大（在空間中身體運動鼓盪幅度大）。

內動的舒展程度體現在孫式太極拳的「發動機」主要是中軸和丹田點（不是丹田球）的協調運動。中軸和丹田點一動就會帶動全身，筋骨、臟腑、內膜、皮肉層層摩擦運動。架子雖小，但動作轉換時筋骨、皮肉、臟腑摩擦量大，內動幅度也大。

所以，孫式太極拳要練開軀幹的「內空間」。向自身內部求空間，向關節內部求運動量。

2. 大關節的活動量和運動幅度

大關節主要指肩胛、髖骨、脊柱。

脊柱上又需要特別注意鍛鍊常人不大會動的腰椎、骶髂關節、尾椎。這些地方是太極拳功夫上身的關鍵。功夫要練到這些地方去，把關節練開。「開關節」與「活關節」的區

別在本書第六章中有所論述。

孫式太極拳練對了，動作其實是極為舒展的，而且更為大氣磅礴，不僅不拘謹，反而有著一種獨特的威勢。

這是因為孫氏拳是根節運動，拳架盤起來後自然就產生了「身勢」運動。一旦身上帶有「勢」，自然就形成了在空間內的鼓盪開合運動，從而顯出威勢。這是孫式太極拳特有的韻味。

從這個角度來說，孫式太極拳雖然動作都是普通人能做到的，但是鍛鍊強度並不低。若每個動作真能嚴格練到位、練標準，難度是很大的。

「身勢」運動是普通的大架拳練習者不太容易體會到的。雖然很多太極拳練習者都知道「先求開展、後求緊湊」這個要求，但是大多數人學會了開展練法後就會一直沿著開展的思路練下去。

若沒有明師指點轉關之法，可能一生都找不到「緊湊」的路徑，因為認知裡沒有這個概念。

所以，孫式太極拳的拳架不應該用大架、小架的標準去考量，而是看練習者身體的根節是否能練到、練開、練出功夫。

第四節

孫式太極拳簡述

澄清了世人對孫式太極拳的誤解後就可以正式開始介紹孫式太極拳了。

一 孫式太極拳釋名

筆者所學的孫式太極拳是由孫祿堂先生所創，又經過孫存周先生整理的。孫式太極拳的全稱是「進退開合活步太極拳」。「進退開合活步」這六個字說的其實是孫式太極拳內動的基本模式。可謂是字字珠璣，無一字空言，所以本節就從釋名開篇。

（一）開合

孫式太極拳在武林中又被稱為開合太極拳，「開合手」是其標誌性動作。所以，很多人認為此拳得名於「開合手」，或是認為孫式太極拳的核心奧秘就在於「開合手」這個動作。

這種解釋雖然不算錯，但是一種比較淺顯的理解。其實孫式太極拳的開合，指的是統領整套孫式太極拳的開合心法，而不是單純的、外形上的開合動作。

說開合是心法，有兩個方面的含義：

一是開合是內家拳的重要概念，練習者在行拳之前要在心中對這個概念有清晰的認識。

二是開合是一種內家拳的身體內動模式。

練習者行拳之時要在身上將其切實體現出來。

開合對習武之人而言並不陌生。無論哪個拳種都會有所提及。正因為「開合」概念比較普及，所以也比較容易被忽略或者被簡單化理解。

其實「開合」二字含義甚深，說它是傳統武學的核心概念之一也不為過，所以，孫祿堂祖師以「開合」概念統攝孫氏武學之太極拳一脈。

孫式太極拳的開合，不僅僅是外形動作上的一開一合，也不僅僅是肩背內部的一開一合。

孫式太極的開合，**首先是關節運動模式。**

太極拳運動也被稱為關節運動，但是關節究竟是怎麼運動的呢？普通人的關節有兩種運動形式，即屈伸和旋轉。唯有內家拳練習者的關節可以做出開合之動。

這個要結合《方式》一書中提到的「內家拳的樁架結構是建立在關節的榫卯式連接之上的」來理解。

樁架中的關節榫卯結構，如果能夠隨時「嵌入」，又隨時「拔開」，這才叫開合。

其次，它是樁架運動模式。

咱們前面說過，太極拳的身架至少可以分為內外兩層。外層即四肢和脊柱，傳統上稱為「一身備五弓」。身架有束展之變，而五弓的末端，即手、腳、頭、尾（尾椎）之間自然呈現出開合變化。這與人體自然結構的「根節拋射梢節」

或「梢節牽動根節」等運動形式截然不同。

最後，它是「中」的基本運動模式之一。

上一章我們說過，中是人體各個系統、各種拳學要素的集合體。但是作為一項運動，這個「中」要會動。

「中」怎麼動呢？主要運動方式之一就是開合。「中」的開合不太好理解，可以先從它的外在表現中去體會。「中」做開合時，兩肋會左右開合，脊柱和胸骨會前後開合，百會穴和會陰穴會上下開合。把這六個方向的開合組合起來就會發現這其實是體腔中央的空間在一脹一縮！

這個運動中包含了中氣的一升一降、重心的一提一放、周天的一起一落、內勁的一鼓一盪……從而將呼吸吐納、氣血運行、勁力鼓盪、神意斂放等內家功法統攝於一個動作，使練習者的精神意識與各器官、各肢體的各項功能高度地協調統一起來，也就是孫祖說的「上下內外合為一氣」。

可以說「開合」概念是對傳統內家拳法所探索出的人體身心的最佳運行模式的具象化表達。內家拳的人體整體運動模式完全可以由開合來表達。

所以，開合是太極拳的內動模式，是太極拳內勁的根源。

（二）進退

孫式太極拳的進退不是字面上的進退，不是指一步向前、一步後退，雖然套路中有些動作中是這麼編排的，但這只是其外在的表現形式。

研習太極拳不是熟記套路動作就行，只知道個下一步往哪兒邁、手往哪兒擺是遠遠不夠的。我們練拳應該深入體認

蘊含在動作之中的拳學真義。

我們需要明白，拳術動作不過是神意、臟腑、氣血、筋骨等構成身心之要素協調運作的外在表現。透過這些表像去反推、體悟我們皮囊之內的肉、骨、筋、精、氣、神相互作用的道理，從而真正把握我們的本體，從本源上強化我們自身。這才是練習太極拳的意義。

進退主要體現的是孫式太極拳的身法原則。簡而言之，要以身帶步，一動即軀幹先動，而非邁步。身如水面行舟，進退自如，而不是靠雙腿的擺動拖拽身體。進一步講，它是身體與空間的呼應，是身體在空間中的「振盪」。常人的進、退是「二」，內家拳的進退是「一」。

如果能把兩拍的進退做成一拍的進退，那我們的身法運動就可以在空間中形成「振盪」。這個聽著玄虛，其實是很具體、很實誠的內家技法。靜心、放鬆，按照拳法的規矩練習，功夫到了自然就能體認到。進退是如此，橫移、旋轉乃至俯仰閃翻、大搖大擺也都是如此。故而「進退」二字實際是內家身法運動的代表。

很多人認為自己身體或者說軀幹會動便是會身法了，對此筆者不做評述，只舉一例：

有一位練太極拳多年的朋友始終琢磨不透孫式太極拳的拳架好在哪裡——看起來既無圈纏之巧，又無運球之妙，橫平豎直，可以說是最不像太極拳的太極拳，但礙於情面，他沒有直說。

有一次談拳，說得高興，他終於忍不住問筆者。筆者用手輕輕扶住他的手臂，讓他試著先動身，身勁不到腳則不許動步，腳底勁不到手則不許抬手，結果他驀然發現自己不會

動了……愛好太極拳的朋友們不妨試一試這個小遊戲，可知身法修煉之難。

（三）活步

由開合與進退之義可知，活步強調的也不僅僅是步法靈活輕便，而仍是身法之外延，關鍵在一「活」字。

「活」是全身靈活、內外通透，不硬，不滯，不死，不呆，不等，不停，運轉不斷；是全身一動無有不動，高度協調，互不妨礙；是筋骨柔順，經絡通暢，氣血充盈，神意足滿，全身生機勃發。

而「步」則是所有拳學動作的代稱。在內家拳裡，手是「假」的，是「花」；步是「真」的，是「根」。站樁站得推挽不動，還是在山腳處打轉。行起步來樁架不散、樁勁不丟才算上了山。

活步其實是「活樁」。有樁了，樁活了，再行拳，才能叫盤架。要不然連自己師父都會跟別人說：「這個學生就是來跟我描個趟子。」

一路拳架盤下來，每一個動作都是活性的，全盤動作是一氣貫通、無有停滯的。這樣才能把拳練出生機來，才能收取洗練形神的功效，滋養練拳之人。

開合、進退、活步這六個字就像孫式太極拳的動作一樣，初看平平無奇、清淡無味，貌似無人不知、老生常談，實際卻把孫式太極拳的「勁、身、步」三方面的特點闡述得清清楚楚。不過，後人若非深入拳中多年浸淫，確實難以體會其真義。

二 孫式太極拳之動靜

太極拳體現的是太極陰陽的道理。太極是體，陰陽變化才是拳。但是陰陽是概念，到了操作層面則要有落到實處的東西。

在練習者身上，拳法的陰陽變化便是動靜。動靜的載體是拳架子。

（一）關於盤架子

盤架子一直是太極拳裡最重要的訓練手段之一。但是，很多人是因為師傳或是傳統如此才一遍遍堅持練習盤架子。

很少有人思考一個問題：太極拳的盤架子到底是在幹什麼？我們甚至還可以把這個問題再引申一下：盤架子練法在太極拳的訓練中為何處於如此重要的地位？這裡涉及盤架子的本質問題。

現在大家都習慣稱盤架子為練套路，這也是一種從俗的說法。其實，盤架子跟練套路在本質上是兩回事。所以，盤架子過去稱為行樁、行拳、盤拳等，跟練套路絕對不是一回事。

練套路就是熟悉動作，活動手腳，鍛鍊手眼身法步，也有鍛鍊體能和體力的作用。可是盤架子不是幹這個的。盤架子涉及的方面很多，鍛鍊意義很綜合，又很深入——這是總結性的言語，大家肯定看得沒意思。具體咱們不妨一點點分析。分析是分析，但不能把練身法、練步法、練勁力一項項列出來拆開講——因為如果這樣拆開講，就失去了盤架子的真正意義了，就練滑了。

那怎麼講？

我們就從盤架子的正規練法來談談盤架子該怎麼練。有人可能會說是一式接一式或者一勢接一勢，綿綿不絕，勢如長河——太極拳的套路都有這種要求。這種解釋對一般人來說也算說得過去。

不過這樣理解還是把太極拳的盤架子理解俗了。太極拳盤架子，要真只求連貫，效率就太低了，也不可能超過站樁、單操等專項練法的效果，出不了什麼功夫。

別家的盤架子心法，筆者不敢妄言。孫式太極拳的盤架子是指人體在動態和靜態之間不斷切換。

請注意這兩個關鍵字「動態」和「靜態」。現在理解不了，請先把這兩個詞記在自己的頭腦裡。動態大家可能還好理解，盤架子肯定是要動的。

那靜態又是怎麼回事呢？這就是孫式太極拳的特點之一：孫式太極拳強調靜態的概念和作用。

（二）靜態的概念和作用

雖然孫式太極拳的拳式套路演練起來是一式接一式地連綿不斷。但是，動作與動作之間並非沒有靜態，否則就失了太極本意。

孫式太極拳的每一式動作，懶紮衣也好，單鞭也罷，動作做到位（注意是「到位」）時就是其處於靜態的時候。

如果要講點玄的，那麼就得說既名太極，則必須分陰陽，有一陰必有一陽。如果是樸實的解釋，那麼就是有一動必有一靜，必須有節奏變化，不可能一直動下去。即使你有這個意願，你的呼吸和身體的變化也跟不上。

　　說得再具體點，《太極拳論》裡說「動之則分，靜之則合」，那麼你的動作裡有一開就必有一合，不能一直開下去或者一個勁兒地合下去。

　　在孫式太極拳裡，動和靜皆有其用。動有動的用處，靜有靜的妙處。這裡特別提請大家注意：**我們一直說的是動靜變化，而不是動停變化。**

　　靜是靜態，不是停止、停頓。靜態是非動態，是沒有運動變化時的起始狀態或預備狀態，而不是處於「動不起來」的狀態，為了區別於非動態，我們姑且稱之為不動態，這麼說有點繞，我們不妨打個比方。假設我們面前有個坐標軸，那麼，停止態好比是負數，而動態是正數，靜態則是坐標原點。坐標原點不是負數。

　　孫式太極拳的盤架子就是如此。由坐標原點演化出一個個不同的正數，然後回到原點，再演化數字，這樣不斷變化就是孫式太極拳盤架子的意思（其實各家拳術中所謂的開合變化、束展變化等的意義也近乎於此）。

　　所以，孫式太極拳首先要明瞭靜態，就是拳學運動的那個原點，也就是「進退顧盼定」的「中定」。靜態的價值好比坐標原點。零不是虛無，不是毫無意義。

　　在數學上，它是個數字。在拳學上，它是一切具體姿勢動作的出發點。這個出發點是有所預備和準備的。也就是說，處於靜態時你的身體不能空空如也，不能散亂至回到普通人的狀態，而是有東西蘊含在體內。

　　有人說，是不是靜態就是蓄力狀態，好比跑步時的起跑姿勢一樣？不是。起跑姿勢相當於將動未動，即處於 0 到 ＋1 的區間，哪怕它是 ＋0.1，或是 ＋0.000 000 000 1，也不

是零。它已經形成一種極微小的動態了。靜態就是自成一體的一種態，非動，亦非不動。這就是中定。

中定就是沒有特定的方向，也不針對任何東西的存在狀態。中定態其實是孫式太極拳的根本態，甚至誇張點說，是孫式太極拳的常態。中定態不是凝固靜止的，而是活性的。中定態體現的是一種不可勝的狀態，並非有意勝人，也不是針對誰，只是保持一巋然不動的狀態。

這就好比是一棵參天大樹。它是活的，有生命力的，有彈性的。但是，你撼不動它，推不倒它，用力猛的話，自己還可能會摔倒。樹的這種狀態就是中定之態。練中定之力要參悟這個，以己之不可勝而勝人。

有人說，我埋根死木頭樁子也推不動啊，這兩者有啥區別？

活樹是可以自己「做主」的。它有自己深埋地下、吸收養料的根系，有富彈性又強壯的樹幹，以此來保持自己的中定，受力是以自己富彈性的樹身受力，所以才會風吹百枝搖而屹立不倒。隨著生長，它的中定之力會越來越強。

而木頭樁子是「死」的，它的穩固性全看被埋得多深，是完全由「被動」產生的。

最關鍵的是它會隨著時間流逝而越來越衰朽，最終失去彈性。此時一旦受力過度，那就不光是倒了，而是可能被折斷。所以，中定是學活樹，而不是學死樁子。

而孫式太極拳的動態也不僅僅只是「動起來」而已。所謂「動態」是指身體內在產生一系列變化。這種變化是將身體導向正向的、充滿生機的，所謂生生不息才是太極拳之動。

　　所謂的動必須是變。本質是變化，不是動胳膊和腿。這種變化不是隨意的變，而是必須符合太極陰陽之理（即太極拳拳理、原則）的。孫式太極拳運轉起來就是在體內演化太極理論的「無極—太極、動靜陰陽、化生世間萬物」的過程。

　　從孫式太極拳的無極學、太極學二式開始，身體就定下了無極態和太極態的規矩，接下來的一動必然就有了陰陽分化，在太極原理指導下，後面的各種「動」（盤架子）就是陰陽相摩相盪，自然演化出各種各樣的姿態，即太極拳的各式動作。這是孫式太極拳盤架子的本質。

　　所以，孫式太極拳的盤架子一定是動靜相合的。靜態很重要，動態也不可簡單滑過。式與式之間的變化過程也需要重點體悟。這個動靜之間的生生不息才是太極拳。

孫式太極拳的無極式 與太極式

本節以孫式太極拳的無極式和太極式為例，講解孫式太極拳的原理如何體現在拳架之中。

一 無極式

孫式太極拳第一式是無極式。孫祿堂老先生著書時稱其為「無極學」。我等後輩不敢稱「學」，仍從俗稱之為「無極式」。

（一）無極式的相關理論

無極式通常也被拿出來當作樁功單獨練習，即無極樁。雖然說拳功不二，練拳盤架即動樁。但具體到練功實踐上，二者不是完全沒有區別的。樁功有樁功的語境，拳功也有拳功的語境。

一套完整的太極拳自然構成一個整體，就好比一篇優美的樂章有著自己的一套起承轉合、抑揚頓挫的節奏。太極拳裡的每一個動作都是這篇樂章裡的音符，在這篇樂章裡發揮著自己的作用。作為拳套裡面的動作，式子和式子之間是不能割裂來看的（單操則是另外一回事，遵循另外的鍛鍊原

理），否則這篇樂章就毀了。

所以，打一套完整的（編排合理，一般傳統的太極拳套路都是這樣的，因為經過了無數人多年的不斷練習傳承，編排不合理的則沒有這種生命力）太極拳套路就如同享受了一場音樂會一樣，有身心兩方面的好處。

拳套中的無極式並不能完全等同於無極樁。無極式在拳套中另有其道理。是什麼道理呢？

其一，拳套中的無極式是孫式太極拳的開始。

在這一式，練習者開始進入練拳的狀態，為了方便敘述，我們稱之為太極拳態。

什麼叫太極拳態？這就好比上課鈴一響，學生就要進入學習狀態，既不能想著玩耍，也不能盤算別的事，甚至不能想其他科目，否則學習效果就不好。這並不是單純集中精力聽課的意思，而是有一定的指向性，比如這堂課要學語文，那麼全身心都要投入到語文課的「語境」中去。

從上一課講了什麼、這節課要講什麼、以前的語文知識積累到參考的各種課外資料，乃至自己的觸類旁通、各種心得都要運轉起來，隨時為這節語文課服務。這時學生便進入了「語文態」。

所謂的太極拳態也是如此。以無極式一站就好比上課鈴響了，全身心都要調動起來，準備認真盤好這套拳架，上好這節太極拳課。無極式就是這個太極拳態的集中準備，你對太極拳的所有認識、所有積累、所有欲行而未行都在這一式裡含而未發。

其二，孫式太極拳盤架子要在太極拳態下進行才有效果。

太極拳套路是人體在太極拳態下的運轉形式。

所謂的太極拳態就是在人體內模擬「無極→太極→陰陽動靜→化生萬物」的過程。故而，無極式在孫式太極拳中起到領起全篇的作用，它在整套拳中的原始立意就是讓身心進入「混混沌沌，一元未生」的狀態。

孫祖的《太極拳學》中描繪無極狀態：「無極者，當人未練拳術之初，心無所思，意無所動，目無所視，手足無舞蹈，身體無動作，陰陽未判，清濁未分，渾渾噩噩，一氣渾然者也。」此種狀態是為了摒棄後天（日常生活）對人體的影響，摒棄人體對後天習性的依賴，使身心重新回到原初的一種狀態，從而可以調理人的身心，顯露人的真性真意，使身體內外統一、陰陽調和。

無極式在拳中代表無極狀態，是身心應該具備的一種真實狀態。無極式做得正確與否取決於身心是否達到無極狀態。

其三，盤孫式太極拳架子是讓我們學會用符合太極拳拳理的方式讓身體運動起來，從而獲得有益於身體的效果。

符合太極拳拳理的運動方式是什麼樣的？是一種相對更符合身體運動規律的運動方式。假設有一本關於身體正確運動的說明書，太極拳拳理指導下的運動方式更接近這本說明書的要求。

從人體運動方面講，人是以直立狀態生活的，是以直立狀態做各種動作的。所以，如果想獲得最佳的直立運動狀態，我們首先要學會正確的直立站立方式，這也是在無極式中我們要體認的。

所謂正確的站立，首先是真的、切實地站在地上。普通

人不是站在地上的，是被脖頸「吊」起來的。

日常生活中，頸項部位為了維持身體的直立平衡會用力過度，所以人的姿態往往顯得頭重腳輕。而且，因為不會正確控制自己的重心變化，常人的重心總是出現偏離，容易出現體態上的疾病。

平衡和均衡兩大問題總是出現在人們身上，所以練習太極拳要從無極式開始。無極式從真正的站立入手，學會真正站在地上。什麼是真正站在地上的感覺？

我們可以打個比方：立定跳高摸高時，身體下蹲，重心沉下去，然後彈力從腳下升起，即將把身體推離地面的一瞬間（這個瞬間很關鍵）的腰、腿、腳的感覺就是真正站在地面上的感覺。

真正站在地面上的一瞬間，身體反而會覺得不平衡，一直處於搖晃欲倒的狀態。這個狀態可以被形象地描述為「沙地立桿」。此時我們不是靠身體不同部位的肌肉牽扯來保持平衡，而是靠對重心的準確把控來保持平衡，靠中軸的中正來維持身姿的端正。

這兩點是常人的兩大弱項，卻是太極拳要求的兩個基本項，故而需要由無極式鍛鍊出來。這是無極式為太極拳「開拳」所做的身體（身姿狀態等）上、能力（重心調控能力等）上的調整和準備。

（二）無極式的練法

（1）身體自然正直站立，兩手自然下垂，兩腳分開為90°。目光平視前方（圖 8-1）。

（2）兩肩自然鬆垂下來，不可有意用力下壓。腋窩放

圖 8-1 無極式

鬆，不要夾緊。

（3）雙手自然垂於身體兩側，中指大約對準自己的褲縫。

（4）兩腿自然鬆垂立於地面。膝蓋不完全伸直。兩胯根自然放鬆，不要挺直。

（5）心法：放鬆，心靜，自然，如孫祿堂老先生在《太極拳學》中云：「心中空空洞洞，內無所思，外無所視。」

二 太極式

（一）太極式的相關理論

1. 太極式是一氣顯現的狀態

所謂太極（一氣顯現），在拳學中的體現就是身體從無

到有的狀態，即從身心空空洞洞、渾渾噩噩到有了意念和動作。

　　這是身心在通過無極式之功用，摒除後天運動習慣的影響後重新開始發動（猶如從無極狀態開始，由無極而太極，重新再演化出一個大千世界）。此時，不應再是梢節肢體的運用（這是常人的身體運動方式），而是直指人體之本源，即一氣發動。只要按照動作要求將動作做到位，此時身體所感受到的狀態就是太極態，即一氣發動。

　　孫祖在《太極拳學》中描述「太極」和「一氣」云：「太極者，在於無極之中，先求一至中和至虛靈之極點，其氣之隱於內也，則為德；其氣之現於外也，則為道。內外一氣之流行，可以位天地，孕陰陽。故拳術之內勁，實為人身之基礎。」

　　與無極式一樣，太極式展現出的也是一種身心狀態，而不僅是姿勢外形。太極式也可以當作樁功單獨練習，以使身體熟悉太極狀態。

2. 太極式是一氣飽滿後內蘊陰陽，暗含虛實分化的身體狀態

　　以左式為例，左式就是左手左腳在前的姿勢，此時身體是暗含左虛右實的狀態，身體有了內部的陰陽變化。

　　注意：**虛實不等於強弱，虛不是弱，實也不是強。**

　　二者更不是簡單的有力與無力之分，不是虛就無力、實就有力。打個比方，好比甲乙兩支部隊戰鬥力一樣。但是進攻的時候要有所分工，甲部隊負責吸引和牽制對方火力，乙部隊負責進攻，那麼甲為虛，乙為實。如果中途戰況變化

了，兩者交換了任務，那麼甲就變成了實，乙就變成了虛。

拳學上的虛實與兵法相通，含義很豐富。簡而言之，虛實的本質在於動靜之別，是動靜不同的身體狀態。

虛，相對處於動態；

實，相對處於靜態。

注意：這都是相對而言的，不是絕對的。

再說得淺顯一點：左虛是為了下一步可以由左半身動起，而不是由右半身動起。

3. 從姿態本身來講，無極式和太極式分別呈現為正身態和側身態

這兩個姿態是身體最基礎的姿態。正（身）側（身）是軀幹運動在拳術應用方面變化的基礎。也就是說，如果我們要在身法動作方面取一個「最大公約數」的話，幾乎所有的拳法動作都可以納入身法的正側變化之中。

所以，要切實地掌握這兩個姿態下的身體狀態，尤其這兩個姿態下身體的平衡和均衡能力。這是後面的太極拳動作做到位的基礎保證。

4. 孫式太極拳的本質是流動的

孫式太極拳不是由一個靜止姿勢簡單地換成另一個靜止姿勢。以無極式銜接太極式為例，無極式變成太極式的過程才是孫式太極拳。不是先站無極式，再轉個身站太極式。兩個定式相加並不是太極拳。

無極式轉太極式的過程中，只要按照孫式太極拳的規矩和標準要求去做動作，身體就會自然產生很多變化，這是我

們要認真體會的。

這其中除了一氣顯現，身體動作方面需要細心體會的就是中軸運動以及丹田點的感觸。這二者是重點。

所以說，孫式太極拳的功效就在於規範的原理和準則指導下規範的動作。只要練習者能按照規範做動作，在式與式之間演變時就會自然產生身體內部的動態變化。

所以，這個式與式之間的變化過程能練得多細膩、體悟得多深，練習者就能從盤架子中得到多少好處。太極拳的醍醐味就在其中。

這個式與式之間的轉換過程用時時長，從某種意義上來說也是一種功力的體現，一般情況下用時越長，練得越細膩。

所以，這個動靜演變才是盤架子的關鍵。孫式太極拳不是由一個個定式構成的，也不是為了擺成某個定式而編創的。

5. 孫式太極拳套路從整體來看沒有一式是重複的

在套路中，每一式要表達的含義和上下接續的內容並不相同，恰如赫拉克利特的名言：「人不能兩次踏進同一條河流。」所以，練習孫式太極拳務必誠心正意，身心投入，心意相合。將一套太極拳一氣呵成、完完整整地打下來效果最好。中途不可間斷或自作聰明地省去一些重複的動作。

太極拳套路的功用是調整身體的運轉節奏，設置一些重複的動作是因為恰好身體運行到此時需要這些動作進行適當地調整。雖然動作外形是重複的，但體內的氣血、神意等內在的運行狀態不同。

　　這就如同人跑步。跑 5000 公尺的長跑，跑到 1000 公尺處和跑到 2500 公尺處，動作同樣是跑步，但身體狀態已然不同。

　　這既是不可輕忽重複動作的原因，也是尊重完整套路的道理。

　　當然，一些簡化套路刪除了重複動作，則不在此道理範疇之內。因為那相當於重新譜寫了新的樂曲，自有自己的旋律節奏在，與老曲調不是同一個譜曲思路，不必套用。

（二）太極式的練法 ▶

　　（1）在無極式的基礎上，以右腳跟為軸，身體微向左方轉動。轉到兩腳夾角為 45° 時停止（圖 8-2）。

　　（2）轉到位時，雙肩自然下垂，雙手仍位於身體兩側，頭轉向左前方。全身放鬆，塌腰，小腹充實；舌頂上齶，內提會陰；呼吸自然，眼睛平視左斜前方。

圖 8-2 太極式

（3）整個動作由中軸帶動，不是腰胯帶動，也不是身體如門板轉動。孫祖的《太極拳學》云：「頭扭之時，要與心意、丹田、上下內外，如同一氣旋轉之意。」

（4）心法：心靜身鬆。全身自然，動作自然。

對孫式太極拳的簡單解說到此為止，僅供大家參考。不當之處請大家指正。

第九章

武術精神

　　本章名為「武術精神」，其實是想談談內家拳的「內煉」。恐怕有的朋友會問：這二者是怎麼聯繫起來的呢？一說起「內煉」，想必很多朋友就會想到「打坐煉氣」之類的內容，或者想到「內三合」之類的拳學術語……然而，「內煉」其實不是這個意思，或者確切地說不是這個層面的意思。

　　我們所說的「內煉」指的是精神層面的鍛鍊。相對應地，易筋經、站樁功等強化身體的功法則是物質層面的鍛鍊。「內煉」所包含的概念不僅僅有精氣神的涵養，更重要的是人格的完善、道德的修養，以及整個精神層面的強大。「內煉」，即鍛鍊人的「內在」之義。

　　可能有的朋友又會想，說精氣神的涵養也就罷了，但人格的完善、道德的修養跟拳術訓練有何關係？跟內功修煉又有何聯繫？

　　孫祿堂先生在《論拳術內家外家之別》一文中曾記述宋世榮先生的教導：「……《中庸》極論『中和』之功用。須知古人所言，皆有體用。拳術中亦重中和，亦重仁義。若不明此理，即練至捷如飛鳥，力舉千鈞，不過匹夫之勇，總不離夫外家。若練至中和，善講仁義，動則以禮，見義必為，其人雖無百斤之力，即可謂之內家。迨養氣功深，貫內外，評有無，至大至剛，直養無害，無處不有，無時不然。捲之放之，用廣體微，昔人云：『物物一太極，物物一

陰陽。』吾人本具天地中和之氣，非一太極乎？……」

孫祿堂先生記述自己的心得體會：「余敬聆之下，始知拳道即天道，天道即人道……由是推之，言語要和平，動作要自然。吾人立身涉世，處處皆是誠中形外，拳術何獨不然。試觀古來名將如關壯繆、岳忠武等，皆以識春秋大義，說禮樂而敦詩書，故千秋後使人生敬揚崇拜之心。若田開強、古冶子輩，不過得一勇士之名而已。蓋一則內外一致，表裡精粗無不到，一則客氣乘之，自喪其所守，良可慨也。」

孫祿堂先生又補充了一句宋先生的教誨：「拳術可以變化人之氣質。」

這段文字直接道出了精神修養的本質與拳學修煉之間的關係。二者實為一體，不可二分。精神修養是拳術高境界的直接體現。這才是內家拳「內煉」的題中應有之義。

武的鍛鍊能被稱為武道，其道的意義也是指這方面的作用。所以說，不是從形式上規定一些禮節、規矩就算武道，也不是說自己起個「××道」的名字就可以成為武道，更不是附庸風雅地瞭解一些國學知識就是武道了。

武者之氣質是習武之人經過切實修煉，自身由內而外所釋放出的一種精氣神。它既是一種魅力、一種風度，也是一種生活態度、一種行為準則，更是一種

特有的人生觀、世界觀、價值觀。它是一種飛揚的人生沉澱後的發酵，不是刻意包裝出來的表面功夫。它是舉手投足間不經意流露出來的一種風采。這份自在瀟脫才是武道修煉所結之果。

武人之風骨是在長期艱苦、嚴苛的修煉中鍛造出來的。這種鍛鍊不僅是鍛體、習技，更是指我們的精氣神在厚重的歷史、人文氛圍中長期得到薰陶、沁潤。特別是傳統內家拳，其精神內核與中國傳統文化血脈相連，對心性修煉有著不可替代的效果。

若是換了一種環境氛圍就難以培養了。因為這不是靠著刻意灌輸，或者靠著上幾堂課、聽幾次講座就可以形成的。習武不僅是鍛鍊肉體，也要振奮精神。即便技藝不高，至少應當胸中有志、腹中有膽，否則學武何用？

什麼是武術精神？家師張烈先生認為：武術精神就是一種積極向上的、樂觀正面的、正向的人生態度。他在授藝時常叮囑筆者，不要光學技藝，更要注重武術精神的培養。

抽象概念不易理解。筆者想以恩師昔年的事蹟為例，為大家提供幾個探究武術精神的具體範例。

張烈老師武學修養深厚，人格魅力驚人，見者無不為其所折服。為了再現他老人家的風采，以下行文仿傳奇公案之風格，以求大家能更好地品鑒其中的韻味。

第一節

恩師昔年五事

一 故事之一：為何練武

　　家師姓張，名烈，自號「爾威」，一位真正的武者。他是一代內家武學大師孫存周先生的弟子，清末民初人稱「虎頭少保、天下第一手」的孫祿堂先生的徒孫。

　　孫氏父子的大名在武林界那可是如雷貫耳。張烈老師盡得孫門武學真傳，少年時在京城武林界行走，成年後也試過「九河下梢」天津衛的江湖水深淺。曾在「文革」期間護廠，一個人、一根白蠟杆，止住一場武鬥——幾十個造反派，沒一個敢跟他伸手的。

　　何等的威風！

　　不過老師更喜歡跟我們炫耀的是另一個身份——無線電高級工程師。老師說這個身份是被他師父存周先生「教」出來的。

　　老師自小頑劣，又有一身家傳的少林武藝，三天兩頭打架惹事，家裡人管不了。恰好老師的父親與存周師爺是好友，想到孩子好武，索性給他找個師父管教，於是便將孩子託付給了存周師爺。

　　老師桀驁不馴，那時已是「打架王」，並不服管教。師

爺教的是真傳，練起功來單調枯燥，一個形意拳的基本樁功
「三體式」就讓老師站了三個月，此外並沒教其他任何東
西，就這樣老師還老是被說站得不對。終於老師煩了，一日
又被師爺糾了很多錯後說：「師父，咱這個老是這麼站著不
動，打架有用嗎？」

　　師爺被老師率直的性格逗樂了，朝他伸出一隻手，帶著
鄉音說了一句：「你試試不？」

　　老師是火爆性子，二話不說，前手一撩師爺的手，後腳
上步從外門吃住師爺的前腿，一調身，身子就欺進來了。這
招有名頭，喚作「走馬活擸」，如果真被吃住了，那胳膊一
橫就是一個跟頭。

　　老師說這招他用得賊熟，打翻過不少人。

　　師爺那是什麼身份的人物？！那是真高，都被吃到這份
兒上了，還是不急不慌，就站在那裡。等老師的動作全都擺
到位了，就在最後要發力的時候師爺才伸出手來，用大拇指
在老師的肩井穴摁了一下，老師當時就趴下了，半邊身子都
麻了，半天沒緩過勁來。也就是這一下子，老師才真的服了
師爺。

　　老師說，別的不論，就這掐時機的火候就說明師爺是真
高！老師從此聽師爺的話，先老老實實地站了一年多孫氏三
體式。

　　不過與家裡大人的願望相違的是，老師練上形意拳後功
夫突飛猛進，打架更得心應手了，仍在外面不斷惹事。這情
況被師爺知道了，師爺叫老師過去跟他「好好談談」。老師
聽了這話心裡就發毛了，事前做好了各種心理準備，想像了
很多師爺會怎樣責罵他和懲罰他的情形。

而萬萬沒有想到的是，師爺見到老師後沒有責罵和懲罰他，只是看著他流下了眼淚。孫存周一代武學宗師，縱橫江湖數十載，居然老淚縱橫。老師當時就傻了。

然後師爺說了一句話，幾十年過去了老師仍然銘記在心：「張烈啊，我教你武術，就是為了讓你當個打手啊？我是為了讓你『行』！」

一個「行」字，道盡了老恩師的心聲。

什麼叫「行」？師爺曾手書一幅字送給老師：文能素手發科，武能捨身臨陣。

無論做什麼事都能拿得起、放得下，成為在各個方面都響噹噹的男子漢，這才是練武的目的，也是武者的精神。

從此老師洗心革面，專心學習，不僅在武術方面突飛猛進，在學業方面也取得了優異的成績，考上了當時的重點大學──北京郵電學院。老師畢業後成為無線電高級工程師，參與了國產電子快門照相機的研製工作，1990 年因主持研製第 11 屆亞運會國產飛艇專用熱合設備而獲「七五」立功獎章……

多年以後，當我們拜在老師的門下之時，老師也對我們說：「跟我練武，就是為了讓你們『行』！」

二 故事二：何為武者

當年孫存周師爺在武術圈內的迎來送往、交際應酬多是由老師代師獻藝。北京四民武術社吳子珍前輩的弟子仍記得當年孫存周師爺來訪時的情形：師爺「身邊帶著一個十四五歲的小孩兒，小個兒，留著個油光光的小分頭，身板看上去

挺瓷實……」。

當年在為抗美援朝募捐義演時，也是由尚是少年的老師代師登臺，那次老師一口氣連跳了 20 多個孫氏小龍形，當時的太極拳家吳圖南看後曾專門詢問老師的師承，聽說是孫存周先生的弟子時豎大拇指連連稱讚：「好！有味兒！有味兒！……」

至於比武交手，老師也是行家裡手，如家常便飯一般。老師曾笑言當年在京城已經打到無架可打，對方一聽報號是「張烈」，立刻就罷手不鬥了。

閒談時老師曾提起一件趣事：在「文革」期間，有一次去外地出差，曾與當地一位某名拳的好手比武，一個「崩拳」就解決了戰鬥。

事後對手十分佩服，不僅在老師回程時專門送行，還以一包毛主席像章相贈……

雖然我們耳聞的不過是隻言片語，但管中窺豹亦可知老師的武術功力之深，但老師並不常談這些事。老師所津津樂道的是其他的東西。

誠然，老師為人所知是因為他的武術成就。但老師生平最滿意的別人對他的評價是來自一部山東電視臺為他錄製的紀錄片，片中稱他為「玩家」張烈。老師最為得意的是這個「玩」字。

一個「玩」字確實精闢地道出了老師的神韻。老師興趣廣泛，武術之外在諸多方面都頗有建樹。老師在工程師的本職工作上的成績自不必說，對於音樂、舞蹈、體育活動等方面也頗有興趣，身體力行之外還多鑽研其理論，有很多自己的見解和學習的方式方法。

　　老師是國家二級舉重運動員，大學期間也曾練過體操，能模仿蘇聯運動員做吊環十字。

　　老師得意的是 60 多歲了，會拉小提琴、彈琵琶、吹薩克斯、吹葫蘆絲、玩彈弓、滑冰、游泳、跳踢踏舞，有時還去玩玩滑板和公路騎行，抽空還考了個小汽車的駕照……

　　此外，在中國古典文化方面，如詩詞等，老師也頗有造詣。老師與《武林》雜誌原主編勞堅有些交情，當年也曾許諾為《武林》寫稿，因日常事務繁忙而長久未能成文，欠下「文債」，於是專為勞堅主編寫下小詞一首以表達歉意，詞中有句讚美勞堅主編曰：「此人此人，玉韻琴心劍魂。」恩師文采，可見一斑。

　　老師會玩，能玩，敢玩。老師常言：人生一世，就是要對各種事物都產生興趣，「敢」對各種事物產生興趣。為什麼「敢」？因為你練武，是個武者。這練武不是會打幾下拳、踢幾下腿，那是小技、末藝。武者也不是會幾個套路，能打仨踹倆，那是粗人。

　　練武，是練武術的精神；武者，是能把握武術的精髓。什麼是武術精神？什麼是武術精髓？

　　老師說：困難面前是我們，我們面前沒困難。無論做什麼，你練過武術，受過「武」的薰陶，就有大無畏的精神；你練過武術，受過「武」的磨煉，就有能把握事物根本的能力，是身、心兩方面的強者。這樣的你就能對各種事物都有興趣，就敢對任何事物產生興趣。因為有這個底氣，所以不怕任何事，做任何事都能成功。

　　為人行事有這個氣度才是真的武者，才敢稱是「玩家」。武者張烈，「玩家」張烈。

三 故事三：武者的人生哲學

老師完全不像一般人想像中的武學宗師那樣古板，相反卻性格詼諧，好玩好動，興趣廣泛。他的「玩」有門道，可不是隨隨便便一鬧一樂呵兒，所以他才稱得上「玩家」。

老師說：玩不能是瞎玩，要能「撅人」，這樣玩得才有意思。什麼叫「撅人」？大家都玩同一種東西，我就得有獨門的絕活、本事，讓你不得不服我，這叫「撅人」。比如老師問我：「你喜好什麼？」

我想了想，總得說出點老師不會的，便回答：「我好集郵。」

老師點點頭，轉身就去書架上取下一個盒子，打開一看，裡面居然是一本舊集郵冊，集郵冊裡滿是郵票。老師衝我一樂：「見過沒，抗戰之前的日本郵票……」

我搖搖頭，滿眼的豔羨，老師臉上的笑容更盛：「這就是『撅人』。你好這個，可我有你沒有的，不過我這算是欺負你，這是我父親留下來的，他早年在日本留學……」

老師可是世家子弟，家學淵源。這可沒轍，誰讓老師的爺爺是瀋陽總商會的會長啊……

20 世紀 90 年代，我們一位師兄在深圳開工廠，正好老師退休了，就把老師請過去玩。一連一個星期，吃喝玩樂，老師玩得不亦樂乎。一週後，師兄才吞吞吐吐地露了點口風：工廠的機械在機電方面出了點問題，請了好多專家都沒能解決，機械是進口的，把人家本廠的洋專家都請過來了，也沒解決。實在沒轍了，只好把老師請過去幫忙，沒敢說是請老師解決問題來的，只說是請老師來深圳玩（這是怕萬一

老師也解決不了，面子上過不去）……

老師點點頭，明白了。既然說是玩，老師還真就「玩」上了。白天繼續在深圳玩，晚上給師兄解決問題，就這麼邊玩邊琢磨，一個星期後，師兄的問題不僅解決了，老師還幫他設計了幾個小配件，提高了機器的性能和效率。整個過程就好像那個著名的「剪短一米電線」的故事翻版——就是幾個螺絲、螺母的問題。

老師說：因為我沒把它當成是機電的「問題」——我不是這種專業的教條心態——其實這就是玩啊，就是個遊戲，我就是拿這個當個樂兒，這個問題就是一個有技巧的遊戲，難倒了那麼多土洋專家，既然我也玩上這個了，我就要玩得比他們好，想辦法玩出花兒來，要「擞」他們！所以，才能發現了問題，解決了問題。

玩就是一種心態，玩出真本事、真成績，才是真正的玩。

我當時若有所思地點點頭，順口問了一句，老師，您最近在玩什麼？

「哦，前兩天去天塔（天津市的天塔湖）那兒溜冰了。呵，人還不少，都是小年輕兒的。我一時興起，就玩了幾個技巧，耍了幾個花，正過癮呢，背後就有人搭訕：滑得真好，大哥……我一回頭，那位就一個抱歉：呦，對不起，大爺……」說到這，老師一臉的開心得意……

我也莞爾。

看來，玩不僅僅是一種面對問題時的心態，還是一種面對人生世事時的心態。

這就是真正武者的人生哲學：遊戲人間，積極向上。

（四） 故事之四：武者的思想

　　張烈老師是個逸人，其武功及在武林中的故事頗有流傳，為人們所津津樂道。但除此之外，老師在武林圈外的生活也是極為精彩和有趣的，展現出的是不同尋常的另一面。比如說，他曾教會一位師姐英語，從而改變了她的一生。這不是關鍵點，關鍵點是：老師一句英語都不會。那怎麼教人英語？

　　話說這是 1993 年的事。這位師姐是老師單位裡做後勤的臨時工，沒有學歷，沒有任何特長，更沒有任何關係。老師看她可憐，對她說，做人要力求上進，你不能幹一輩子臨時工啊，要努力改變自己的生活。

　　師姐十分受觸動，也知道老師是極有本事的工程師，就表示要跟老師學習一技之長。

　　老師答應了。但是教她什麼呢？她文化水準低，工程師的專業技術知識對她來說太難了，不可能學會。

　　老師一拍腦袋：嗨，學英語唄，這個是人就能學會，而且用處也很多……

　　於是，老師選了一個英語教學電視節目，幫師姐把節目錄下來，讓師姐天天做功課，跟讀、抄寫、背誦、默寫，每日的跟讀和背誦還要錄好磁帶給老師聽，由老師檢查。

　　師姐有時也會偷懶，會拿重複的磁帶給老師聽，她認為反正老師也聽不懂，但是每次都被老師發現。幾次後她就不敢了，一直認真學習，這樣堅持了一年多時間就學成了。

　　過程就是如此簡單，但這是電視教的，怎麼能算老師教的？師姐說，還真算是老師教的。因為老師指點了師姐關鍵

的學習思路。老師說，語法、詞彙、發音什麼的是個會說英語的就能教，所以隨便找個電視教學片就可以跟學。但是怎麼能掌握語言就有講究了。英語也好，其他語言也好，本質就是個熟練工，要的就是多說、多聽。

你看一個嬰兒，從來沒有學過任何語法，但是由一開始會說一句話到會說十句話，最後能說出百句千句，靠的就是多說，熟能生巧，所以重點檢查師姐的跟讀和背誦功課，就是要求師姐重點掌握「說」的能力。

在今天的語言專業人士看來，這是簡單的道理，然而從沒接觸過外語的老師在 90 年代便能自悟至此，實在令人驚詫。

老師的教育和監督成果顯著。師姐學成英語後不久，恰好有一家不錯的外企招聘會說英語的人，師姐就去應聘了。面試之前，師姐很緊張，就來找老師請教該怎麼應對。

老師的回答很簡單：等到了面試考場，你就一句中國話不要說了，只說英語，該怎麼回答就怎麼回答就得了。師姐謹記而去。

師姐被錄用了，一躍由臨時工變成當時月收入 3 000 餘元的白領。兩年之後，積累了一定工作經驗的師姐跳槽到另一家外資企業，月收入再度翻番……

然而，我還有一個疑問：老師當初是怎麼發現師姐偷懶的呢？老師說，這還不簡單，我只特意記住在某幾個時間段有某幾個音就可以了，根據這個來檢查功課。只要有重複的就不對。

這真是意料之外，情理之中。

老師說，當然了，這也是武術之用啊。你以為武術就只

是打拳踢腿，打仨踹倆嗎？！錯了！武術的關鍵是頭腦，是鍛鍊人解決問題的思維和能力。克敵制勝是如此，你要能簡潔、實用、有效地解決對手給你製造的難題。在日常生活中也一樣，要能打破藩籬、突破局限，直接把握事物的本質，解決生活中的問題，這才是把握到了武術的精髓。

五 故事之五：何為武術

「少年任俠，打仨踹倆，一語不合，拔拳頭就上。這不是武術。」老師抿了一口酒，先咂摸了一下滋味，然後淡淡地對我們說。

我們面面相覷，老師是什麼人？以好鬥聞名，也好打不平。1976 年唐山地震，天津地區受到波及，大家都住帳篷。有一家的小子，所謂天津混混，好勇鬥狠，仗勢欺負其他老弱住戶，霸佔他人物資。老師看不慣，一個崩拳過去打在他的肚子上，趁他吃痛彎腰，一把薅住他的頭髮，直接把他摁跪在了地上。那小子拼命掙扎，老師手上微一加力，再一瞪眼：「你動，你再動我弄死你信不？！」那狠勁氣勢一出來，那小子當時就蔫了……

「然後，讓他幹嘛就幹嘛。滿地爬，學狗叫，都幹了，從此再沒臉出來欺負人……」老師笑道。

老師居然說這不是武術。那什麼是武術？

「你們年輕人，都愛追漂亮女孩子吧？」老師眯了眯眼睛，見我們幾個都低著頭不回答，自顧說下去，「去舞會上邀女孩子跳舞，那漂亮女孩子為啥要跟你跳而不跟別人跳？因為跟你跳她能出風頭，你能把她帶起來，她能下腰，能在

空中打鏃子，能連著轉圈子……別人玩不了這個，她行，她能出風頭，所以她才愛跟你跳，為啥？她下腰，你得能下大步子托住她。她空中打鏃子，你得能把她耍起來、接得住。她轉圈，你得能把她帶起來。這靠啥？都要靠功夫，沒點弓馬腰力，能追女孩子嗎？這是武術，明白了嗎？」

我們暈了，這也是武術？！

「怎麼不是？！」老師一瞪眼說，「武術就是生活，就是人生。武術是造就人的東西，是成就人的東西。學了半天武，練了半天武，能服務於你的生活，能使你的生活更美好，這才算你得著東西了！因為練武，你有比別人更強健的體魄、更堅定的意志。因為練武，你會更有生活智慧，別人看問題，掰樹枝啊，揪樹葉啊，而你能一下抓到問題的主幹！因為練武，你比別人強，就會有比別人更好的生活品質、更美好的人生。這是武術！」

我們若有所思，默默點頭。

「還有個事兒。」老師話鋒一轉，「前一段時間，天津音樂學院一位教授來找我，說他正在練書法，結果數月沒有寸進。我就教了教他……」老師您教人家書法？我們可沒聽說您會毛筆字。

「嗨，這有啥不能教的。書法其實跟武術是一個道理，這就好比練器械。所以，我就教了他一個法子：找一張紙，越長越好，鋪開了，站好，就練寫一橫，這一橫拉得越長越好，不許斷，不許歪，一直控制著寫下去，就這麼練。這就是練手對毛筆的控制力，寫完一橫再寫一豎。就這麼練了一周，大有進步。

我們驚歎，紛紛攛掇老師現場示範一下這個方法。

　　老師也不推辭，隨便鋪開一張報紙，在紙面上留下了一個大大的「一」字。老師雖不工書法，但字如其人，一生武者氣概，都顯現在這隨意的一橫之中。筆勢遒勁有力，筆意張揚，鋒芒畢露。

　　追憶往事，涕泗橫流。受教於張烈老師門下，此為筆者一生中最幸運之事。張烈老師從少年起即得孫存周老先生親炙，不僅功夫登堂入室，其人格魅力、武者氣質尤為令人欽佩，可謂高山仰止。

　　在日後追隨老師學習的日子裡，筆者透過老師的言傳身教，漸漸真正明白了什麼是武術精神，這是從張烈老師那裡得到的最寶貴的教導。

　　武術精神於我們的意義何在？首先，我們要明白武術本來就不是脫離生活的東西，武術本就是服務於生活、應用於生活的，並且融於生活。

　　習武給我們帶來的並不是影視劇中的那種「超能力」，而是人生道路的另一種走法。我們知道習武可以極大地提高人的體能，強健人的體魄，提高人的生命品質，但這不過是武術的一部分功用。

　　習武，不僅會讓身體狀態不斷向正向發展（健康、強壯），也會給精神世界帶來正能量。精神世界的正能量不斷積累、不斷向正向發展，精神和肉體都會隨之逐步強大，就會有益於人生，至少不會輕易被生活打敗。

　　人一生之中總是會有各種各樣的無奈和無力感。有時是畏於威權，有時是畏於金錢，有時是畏於疾病，有時是畏於其他社會壓力……習武之後，隨著身心的強大，你會感覺到並不是壓力太強大，而是自己太軟弱了。這種軟弱不是別人

強加給你的，而是你自己選擇了甘於軟弱、甘於退讓。

關鍵時刻，拍案而起又怎樣？！人有了身心兩方面的強壯還有什麼可畏懼的？！這就是武術精神的體現，讓你有了正向選擇的權利。

練武之後，隨著自身的成長，還會發現很多以往忽視的東西。身體的成長，也會伴隨心理的成熟，會承擔起很多責任和義務，包括對家人的，對朋友的，乃至對社會的。

「能力越大，責任越大」並不僅僅是一句臺詞。這並不是說讓你天天去見義勇為或者殺富濟貧才算有作為，而是成為一個真正成熟和有擔當的人，並且有意願、有能力去擔當。成為一個真正的武者應當從這一步做起。而尤為重要的是我們要明白武術它不僅僅是一門搏擊術，它是成就人的東西，是讓人能實現自己的人生價值的東西。

孫存周師爺透過武術教導張烈老師，成就了一位高級工程師，更成就了一位人生中的強者，這就是武術的更大價值的體現。

行文至此，不由得想起張烈老師的一首自況詩，很適合作為本節結尾：

　　一生不膽怯，佛心不言謝。
　　有話照直說，就是我張烈！

第二節

武道修身

　　這一節主要是想談談習武之人應有的精神追求。僅想「練點功夫」的朋友，可能會覺得沒啥用處。但是如果想在習武方面有更多追求的朋友，還是留意一下本節內容比較好，這對於以後的進步、提升和深入是有幫助的，至少在思維方式和思考方式方面能給大家打開一扇門。

　　想學內家拳者甚眾，但堅持到底者寥寥。所以，我們不妨先問自己的本心一個問題：我們練內家拳到底是為了什麼？

　　這個問題看似與拳術的技術體系無關。但究其本質來說，卻是任何一位想長期堅持下去的朋友，或是只想體會一下內家拳修煉的真實一面的朋友，都繞不過去的一個問題。這個問題可能很多朋友都沒有真正想過。

　　也許有的朋友自以為有明確的目的，比如為了強身健體，或是為了調理身體不適、亞健康狀態，或是為了養生長壽，等等。這些確實也是內家拳的功用，但別的運動方式也可以實現。

　　如果我們要每天堅持練內家拳，一年、數年、數十年地堅持下去，就絕不能用一個這麼簡單的理由打發自己了。這樣一個「低端」目的，不值得讓我們這樣付出光陰。我們不

可能這麼糊弄自己的本心。

打個比方，你可以說自己上學的目的很明確，就是為了認字、識數。你甚至可以在認字、識數之後就退學。但是，學校肯定不會認為只教學生認字、識數就算達成目的了，因為教學的本質是育人。

什麼叫育人？

一是要培養生存的能力，二是要培養健全的人格。

認字、識數只是育人的外在手段，不管個人的初衷、目的如何，學校的功用、課程的設計都是為了完成「教導學生如何做人」這個目的，是一種全盤的學識教育。

內家拳的體系究其本質也是一門學術，跟學校的課程一樣是為了幫助練習者成為更優秀的人，培養練習者具備一種學識修養。所以，無論你最初的目的多麼簡單，在你學習一種成體系的內家拳的時候，你所接受的資訊其實是內家拳的教育體系。

我們不能簡單地把內家拳視為一種拳術或一種體育活動。雖然這麼想不一定會影響你達成練拳的原始目的，但是只從這麼低的層面理解內家拳，必然不能全面、深入地理解內家拳，而且必然會影響學習效果。

那麼，什麼是內家拳的教育體系呢？

內家拳是如何育人的呢？

內家拳不僅僅是一些搏擊術、健身功法的組合，它還有著更深刻的傳統文化內涵。而我們傳統文化的精髓首重對人格的培養。這些在現代依然具有很強活力的文化元素都透過內家拳訓練體系被傳承了下來。所以，內家拳本質是一種「修身」之法。

所謂修身就是修養身心，自我昇華。大家不要覺得這是在刻意地上綱上線。只是站個樁、打個拳而已，何必要拔得這麼高？我可沒想過什麼「修身」。

我們上學時不能說我就學語文、算數就行了。認識常用字、掌握了九九乘法表就夠用了。

語文是文學的第一步，算數是數學的第一步。這兩門課程是學術體系的入門基礎知識，也是未來進入更高學術領域的階梯，後面還有豐富多彩的知識寶庫等待你的探索，僅僅滿足於邁出第一步就夠了嗎？

退一步說，就算我們僅僅從實用效果的角度出發，起碼也要在認字和識數的基礎上更進一步，即具備一定的語言表達能力和數理邏輯思維能力吧？

所謂取法乎上，得乎其中。你的認知水準、立意高一點，總是不吃虧的。

練內家拳也是如此，當你接受「練拳其實是一個修身的問題」的時候就具備了接受「拳學教育」的可能。

我國自古就有文武兩道。如同文之一道，它的外在表現是能識文斷字、看書寫作。武之一道的外在表現就是鍛鍊身心、格鬥搏殺。習文不能僅僅停留於認識幾個字、能看懂書。透過對書籍的研讀、對知識的思考，能夠認識自身、認識世界，能夠修身養性、自我昇華。這是文之道。

武之道也是同樣的，只是方式手段有所不同，但結果都一樣。先賢曾訓誡後人云：「夫習拳藝者，對己者十之七八，對人者，僅十之二三耳。」習武是對自身的鍛鍊，對自身的鍛鍊也就是一個強化自我認識的過程，經由自身的不斷磨煉而獲得身體和心靈的雙重提升，進而由對己之一身的認

知發展為對自然、世界的認知。

　　我們傳統文化講究的是「天人合一」，「天是一大人，人是一小天」。如果僅僅從字面推論，這看起來像是空談。但是，實際上這確實是我國傳統人文修養中要研習者自己去實際修證的內容。

　　想要真正掌握傳統文化，不能光看古書典籍，必須經過自身的實踐體悟，加以印證，才能真正知曉這些道理的本意。內家拳就是這樣的修證方式之一。

內煉的修證法門

　　所謂內煉，其本質是對人的精神世界的強化，是自我人格的昇華和完善，是優勢思維的建立。能如此，才算是對精神世界的鍛鍊，才算是掌握了完整的內家拳。所以說，內煉並不是簡單地煉內氣、修內勁，而是指精神世界的鍛鍊。

　　但是肉體好練而精神難修，這涉及一個繞不開的問題：精神世界怎麼鍛鍊？下面，我們就介紹一下內煉在實際操作層面的修證法門。

一　建立意識對身體的自主性

　　我們知道，內家拳對身體的鍛鍊主要依靠身體的自我調節功能，也就是我們所說的身體良能。而自我調節的實現要依靠身體的自主性，也就是自身意識能主導身體。

　　大家可能會覺得我自己的身體還自主不了嗎？咱們可以做個小實驗。

　　你就保持現在的身體姿勢，然後告訴身體：別動了，不許動，哪裡都不許動。然後，你定個心理預期，比如 10 分鐘。然後，你看看身體能遵從意識的這個指令多長時間……

　　透過這個小實驗，大家可以發現，身體其實有不少自己

的「想法」，它並不是完全聽從意識的指揮。有的時候，它還要反過來影響意識呢！

例如，你坐在電腦桌旁邊的時候，一般是用右手點滑鼠，這樣時間長了，你的軀幹會不由自主地往左偏，有時候還會用左肘撐住桌面，用左手托住頭。在旁人看來，你這時的脊柱──骨盆是歪曲的狀態，但是你自己（意識）卻覺得很舒服。旁人給你矯正過來，你反而會覺得累，不一會兒你就又恢復到往左偏的狀態了。

內家拳的練習是以自我感受、自我感知為基本的入門手段，這是為了啟動個人意識的主體感覺（自己對自己的身體做主）。所用的方法其實也簡單，就是我們在「樁功簡論」一章講過的放鬆。

放鬆能消除日常生活中的一些不良習慣對身體的影響。消除了外在影響才能使身體表達真實感受的信號明顯起來，大腦根據這些信號對身體進行調節，經由這個過程我們才能獲得真正的意識對身體的「自主權」。

在這個過程中，我們強調一切靠自身來完成，不能依賴外在的力量，也就是不能依靠某種技巧或某種竅門一下就把身體調整到位了。

例如，站樁時，有的時候你的體能足夠，時間也足裕，可就是不想站了，身體開始亂動、亂扭，進而影響你的意識，誘導你的意識產生各種放棄的理由：

「今天狀態可能不好，要不今天歇歇？明天繼續！」

「我是不是還有個事沒辦？要不先看一眼手機⋯⋯」

「我有本書還剩幾頁沒看完，要不先去看看？」

你的意識一迷糊、一放鬆，就會隨著身體走了，你就下

樁，休息去了。

其實何止是站樁，每個人可能都有很多的理想、創意、計畫想要實現，可就是這麼一閃念，功夫就荒廢了。這時任何外力、任何姿勢的調整都沒有用，你就得跟自己的身體商量：

「你到底有啥大不了的事要去辦？」

「咱把今天的計畫完成了行不行？」

「再堅持五分鐘行不行？」

只有真正的「自己（自主）」，才能控制那個時時刻刻受內外因素誘惑、干擾的自己。內煉就是完全靠鬆、靠靜、靠自然、靠自身的體悟培養一種真正的身心自控能力。個人意識對身體的自主性的建立過程就是對自身的瞭解來感悟、學習、印證內家拳功理的過程。

如果說禪師是參話頭，那麼我們武者就是參自己。

二　內察內證，善養煉心

內察內證就是觀察自己的內部，同時根據內家心法調出內家拳需要的身體結構。這些我們在前文中都談到了。

內察內證的練法實際上是明晰一個新的修煉主體，也就是我們的「心」。這可以暫時理解為精神，或者更簡單地理解為意識。

普通人進行體育運動一般是很隨意的，比如有的人一邊跑步一邊聽歌，或者一邊打球一邊聊天。比較專注的人是集中精力關注自己的動作，對標教練講的標準，讓動作做得規範、到位。總體來說，身體運動是第一位的，意識訓練是第

二位的。內家拳是將「精神體」（意識）專門作為一個相對獨立的修煉對象。

一方面，相對於物質身體，「精神體」是居於對等地位的。例如，形意拳就是外煉形體，內修神意，兩者同等重要。在功法設計和具體修煉過程中也強調身心的互相促進、雙重提升（精神和身體），要保持身心互相協調。

因為身體直觀可見，人自然對身體感覺、身體變化更敏感，所以內家拳為了矯枉過正，在心法、功法中更重視精神的鍛鍊，強調精神對身體的作用更為重要，而不是將精神作為身體運動的從屬成分。

這在內家拳的心法中可以看出來，無極樁功法甚至刻意減少對身體的要求，而集中培養練習者的精神對身體的感知能力和控制能力。

另一方面，內察內證有很具體的精神修煉方法，不是純理論的推導。簡要來說：

第一步是注重精神內守

強調靜心專一，也就是所謂的「存心」「養心」之道，使精神不散失、不外馳，於專一中得到涵養，保持良好狀態。

第二步是「以身行氣」

透過特定的身體動作（樁架或功架）調動氣血運行，再由氣血流注疏通經絡，使身心舒暢，給心神創造一個更好的修養環境，使其得到充分放鬆、滋養。

第三步是「以心行氣」

透過內在神意引導氣血運行，再通過氣血的運行驅動身體內動，完成各種功架，進一步強化身體。

在這個過程中，我們調動意識主動地去體會、覺察、感知我們自身的生命內在活動、內在狀況和內在變化。這些活動、狀況和變化包括我們身體各個部位、器官、身體組織的運動變化，還有氣血的運動變化、經絡狀況和循行運動，乃至神意本身的狀況和變化等。

在這個過程中，自身意識自然就佔據了內家拳運動的主體地位，身體變為被觀察、被調整的客體。精神、意識的重要性就自然突顯出來了。

從較低層次來說，我們也是在「煉心」，雖然達不到佛道兩家那麼高的境界，但是也能對自己的意識、情緒具備相當的覺察、控制能力。這對於我們處理一般生活中遇到的問題已經能起到相當大的調節作用了。

三　自我證悟，自我昇華

內家拳是道理拳。內家拳修證的本質是先明理，然後再由自身來印證它。由拳理、功理印證自身的道理，再由自身道理印證世間萬物的道理。

其實，堅持練習內家拳多年的朋友應該能感覺到，學習內家拳的傳統功法時多少要懂一點中醫醫理。鬆緊、虛實、空有，基本的辯證法也要懂一點。傳統的一氣化生、無極和太極、陰陽學說也得懂一點。這些不過是入門的要求而已。

而真正去修證形意拳、太極拳、八卦掌，其中蘊含的道理更豐富。每前進一步，你都得在自己身上修出實際的功夫，得到實際的驗證之後才能進行下一步。

所以，內家拳鑽研的其實就是我們「自身」的道理，也

就是所謂的「性命」之理。

我國傳統文化的精髓在於「人」，可以說都是「性命」之學。不僅佛道講「性命」之說，儒家也講「盡性知命」，醫家也講「上品養命，中品養性，下品治病」。

內家拳是由對自身的鍛鍊，參悟性命之理，達成自我證悟、自我修養之目的，進一步在證悟和修養之中達成身心的自我提升、自我昇華這才是內家拳修證的根本目的。能取得這樣的效果才算沒白練了內家拳。否則花了那麼多時間和精力，筋骨臟腑沒有強健，精神狀態沒有改善，思想認識沒有提高，那不成了瞎耽誤功夫了嗎？

四 對於精神層面的修煉

（一）拓展自身知識面，加深自己的認識

內家拳的功理主要是對人體身心構成及運作規律的闡述。內家拳的拳理主要是對技擊中雙方身心相互作用規律的研究。學習內家拳，首先要瞭解這些知識，其次，不能僅僅是從思想上認識、理解，而且要能切實做到，還要在實踐中反覆印證，最終消化吸收這些知識，形成自己的觀點和見解。

最後這點很重要，**練內家拳最後一定要有自己的觀點和見解**。這不是靠多背幾本拳譜或者猜想而隨意發表一些觀點或評論，而是必須經過反覆的學習和實踐，從自己的身體上體認到拳學中的各種道理後再進行深刻的思考，之後進行正確的闡釋。

這也就是老輩說的：「你最後得練你自己的拳。」這也可以說是一種「知行合一」。

（二）培養更強大的思維模式

習拳學理可以有效地鍛鍊我們的思維能力，拓展我們的思維方式。即便只是練習最基礎的內家樁法——無極樁，其心法也要求至少具備文人般的情懷、哲學家般的邏輯思辨、理科生般的計算推導能力，並且你得把這幾種思維模式融合在一起，才能理解無極樁到底要練習者幹什麼。

所以，不管你學的專業是什麼，原先固有的思維模式是什麼，內家拳都會給你的思想帶來相當大的改變。張烈老師稱之為「武術思想」，筆者認為，這應該是一種「強者＋智者」的思維模式。

當我們能夠以一種「強者＋智者」的心態調整我們看待事物的角度、觀點、視野等之後，我們處理工作、生活中的事情的心境必然會更加超然，方法也必然會更加明智。

（三）開啟智慧

這一步是基於前兩者的再提升。修煉內家拳，肉體和精神是要同步提升的。

隨著身體的不斷開發，你對外、對內的感知能力、控制能力都會不斷提升。同時，精神領域的能力也在不斷拓展。當這種提升的量變積累到一定程度就能形成質變，即由一般功法層面的意識訓練上升到「智慧」層次。

到了這個階段，自己會明白一些道理，也許是武術上的，也許是其他領域的。這些道理不是前人、老師或者拳譜

灌輸給你的，純粹是自己在與自己相處、與他人相處、與世界（社會和自然）相處的過程中體會或發現的。

這些道理有大有小、有深有淺，但是總的來說都會帶給你一種「越活越明白」的感覺。隨之而來的是自己的言行會遵循著自己領悟或印證出來的道理發生改變，從而使自己與自己、與他人、與世界相處得更加融洽、順暢。

由此，我們就收穫了一個更好的「我」。這個過程就是自我證悟、自我昇華。

以上這些才是內家拳修煉的意義所在，也可以說是內家拳的「心髓」。希望大家在練功和生活中能多多體悟、多方印證。

第四節
內家拳修證是自我認知不斷深化的過程

上一節中說內家拳的修證是一個自身逐步提升的過程。這個過程不可避免地伴隨著對自身的不斷審視和探索，我們會逐步將對自身的粗淺認識上升到深切的瞭解。這個認知改變是建立在如下的理論和實踐的基礎之上的。

一 對自身的重新體認和審視

1. 對自我的回歸和重視

這是針對普通人的認知習慣來說的。常人的意識總是向外投射的，關注他人、關注其他事物，唯獨忽視了自己。尤其是成年人，動輒就是「忘我工作」「廢寢忘食」……而我們練功要求首先就是把注意力收回來，關注自己。

還是以無極樁功法舉例：

你得時時感受自己身上的感覺、狀態、變化。不要人站在那裡，心卻不知道飛到哪裡去了。還是那句話，你就權當自己是個禪僧，一心一意參自己。

2. 練功時對自身要有整體性、全方位的認知和感受

我們在《方式》一書中曾經講過，內家拳將人體視為一

個整體，是一個大系統，由筋骨皮肉、臟腑經絡、神意等子系統構成，相互之間互相支持、互相聯繫，不可分割。故而，我們對自身的認識要有整體性，不能割裂地去一個個做局部認知。

這個建議，一方面是針對一些武術理論文章帶給練習者的片面觀點。

例如，有的一味強調筋骨，認為武術就是練筋骨，其他的都是虛無縹緲的、不可靠的。有的則推崇氣，認為得了氣就自然神功可成。還有的只注重煉神意，覺得練筋骨、煉氣都上不了檯面……對此，我們要求大家不管現在體認到多少，至少在認識上要知道自己是由多個系統構成的，我們學習的課程也是針對多個系統展開的。要全面、系統地進行學習和訓練，不要盲人摸象。

另一方面，則是針對常人的感知習慣。一般人對拳術的理解往往局限於自身的認知習慣。

例如，咱們的雙手是最靈活的，所以一般人學拳時往往先關注雙手。就說站樁吧，一般是先看老師的手是什麼形態，擺在哪裡。然後，用自己的雙手模仿，比如抱球、合十，覺得這就是學拳、練功了。

有這樣的認知習慣的人碰上如無極樁這種根本就不需要雙手有動作的功法就會覺得無所適從。手不動，怎麼叫練拳呢？推而廣之，學八卦走轉時就只關注腳，學內功時就死摳某個穴位、某條經絡。

當然，一般人都是這麼過來的，這是個過程，我們可以理解。但是我們不希望本書的讀者還受限於這種思維模式。我們建議大家至少練拳的意識一動就得先關注自己的骨盆、

脊柱在哪裡，位置對不對。以後還得會體察整體的間架配置是否得當、周身的氣脈通不通暢、神意調配是否妥當……當然，某些體認需要練功層次深入後才會涉及，但是從修煉內家拳之初起咱們就應該有這樣的意識。

3. 要認真關注自己的生命狀態

我們身體的各大系統相互之間的聯繫是處於運動態的，這種互相協作的生命活動構成了活生生的我們，所以千萬不要把練習樁架、功架的自己當成一個固定不變的「標本」，更不要把學習內家拳當成去老師那裡「拷貝」一個外形範本回來。

我們需要體認乃至培育的是一個活生生的自我，一個各大系統都在發揮作用的自我，一個處於生命活動中的自我。這才是練功的本質，是我們練功時所要抓住的根本。

老師所傳授的要領和外形要求等只不過是一粒「種子」，這粒「種子」的生根發芽、開花結果要靠我們自己的正確體認和修證。

因此，我們必須以自我認知、內向體察、自我把握為方法，真實、真切地去瞭解自己的生命活動狀態。透過內家拳的各種功法，不斷促進身心「二次發育」。同時，在這個過程中切實地認識自身，抓住自我的本質，並且不斷優化自我，達到形（精）氣神的統一。

二 不斷體會自身與世界的關係

透過對自身的不斷體認，認識的加深，我們會逐漸產生

一種自身是一個小世界（或稱小天地）的感覺，這不是臆想出來的，而是真實的感受。

首先，我們可以感受到自身與世界是可以互相印證的，體會到所謂「天是一大人，人是一小天」。自身變化可以與天地變化相感受、相呼應。

其次，我們可以感受到自身切實地存在於世界之中，這是一種既真且實的感覺，我們會感受到自己的種種行為對世界的影響，也會感受到世界對我的影響，並把握住這些感受。

我們可以舉一個非常初級、實際的例子：我們在樁功中求取的第一個勁力鬆沉勁就是藉助重力得到的，本質是自身對於重力的利用。

再次，我們可以感受到自身與世界建立起的聯繫，是互相作用、互有回饋的。這個概念說起來比較虛，如果系統學習內家拳，達到樁功中比較深入的「靜」的程度時會有所體會，到了雙人對練階段，在揉手、散手中，由對手的幫助和對抗，在二人的相互作用中比較容易體會到。這個階段的東西在意拳中表述為「與大氣相呼應」「與宇宙起應和」。

最後，可以感受到我們自身與世界本是一個整體。這是一種境界，我們就不做過多描述了。

這都是透過內家拳的修身功夫可以逐步體悟到的東西，不僅是從道理上認識到這些，而且會從自身上體會到這些。

以上這些感受是需要長期堅持練習才可能體會到的。當然，聽上去會感覺比較玄虛。這裡也就只是姑且言之，僅供大家參考。

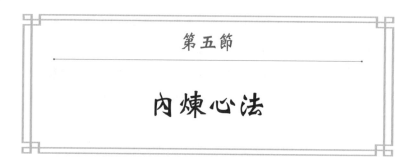

第五節

內煉心法

本節將一些內家拳修證時需要應用的心法向大家強調一下，希望大家在實踐之中能多加理解。

一　內家拳對事物是一種直覺認識

在練習內家拳時，我們是由「心」去感受萬物的，這裡的「心」是知覺、感受、思考、意識的綜合概念，是人的認知功能的代表。在練習時，尤為重要的是要認知自己的本心，即認知自心。

人之所以為人，關鍵在於自己的心。對自己內心世界的探索和認知、反省和思索是內家拳修證的非常重要的一步。能做到這一點才是真正認知自我。

「心」的感受是一種直覺認知的方式，不依賴世間既有的概念、定義和理論，不是靠分析思考，也不是靠邏輯和推理判斷。它是一種直接的和出於直覺的認知，直指事物的整體、本質和本體。

這是一種獨特的思維方式，也是我們在內家拳修煉中需要不斷體悟、追求和運用的。

例如，我們在研究勁、氣、意的時候就特別需要這種思

維和認知方式。有時候，老師高興了，做一個勁或者出一個意，特別漂亮。那一瞬間，你抓住了就是抓住了。抓不住的話，你就是讓老師再做一遍，他自己都未必能做出那個感覺了。

二 注重實踐，做到知行合一

在內家拳中，「知道」和「做到」應當是一體的。我們的理論與認知、所學與所得應該是在實踐中獲得、在實踐中做到、在實踐中印證的。如此方為真知。僅僅是思想上知道，不能用於實踐或者未經實踐檢驗則仍不是真的知道，是一種虛幻的認知。

三 以「天人合一」為目標

人與自然是一個整體，運行於同一個道理之下（如傳統的無極而太極、太極生兩儀之說）。

人與自然「以一氣相通，以一理相通」，即所謂「天人一理」。朱子曰：「天人一物，內外一理。」

人與自然界是互相對應的，人既是自然界中的生物，同時又是自然界的某種具象化的體現。

人是萬物之靈。傳統文化中有「天地人為三才」之說，天地為陰陽，人則代表靈性，陰陽與靈性合為三才。以形意拳為例，形意拳中的基本式──三體式就是這個思想的體現，故三體式又名三才式。

我們由修己身而體悟世間道理，最後追求的就是人與自

然的整體和諧統一。

四 涵養道德

涵養道德並不是狹義地要求大家「做好事，不做壞事」。當然，如果大家這麼理解，並且能多做好事也不錯。

拳學修養中的「道德」指的是更高一層的意思：我們要認知世界規律，然後按照規律去修煉身心、陶冶情操，自我提升精神境界。

正所謂「道者，天地之祖、萬物之宗也。」「德者，道之用也，二者一也。人合於道，則德」。

這個實踐起來，我們可以從「儘量時刻保持心情愉悅、心神寧靜、心態平和」做起。進而使精神保持寧靜、穩定，處於中和之態，不受七情六欲的影響。再進一步，儘量消除外界對自己的影響，消除欲望對自己的影響。再進一步，恢復質樸的本性真心，久之即能體悟真正的道德。

這就是《道德經》所云：「道生之，德畜之，物形之，勢成之。是以萬物莫不尊道而貴德。道之尊，德之貴，夫莫之命而常自然。」

方法寫出來簡單，實踐起來則不易，希望大家在練習內家拳時能多加體悟、善加把握。

五 修養身心

注意是修養，不是休養。修養即修證、涵養之意。對身心的修養仍不外「鬆、靜」二字，即身鬆、心靜。尤其在當

下，基於現實的種種影響，在實踐中我們更為強調對心的修養，所以相對「鬆」而言，更為強調「靜」。

儒家修養功夫講究「靜、敬」二字，亦主「靜」。佛道二家煉心亦是要求練靜功。此三家主張雖有別，但功夫卻是趨於一致的。由此可見靜功對於養心的重要性。

在練習內家拳時，我們可以重點體會以下方面來印證此法門：內家拳養心以靜，以之修身煉氣、涵養精神。

遵循著「心氣為一，心氣不二」的道理，朱熹云：「心者，氣之精爽，心之為物，至虛至靈，神妙不測，常為一身之主宰。」

蔣信云：「心亦是氣，虛靈知覺乃氣之至精者耳。」

所以說，養心亦是煉氣，「內煉」與內家拳修煉一脈相通的道理就在於此。

往廣義上講，天地萬物也是一氣（此據「氣一元論」之說），心亦是氣。故養心就能與天地之氣溝通，這就是養心亦是煉氣的又一層道理。

而若從狹義上講，養心即煉氣，暗合內家拳「內三合：精氣神合一」之理，也就是拳術中所講的煉精化氣、煉氣化神、煉神還虛的理論的實踐操作。故靜心的功法，實修者不可不多加重視。

六 保持充滿正能量的心態

練習內家拳時要保持充滿正能量的心態，思想上要積極向上，不能受日常生活裡任何負能量的影響。

練習內家拳必須以充滿正能量的心態投入每天的練功和

生活，必須拋棄一切負面的思想，如自我懷疑、懶惰、抱怨、勉為其難、各種家長里短、各種蜚短流長等都要放下，不可受其影響！

對待日常生活中遇到的各種問題的觀點、看法也要充滿正能量。要正向看待問題、正向思考問題、正向對待事情、正向處理事情。

無論是練功還是生活都要這樣，最後自身才會取得正向的發展。這個絕不是雞湯，而是一個實實在在的練功方法。

練拳不能有投機的心態、不能有懷疑的心態、不能有懈怠的心態，要是你自己都覺得自己不行，那絕沒有祖師爺「托夢傳功」的好事。先得自信自強，然後鍛鍊起來才能有成效。

本章內容就是希望大家把習拳練功視為一種修行。修行，就意味著預備投入一定的時間、精力，預備長期堅持，不斷探索、思考和實踐，不斷體悟與浸淫。要全身心投入，方能取得良好的效果。

中國內家拳是值得我們如此投入的。

武，是我國文化傳統之一。就像前文提到的，我國自古以來就是文武兩道並行（雖然很多時候並不能文武兩道並重）。文武兩道是精神和肉體兩方面修養的學問，都是為了認識大千世界，更好地積累自己的一生。

千百年的傳承已經深入了我們民族的血脈、精神和文化之中。最淺顯的，我們都愛看功夫電影，都愛讀武俠小說。所謂「千古文人俠客夢」，為什麼？因為「武」字背後的含義並不僅僅是打打殺殺，「武」的背後就是「文」，有道、

有理、有情、有義，所以才會有「文人俠客夢」，才對文人有千古的吸引力。

這是千年的文化傳承。

國術被稱為「武道」，它所蘊含的內容必然包括某些具有普適性的規律。這些規律既可以用在武術範疇，也可以應用在社會生活的方方面面。人們不僅可以取其格鬥技術，也可以品其韻味、玩其理趣，更可以健身養身、陶冶性情，等等。這皆是道之所用，個人各取所需可也。

有幸結緣內家拳，希望大家練拳不僅僅是為了學到一門技術。如果能透過本書促使大家產生自我提升的意願，無論是為了健康的身體，還是更好的生活，則不負我們彼此的一番努力！

第十章

拳學雜感

　　本章記錄了一些平日習拳、課徒時的所見所得、所思所想，不成體系，姑且名之曰「雜感」，僅供大家一笑。

第一節

雜感 25 條

第1條 練拳當遵循「自然而然，玩而求之」的原則。當有「有心練功，無意成就」的心態。刻意去求反而難以成就真正的功夫。

第2條 內家勁不是靠發力法「發」出來的，而是自身具備，自然就有的。

第3條 內家拳尚養練。入門先站無極樁以涵養氣血，以氣血滋潤筋骨。如此，內家坦途就此被蹚開。

第4條 養練的「養」不是刻意的養，不是吃大補之物才叫養。反躬自省、體察自身、校正偏差、中正靜定，則不養而養。

第5條 練內家拳就不能基於普通人的身體狀況來思考問題。內家拳是「人體改造工程」，內家功態是常人做不到的身體狀態。

現在很多人思考內家拳的問題時，總是基於普通人就能擺出來的姿勢或者能做到的動作來揣測內家的功架、拳架。這如同老百姓猜皇帝天天是吃餃子還是吃肉餅。

第6條 內家拳的所謂「功夫」「功力」，不是你自身原有能力的數量級增加。

例如，你以前只能舉 10 公斤，練練以後能舉 50 公斤

了，或者原來伏地挺身只能一次做 10 個，練練以後能做 50 個了。不是這種數量級疊加，而是新能力的獲得。

這就像原來只會走而不會跑，現在會跑了，或者原來只會跑而不會飛，現在會飛了這樣神奇的、難以想像的能力。

第 7 條　放鬆是什麼？鬆是能力，不是技術。好比人能睡著覺，這是能力，不是技術。你醒著是一種身體狀態，睡著了也是一種身體狀態。這二者都不是靠技術達到的。

鬆也是如此，身體的日常緊張態是一種狀態，與之對應的「鬆開」也是一種狀態。你就告訴身體「我要鬆」就行了。

無極樁入門就是靜下心來給身體一個放鬆指令就完了。這跟睡覺一樣，告訴身體，我要睡覺就完了。

站好樁，然後心思安定，不懷疑，不多想雜七雜八的東西，就告訴身體，我要鬆靜。這時身體就會鬆一分，雖然一般自己感覺不到。然後，這樣保持站到下樁，最少也有四五分鬆。雖然也可能自我感受不是很明顯，但堅持練習，日漲一分。三個月就會有比較可觀的效果，半年到一年就可能發生質變。這時你就會發現：這就是鬆，這才是內家拳正統的練法。

靠技術實現放鬆，只能讓人從心理上獲得安慰，這種鬆都是假的。可能初期覺得效果類似，到中高期就難以提升了。這就好比吃安眠藥睡著是容易些，但想擺脫對安眠藥的依賴就難了。總有一天，你會發現無外力可借了。

第 8 條　要學著跟自己的身體說話。

例如，站無極樁，為什麼很多人鬆不下來、找不到沉？因為他們的意識是向外投射的，是想找某個特定動作、找到

某個特定姿勢，認為只要找到這些，人就鬆了。這樣永遠不能真鬆下來。

只有靜下心來，向自身體內求，跟自己的身體對話，指導各個部位放鬆下來，聽到自己身體的回饋才能真正步入內家拳之門。

第 9 條 修身，修身前面是「正心誠意」。要先把注意力集中起來，然後投射到「自身」，感覺到自身，才能起修。

第 10 條 人體本來有自癒能力，站樁給身體自癒力提供了一個好的環境，使其更有效率。所以，站樁對很多慢性病、亞健康狀態有一定效果，並不是因為站樁額外加持了什麼。

第 11 條 真有心鍛鍊，大家可以問自己幾個問題：

（1）我練功的具體目的是什麼？未來目標是什麼？想達到什麼效果？

（2）我練的是什麼？如果是站樁，什麼叫站樁？構成站樁的基本元素有哪些？

（3）功法起作用的原理是什麼？是作用在哪些元素上？

（4）我練的這個功法的階段性成果的標準是什麼？

每個問題都搞清楚後，練起來會比較切實和踏實。從第一個問題開始，一點點搞清楚。尤其不要小看第一個問題，它劃定了你的練功範圍。

有朋友說，很多修道之人也站樁。所以，你先搞清楚你想幹什麼，你是練拳、練氣功還是修丹道？這些都有各自的範疇。

武、醫、道的入門手段相通，這就造成獲取資訊的各種路線相混，各種功景也都混著說了。外行最容易犯的毛病就是把聽起來相同的名詞認成一個東西。

其實不是。任何有效的功法必然是有清晰的設計脈絡、理論和藍圖的，同時這也界定了自己的適用範圍。天下沒有大包大攬的功法。

第 12 條　武功、丹功中間還可以加個氣功，這些都有相似的外在表現，但是不同的設計思想和理論產生了不同結果。

例如，你為什麼站樁？你站樁的目的是什麼？

根據目的的不同，你練的這個功法可以叫站樁，但思路一變就叫氣功了。你為練拳而站樁，就不涉及或者說沒必要涉及氣功的東西。同樣，為練氣功而站樁，就沒必要涉及練拳的東西。因為氣功其實是後來出現的一個概念，太多功法歸到氣功裡了。

我們可以粗略地說，養身健身的功法就是氣功。這其實還暗含一個概念，就是不涉及煉體。所以，氣功裡除了很多傳統健身功，還有很多功法來自武功體系。氣功裡還有一些丹道的基礎功法等，來源很雜。

但是，功法層次基本是位於丹道和武功之間的。之所以能獨立成為一類，就是因為有一個很大的特點：普通人能練。相對武功來說，氣功不涉及煉體的強度。相對修行來說，氣功對煉心之類的要求也比較低。這個比較，就可以把武功和氣功分開。因為練拳不可能不煉體，即使是想由練拳來健身也必然會涉及煉體。

總之，從實踐角度講，為了避免混亂，應該多關注功法

的本質，多發現不同點，少搞一些「大一統」。尤其現在各種功法理論和資料滿天飛的時候，你不知道人家的設計思路、理論和藍圖，直接「大一統」了，其實對實踐沒有好處。

第13條 在實踐階段，所謂的「功法是一家」就是一句空話。

與其說各種功法相通，不如說相異更大。例如，從武功入手，最後可以練到丹道上去。這從理論上說是可以，但也只是理論上罷了。真能做到的人不是沒有，但確實是少之又少，以九牛一毛、鳳毛麟角形容毫不為過。

第14條 當看到有人某個功法練得非常好，有種種功景出現時，不要輕易得出「某某功法可以練出這個」的結論，更不可引申出「我也要練出這個」或者「我也可以練出這個」的結論。

首先，你要搞清楚人家練了多少年了，練到了什麼程度。簡單而言，就是人家到底在幾年級，你在幾年級。

其次，人家到現在為止，練功的目的是什麼？追求的是什麼？跟你一樣嗎？

再次，人家的練功指導思想是什麼？跟你一樣嗎？最後，人家練功的底蘊、積澱是什麼？你有嗎？

總之，到一定時候，人家練得不是某某功而是某種境界。別隨意類比參考。境界是讓你追求的，甚至是讓你仰望的，不是你拿過來就「練」的。

第15條 我們為何總是強調功法的「設計思想、系統、藍圖」這些概念？

任何一個功法想穩定地出效果，必然不是因為單獨一個

功法（某某神功）的能力。雖然你接觸到的可能是單一功法，但是它背後一定有一個體系支持。這也是為何傳統功法特別講究師承、傳承的原因。

不是說你拜了師父、認了師門就如何如何了，而是你有師承、有傳承就代表你學到的東西多半是系統的，是有體系支援的。

古人再不懂所謂的「科學」思維，經由幾代人甚至十幾代人實踐試錯，再多的坎兒，生磨也磨平了。

第 16 條　何謂拳意？禪家說：不離「這個」。拳家也說：不離「這個」。「這個」即拳意。拳意就是習拳之初心，即拳之本心。

有人說，不要講虛的，拳就是打人的東西。也有人說，你說的那個境界太低，所謂「止戈為武」，拳乃不爭之道、神武不殺……這些可以說皆是拳用，但皆不是拳意。

若真論拳意，必須直問拳之本心，剖開那些浮華的表面，看清拳的本來面目。拳是因什麼而成為拳的？拳的本身即為成就「人」。拳是落實在人身上的。拳之本心就是己之本心。

習拳是對心的鍛鍊，是要做自己的主。能主宰自己，當是我們習拳的初心。習拳時的自律、自制就是一種自心的修煉——認清自己心中的所求所欲，認清自己真的想要做什麼，如何才能成就自己。不為外物外事所惑才是做自己的主。

第 17 條　什麼是練拳？當初老師講：「文能素手發科，武能捨身臨陣。」這就是練拳。「別當打手，我是為了讓你行。」這就是練拳。

以前不理解，現在明白了，練拳就是練正能量，練積極的生活態度。能堅持練拳，讓身心都往正向走就對了。再往上，能成就自己就是練好了。

練拳是一種生活方式，是融入生活的。如果身心都強大了，生活中就充滿了積極的東西。不離「這個」就是這個意思。拳意就是正能量的東西。正向的東西就是字面的意思。永遠用正能量的東西滋養自己。

第 18 條 內家拳不是一門純技術，而是包含著多重含義：

（1）技擊，養生；

（2）健身，強身；

（3）自律，自修；

（4）文化，韻味；

（5）自我激勵，自我肯定，自我挖潛；

（6）傳承。

幾代人的記憶，幾代人的思想，幾代人的成就……幾代人都把自己作為一種拳的載體，從幾百年前一直傳下來……這是一份沉重。

第 19 條 我們講內家拳的人體觀，剖析人體構成（五大系統），研究內家拳概念下這些系統如何協調運作，開發人體潛力和能力，並不是說「這些就是科學，就是絕對真理」。

我們是想建立一個理解內家拳的思想方法：

內家拳是如何梳理身體各部分之間的關係的？

先有什麼，再講什麼，哪些如何為哪些服務？

哪個是主線，其餘的部分如何串接在主線上？

這些原理、思路才是關鍵。用這些原理，你可以建立起一個理論脈絡，進而搭建起一個知識樹。理解了這個理論思想，哪怕以後你接觸到了更新的理論和更前沿的研究成果，你也能順利地把它們吸收到自己的體系內，然後讓這個理論體系與時俱進。而不是糾結於這個理論這麼講、那個理論那麼說，我到底該聽哪個呢？

第 20 條 最好的指導思想永遠是體系化的，單獨立一個新名詞或是獨特想法是沒有太大意義的。

第 21 條 練拳首先是能保證活得品質好（少有病痛困擾），其次是能按照養生需要真的去踐行。

武功高低並不決定壽命長短。能否做到按照養生的標準去生活才能決定壽命長短。所以，過去有個說法：活得長的都不能打，能打的活得都不長。這話雖然太絕對，但也反映出這麼一種現象。那麼，是活得長的功夫好還是能打的功夫好？其實都好，因為各自按照各自的追求都實踐了自己的「功夫」。

內家拳不是絕對的拳技，不是只為打而服務的。它內涵豐富，給我們提供了多種選擇的可能性。你可以選它這個方面，也可以選它那個方面，然後達成自己的成就。

有位老前輩，練拳，也長壽。但筆者認為老人家本來就屬於長壽類型，不見得長壽一定就歸功於練拳。

筆者為何說那位老前輩是天生長壽呢？因為那位老前輩不是真的懂得養生長壽的道理，因而也沒有按照養生長壽的道理親自去踐行，所以，因為擅養生而得以長壽的這個邏輯鏈條在老前輩身上建立不起來。

筆者曾看到一則新聞，阿諾・史瓦辛格參加某個活動，

有人從背後踹了他一腳，結果阿諾·史瓦辛格沒事，那人反而倒地了。當時阿諾·史瓦辛格 73 歲了，還有這樣的體格。這事能說明健美絕對等於養生嗎？

我練拳了，所以得以養生。這就跟「我練拳了，所以能打」一樣的簡單粗暴。

練拳了，可能能養生，也可能能打，可能不能養生，也可能不能打。豈不是全憑運氣？這是因為你不是按照清晰的理論指導、功法匹配來練，最後當然得不出想要的結果。在這個過程中，作為主體的人完全是被動的，就是我練的拳是啥樣，我就是啥樣。

但是有一條：你練了，你的基礎體格就可能不錯，也可能靠著這個基礎體格而能長壽或是能打。這其實跟阿諾·史瓦辛格練健美一樣，基礎體格好。

他 70 多歲了體格還很健壯，而這不是真的懂該怎麼養生，並親自實踐而得來的結果。能自動產生這個結果固然好，但我們既然說是研究內家拳，還是要追求理論和實踐相對照、相結合。

現實中我瞭解到，很多老前輩功夫好，但走得也難受。有好幾位前輩因腹瀉而去世，過去管這叫「散功」。也有好幾位前輩壽數不算太高，70 多歲就去世了。還有幾位前輩是晚年傷了腰，結果一年內人就沒了。也有因生活不如意、不順心而鬱鬱而終的。

但是，我也知道好多前輩無病無災，一笑而逝，也有世事練達，無牽無掛，得享高壽的。

所以，真要說功夫，無論長壽還是能打，能做到哪點都是功夫。說道理，哪個都有道理。這都是道。

　　但更重要的是這都是「生活」，練拳並不脫離生活。能把自己的生活過好就是道，就是拳。

　　有位老先生 82 歲去世，據其弟子說，老先生平時儘量抽時間練一些功法來養護自己，不是不懂養生，而是晚年著述太多，太耗精力，不然還能多活好多年。

　　所以說，練拳不能決定壽命長短。你能按照什麼方式去生活才是決定因素。曾有位前輩英年早逝，被人諷刺說「養生專家也沒養生」。筆者覺得也許這位前輩未必不懂養生道理，只是他可能困於世俗，未能做到養生。

　　筆者的觀點是把拳中符合養生之道的東西提煉出來，把符合技擊之道的東西也提煉出來。然後，使自己目的明確，按照自己的目的去做就行了。而不是單純地覺得自己練拳了就一定會怎樣。也就是說，我們學拳、練拳、研究拳是需要透過拳的外表去研究它的內核構成，而不是直接拿來就用，最終結果則聽天由命。

　　內家拳理和拳功正好是介於醫家和丹家之間，也是符合性命之學道理的。所以，它是具有這個基因的，至於能不能達成養生的目標，那完全看能不能真的做到道理要求的東西。

　　我們先認真練功，然後追求高品質生活。至於壽命則取決於多種元素集合的作用結果。這是最現實也是最踏實的目標。但不能聽天由命，而是要認真研究實踐，看看是不是真能做到養生長壽。內家拳是提供了這種可能性的。把自己的生活處理好，為人處事做好，也是練拳的一部分。這點也是很重要的。

　　第 22 條　練內家拳其實是為了瞭解自身、認識自身、

掌握自身、應用自身、自我完善、自我昇華、自我提升，是
為了生活得更好。內家拳的種種難練、難得、難求、難成其
實都是為了這些服務的。它並不只是一門格鬥技術，還是一
種自我修養的方式手段和生活方式。

第 23 條 凡事能保持正向積極的心態就是練功。

不出現負面情緒，任何事情都能妥善正確處理和對待，
也是練功。

做事能專心專注，不分心，不懈怠，能認真對待事情也
是練功。

能把生活、工作、練功都安排好，能堅持按照既定的時
間表進推更是練功。

該工作、生活時工作、生活，該練功時就能迅速進入狀
態，不為瑣事所擾亦是練功。

身心互相影響。不要想到練功就只是身體的練習，修心
也很重要，甚至更重要。

第 24 條 關於內家拳的「秘訣」。

有些朋友在學習內家拳時沉迷於一些「秘訣」「秘
傳」。這些東西未必是假的。其實好東西、好方法不告訴
你，不就是「秘訣」嗎？

隨著時代發展，人們思想開放，資訊交流日益發達，一
些過去秘而不宣的東西，現在很容易就找到了。很多有師承
的朋友也樂於與人交流一些師門的要點。這本來是好事。但
是，如果以為自己掌握了很多這樣的「秘訣」就是得到真傳
了，那就是大錯特錯了。這些「秘訣」只有在有師傅的前提
下才是真傳，否則就不是，甚至反而有害。

這麼說並不是要宣揚什麼神秘主義──有師父加持，而

是說這些「秘訣」都是基於一定體系的，必須在一定體系內「工作」才能起作用。脫離它所在的特定體系就沒啥作用，甚至還可能起反作用。

也就是說，當你羨慕某個「秘訣」、某種功法時，最好能得到它的整個體系的資料。搞清楚設立這個功法「秘訣」的目的、服務對象是什麼，後再判斷這個東西是否適合自己、是否有必要練習。這個能簡單化，不能「一刀切」。

例如，某位朋友好研究「丹田功」，他簡單地認為內家拳「丹田」為本，便收集各種丹田功法、丹田「秘訣」，以為廣參百家，研究好丹田，練好多家的丹田功就可大功告成了。是不是很多朋友認為這個思路沒問題？

其實問題大了。

首先，是否需要練丹田功，在不同的內家拳體系裡要求是不同的。我們就以三大內家拳為例，在這三拳裡丹田功的重要性是依次遞減的：形意拳需要練；八卦掌則練亦可，不練亦可；太極拳就本身立意而言，應該是周身一個大丹田。

所以，很多太極拳流派反對練腹部的小丹田。但與之對應的也有很多太極拳流派主張先從小丹田練起。這都是有道理的。

還是那句話，要看整個體系是怎麼設計的。

丹田說到底並不是什麼萬能的寶物，絕非得之即得天下。

首先，丹田歸根到底還是實現一定目的的工具和手段。當你的目的發生改變時，則這個工具是否還需要、是否還有用就會發生改變。

其次，達成同樣目的的工具和手段並不唯一。丹田固然

是比較通用的手段，但是也有很多別的解決辦法。有的拳種並不強調丹田，而是另有一套訓練邏輯。

再次，因為丹田本身是個複合概念，是多個概念的集合體，所以每家對這個複合概念的「配比」其實是不同的。各種丹田功真正鍛鍊出來的東西是不一樣的。可能你原本練的是 A 類拳法，需要 A 類丹田功。但從別處學來的是 B 類丹田功，跟 A 類拳法並不匹配，或許有點效果，但是肯定不如「原裝」的丹田功匹配度高。

所以，先要搞清楚自己所學拳法的整個邏輯體系，再根據自己所學的系統需求來安排自己所需要練的功法，不要盲從。

煉氣與周天也是內家拳練習者所津津樂道的方面，也有很多練習者更關心各種行氣法門或周天法門，如你們家的是這麼轉氣，他們家的是那麼導引，各種方法不一而足。

其實與丹田功一樣，各種行氣法門也是都有服務於自己體系目標的原則的，也是為了達成各種不同目的而設立的，所以不能混用。

尤其很多朋友癡迷於嘗試各種號稱有特異效果的運氣、行氣法門，尤其是那些號稱「秘傳」的功法，以為如此就能獲得高超的功力。這裡再提醒大家一點，種種運氣法門也許固然有效，但是大多沒有告訴大家如何「得氣」。

也就是說，運氣、行氣是在有「氣」之後才能行的功法，如何才能有「氣」這一步非常關鍵。無氣空運，不僅無益，甚至還有害。

第 25 條 所謂的功夫是指練習者浸淫在練功這件事上的時間、精力，集中力和練習強度共同產生的成果。

　　也就是說，你投入的時間不夠，比如每天就只有 1 小時，那麼，正常情況下，肯定比不過人每天練 2 小時的，更別提精力投入不足，鍛鍊時三心二意，不能專心於練功本身，同時畏懼練習一些難度大、強度大的功法了。

　　集中力不夠，每天認真思考研究練功的時間不足，則容易走神。努力程度不夠，則容易三天打魚，兩天曬網。練習強度不夠，則不能滿足一定的訓練時間和訓練量。沒有正確合理的練功計畫或者不能執行練功計畫，鍛鍊也不能達到一定的程度和水準。以上這些都會導致我們練不出功夫。

　　最後說點題外話，筆者寫這本書的目的是為同好提供一個關於內家拳整體的系統論、認識論和方法論，不是想教哪一家、哪一派的拳。但是總有些朋友用學一招半式的思想來解讀本書，老想從裡面挖點孫家的絕招、宋家的內功……這樣看本書則毫無意義。

　　就好比我裝配出一輛寶馬車，我的希望是大家把整車開回去，為此我還寫了本說明書。結果有的朋友把方向盤掰下來，一溜煙就跑了。回去他還跟人炫耀：「看見了嗎？寶馬車的方向盤，剛從新車上掰下來的！」你拿個方向盤能當車開嗎？

　　都云作者癡，誰解其中味？

第二節

「鬆」之解析

《方式》一書推出後，有書友問能不能再深入講講「鬆」，而且表示，不想聽到玄虛的回答。

這是個好問題！自從傳統武術出現於互聯網上，傳統武術愛好者在全國範圍開展交流以來，內家拳的「鬆」就是一個經常被拿出來討論的乃至爭論的問題。它雖然屬於基礎性問題，卻引發過無數撥論戰。

既然我們主要是討論「鬆」，那麼，那些反「鬆」的言論我們姑且不提。但是，即便是在支持「鬆」的各種論述中，對於「鬆」的見解也是眾說紛紜、莫衷一是。

為何會如此？因為「鬆」本身就是基於個人感覺的描述，它是個難以具象化的東西，不像「緊」，「緊」至少可以用負重量來作為標準。

舉起的重量越大，肯定肌纖維收縮的做功就越大。這個非常直觀，常人很好理解。而「鬆」似乎沒有一個具體的衡量標準。甚至可以說，作為內家武學術語的「鬆」，連各門各派能夠達成共識的普適性定義都沒有。

所以，初學者基本上搞不清楚教內家拳的老師講的「鬆」到底是個什麼東西，也搞不清與日常活動中說的「放鬆」有什麼區別，更加難以判斷自己鬆得到底對不對、程度

夠不夠。結果，內家拳理論中的基礎概念「鬆」就成了初學者眼中玄之又玄的東西。

究其原因，現在常見的各種關於「鬆」的論述過於集中於中高級層面的內容。在對於「鬆」的過程、效果的描述裡，缺乏對入門階段的方式、方法和手段的介紹。

這也是傳統武術理論建構中普遍性的弊病，這也不難理解，哪位高人願意在為本門著書立說的時候只寫點加減乘除層次的東西呢？

但是初學者最需要的恰恰是入門階段的引導：什麼叫「鬆」？怎麼判斷自己是否「鬆」了？怎麼區分「鬆」的程度？……這些入門的東西給初學者掰開、揉碎地說透了，走上正途之後，後面的東西一切都好說。

說白了就是怎麼將拳譜、拳論上那些比較虛的描述性詞彙落到實處，能讓人看得見、摸得著，最好還要給出一個衡量標準，比如我「鬆」到某一程度後能得到什麼成果。這樣就不「玄之又玄」了。

這點要求難嗎？說難，也不難。說難是因為要改變練習者的固有認識太難了。說不難是在於只要練習者破除了頭腦中的束縛，根據內家武學的技術邏輯穩步推進，則很多看上去很難的東西會像推導公式一樣勢如破竹、迎刃而解。

筆者以前在網上發帖子的時候講過，「鬆」這個概念是要分層級認識的。例如，可以將「鬆」分為 1～100 層級。雖然就是這麼回事，但可能有些朋友會認為這樣分誇張，為免驚世駭俗，我們姑且從善如流，將「鬆」分為 1～10 個層級。

這是一個很重要的概念。為何要反覆強調這點？因為很

多人都認為「鬆」是一個簡單概念，只有「鬆」和沒「鬆」兩種狀態。這樣一來，你可以講「鬆」，我也可以講「鬆」。你可以認為你「鬆」了，我也可以認為我「鬆」了。我把我對「鬆」的理解直接等同於你的「鬆」的概念。所以，誤解就來了——很多運動都要求「鬆」，如體操、跑步、瑜伽、舞蹈、現代搏擊等，為何它們的「鬆」沒有你們練內家拳的那麼「神秘」？！

這就是日常認知和專門概念之間的區別。

首先，內家武學中的「鬆」是透過系統訓練才能獲得的一種能力。它不同於一般人日常休息中的「鬆」。這類似於芭蕾舞演員的「軟功」，那種柔軟不是一般人能做到的。一般人的柔軟是肌肉不繃勁的，而芭蕾舞演員的柔軟是韌帶的極限拉伸、肌肉高效率的運動和爆發。

其次，內家武學上的「鬆」是分多個層級的，某種意義上甚至可以視為功力進境的「刻度表」。

這即使是以「現代」「科學」的角度來分析也是如此。我們知道有「深度放鬆」之說，相對的也就有「淺度放鬆」。所以，大家應該可以達成共識：

「鬆」是有不同程度之別的。正因為「鬆」的程度不同，所以練內家拳才有了不同的功效表現。有的人「鬆」了有效，有的人「鬆」了沒效。更有的人打心底就不相信「鬆」，所以練一輩子也練不出內家拳的功力。

內家拳的「鬆」不光只有靜、柔的一面，也有猛烈爆發的一面。這個咱們在這裡就不展開說了，只是先把一個事實擺在這裡。這是為了避免有些朋友看到後心底會湧起不可遏制的衝動，想針對「放鬆了怎麼使勁？」「放鬆了怎麼還能

打人？」等問題展開一場理論大辯論。

其實，放鬆了有放鬆出勁的方法，放鬆了有放鬆了打人的辦法。這些技術是在我們的現實世界客觀存在的，有傳承，可直觀，經得起檢驗，不需要各位再在理論層面去推導其合理性。所以，咱們只需靜下心來研究何為「鬆」、如何「鬆」即可。

現在，我們再回過頭來看看內家拳所要求的「鬆」可劃分為 10 個層級的問題。在這個分級方法中，從第 6 級之後就是比較高級的放鬆程度了，在我們初級層面的研究中姑且不去討論。

我們先來看看 1～5 級分別對應什麼樣的「鬆」。這樣比較有利於我們建立一個對「鬆」的認知框架。

一 第一級的「鬆」

這個等級的「鬆」對應的是未經過任何訓練的普通人。普通人在日常生活狀態下，如參加各種社會活動（工作、學習、社交）、幹家務活等，都是不「鬆」的。

與之對應的，身體疲勞後需要休息。怎麼休息？睡覺！當你躺在床上，準備進入睡眠狀態時，你身體所做的第一件事就是放鬆。這個不需要你用意識去控制，你一想休息，身體自然就放鬆。我們可以稱這種放鬆為第一層級的「鬆」。這個階段的「鬆」的效果只能稱為「解乏」，即基本能夠緩解白天勞作造成的疲勞。

想邁出第一步，體認第一層級的「鬆」的朋友可以先體會：下班後→回到家→往床上一躺→打算稍微睡一會兒的身

心狀態。不要認為這個太初級、太簡單，數數也要從一、二、三開始數起不是？

這個狀態體會不難，保持不易，因為一般人很容易就真睡著了。我們要求保持意識要清醒，而身體包括大腦「停止」的放鬆狀態，這就有一定難度了。

二　第二級的「鬆」

這比上一級更深入一步——睡眠。這裡的睡眠指的是深度睡眠。這時連自覺意識都停止了（腦細胞可以得到充分休息），此時人體的肌肉是最放鬆的。但是因為意識也「休息」了，所以普通人反而體會不到這種狀態，只能由睡醒之後的精力充沛程度來判斷自己是否進入了深度睡眠。

不過，內家拳的入門法——靜功類功法就是為了在清醒狀態下引導身體儘可能地接近這個狀態，從而起到緩解疲勞、恢復精力的效果，所以靜功往往被當作「養生功」。

要想體認這個層級的「鬆」的狀態，可以在一宿酣眠之後剛剛醒來時的那種慵懶狀態裡多沉浸一會兒，多關注「腦子裡還來不及想任何事情，身體也沒有任何動作意識」時的狀態。雖然這種感覺很容易一閃即逝，但是多體會幾次總能把握一二。

這對於加深對「鬆」的體認和理解是很有幫助的。

三　第三級的「鬆」

從這個層級開始，嚴格來說，所有我們談到的「鬆」就

不是普通人概念裡的「鬆」了而是需要「學習、練習」的「鬆」，這是一種對普通人來說自己達不到，需要採取一定途徑去獲得的新能力。

這種「鬆」，不練內家拳的人可以藉助外力來體認，比如中醫的按摩、艾灸、針灸等。這個階段的「鬆」，除了肌肉放鬆，還伴隨著肌腱筋膜的舒張和氣血的加速循環，所以恢復精力的效果更好（反過來說，這也是中醫按摩、艾灸、針灸能起效果的原理之一）。

對內家拳練習者來說，「鬆」到這個程度就會出現熱、脹、通等「功感」。只有「鬆」到這個程度才會對身體的暗疾、慢性病、亞健康狀態產生一定程度的「治療」效果。武道通醫，這也是原因之一。

四 第四級的「鬆」

這個階段的「鬆」大概相當於瑜伽修煉有得的程度。即使身體保持一定的姿勢，肌肉也能深度放鬆。最關鍵的是心境能夠進入相對寧靜的狀態。

參觀過寺觀的朋友可以回想在深秋的光影交錯中走在寺觀後院時享受到的那種寧靜的感覺，如北京白雲觀的後院；或見到比較宏偉的宗教造像時瞬間身心受到衝擊時的震撼感，如雍和宮內那尊高大的佛像。雖然這種體驗還比較淺顯，但這種身心受到影響時的親身感覺對於理解精神層面鍛鍊的概念是很有幫助的。

在這種「鬆」的狀態下，練習者能真正進入內家拳的「養練」階段，也就是在靜養狀態中鍛鍊，在鍛鍊中保持靜

養的恢復效果，兩者協調統一。總體上講是養大於練，所以精力補充大於消耗。這時人體的筋骨、臟腑、筋絡才能具備內家拳所需要的「強健」。

五 第五級的「鬆」

有了對前幾種鬆態的體認才能理解這個層級的「鬆」。從這個階段開始正式進入了內家拳修煉的範疇。

這個階段的「鬆」其實是對前四個層級「鬆」的統攝以及提升，其典型範例就是內家武學所說的樁態。在普通人看來，練習者應該是「緊」的，至少是一個正在用力的姿態，比如抱球、抱樹、推山、托物等。但實際上，練習者知道自己的肌肉處於放鬆狀態、血脈處於通暢狀態、心境處於平和狀態，所以其樁架內部其實是鬆的。

只有到了這個狀態，才能取得「固本培元，強筋壯骨」的功效，也只有到了這個狀態才算是一隻腳邁進了內家拳的門檻。也是到了這個階段才正式建立起內家拳的「鬆——身心得到鍛鍊——身心得到強化——身體能力得到提升」的鍛鍊模式。

以上是對 1～5 層級的「鬆」的感知和效果的簡單解析，也算是幫大家建立起何謂「鬆」、如何「鬆」才算是練功的邏輯框架。

最後再總結一下：

一是內家拳的「鬆」不是憑空出現的，也不是一種理論設定。「鬆」既是一種修煉的有效手段，也是一種「更優化的身心狀態」的原因，如佛法說「有捨才有得」，內家拳可

以說是有「鬆」方有「得」。

我們不是為了鬆而鬆，而是真正鬆下來之後，身心必然會產生某種有益的變化。「鬆」的程度越深入，這種變化或者說好處越明顯。因此，在內家拳修煉過程中衡量「鬆」的對錯與否也是看能否獲得鬆後的「真實受用」，而不是抓著一個「鬆」字，看誰的理論新穎、比誰的功法多樣。說句笑話，自身的筋骨、氣血、臟腑、經絡、意境沒有發生真實的改善、優化，你就是說能拿著大頂「鬆」也不是真鬆。

二是本文前面所列的 5 個層級的「鬆」的難度不大，找準了、拿住了就會產生不同程度的良性效果。即使練習者不學拳式用法，就憑這些功效也能收穫祛病、健身、強身的效果。

如果想嘗試一下，請在起步之前記住：「鬆」很重要，但「鬆」不是一切，只是手段和前提。「鬆」對了，只是入門，後面還有一級級臺階要走。「鬆」有層次、有路徑、有困難、有方法、有檢驗標準。知之者當篤行之，不知者當請教明師高友。

須知武學是以身證道的實修法，不是拳論解讀、拳譜考據，不是由字面意思解讀字面意思的文字遊戲。「鬆」之後的身心良性變化才是習武之人所求的「道果」，才是可以轉化為內家拳威力的「功力」。

以上是筆者對「鬆」的一點切身體驗和粗淺思考，願收磚引玉之效。

第三節

起式收式，熊經鳥伸

起式與收式是練習內家拳時最容易被忽略的動作，尤其在練習形意拳和八卦掌時。

太極拳有一些流派和老師會強調起式，因為需要從起式中體認很多太極拳的道理，這是從太極拳的運動模式角度強調起式的意義。

但是強調收式練習的不多，最多說一句：收式好好做，否則功夫不斂上身，今天就白練了。但是，功夫怎麼「斂」上身？怎麼就白練了呢？

我們在第一天學拳時，老師就認真教了起式和收式動作，尤其強調了收式動作。

老師說，好好練，這裡面藏的好東西多。後來，隨著我們學習的深入，老師又強調：起式和收式合起來就是一套完整的內功法。沒時間正經練功時，多練幾遍起式和收式，就算沒耽誤這一天。

再後來，筆者尋明師、訪高友，多方學習和比對各家功法，對起式和收式的體悟更加深入和系統了。這時深深覺得起式和收式確實是應該被重點強調的功法，意義重大。老師所說字字珠玉，誠不我欺。

首先，拋開一些神秘的說辭，從拳法設計的角度來講，

起式和收式可以視為讓練習者快速建立起「內家拳運動模式」概念的工具。內家拳的運動無不從起式而始，從收式而終。

我們練拳之始，必然從起式開始做動作。這就意味著我們從這時開始就要拋開常人的身體習慣，用內家拳的標準去做動作。

那麼，我們就會面臨一個問題——這個「第一個」動作該怎麼做才符合內家拳的標準和要求。

從外在說，有身體如何從靜態開始啟動、四肢與軀幹如何協調配合、重心的控制等。

例如，起式要注意手起身落、手落身起。從內在說，有勁力如何產生、精神如何領起、氣血如何啟動等。這些都是由規範的起式動作初步教給我們的，而且內家拳涉及的各種要求基本都提綱挈領地包含在起式之中。鍛鍊完後怎麼收功才能使鍛鍊效果最大化，從而使本次鍛鍊得到提升、昇華，就是收式要解決的問題。

前面提到的收式做不好幾乎等於白練，其實指的就是這方面的問題。

說是白練，其實這說法有些誇張了。不做收式並不等於肢體層面的筋骨運動沒有收效，而是整個運動沒有跟氣血、精神等內裡、內在運動最終呼應、結合，也就沒有將運動效果徹底融入內動之中。收式就是這方面的專項功法。

其次，從實際鍛鍊的角度講，起式和收式高度濃縮了拳術的整個運動機制，外動、內動都包括，所以才有了起式和收式合練等同一套內功的說法。

內家拳說到底鍛鍊的是身體的運動能力，而身體的運動

無非是上下、左右、前後、轉動等幾種運動模式，其軌跡亦
不出橫、縱、直、圓等形式。這些運動模式在起式和收式中
都提煉過了。

起式和收式中很多動作是在原地不動狀態下做的，此時
外動空間不足，這就強制要求身體強化內動能力。故而，可
以說起式和收式內包含了拳術的整套運動機制。

在實際應用中，那些強調練習起式的老師們也多是應用
起式的這個價值。

最後，有人說，內家拳就是內功拳。內家拳的內功一直
被視為很神秘的東西。各家也都有各家的內功功法和內功體
系，各有特色。

如何能體會到內功的真義呢？這是難倒諸多練習者的一
點。現實中亦不乏多年練功而不知內功為何意的。

內家拳的內功功法，種類繁多，也有特色，更有共通
點：內功是一種特殊的運動，只不過運動的主體是我們體內
一些深層次的東西。既然是運動，必然要遵循一些共通的運
動模式。而起式和收式其實就是內家拳內功的開始，想練的
朋友不妨以此入手。

起式和收式其實暗合古傳的熊經鳥伸之法。熊經鳥伸作
為內功源頭之一，歷來為人們所重視，今人和前人對之也有
頗多解讀，都各有道理，這裡就不一一列舉了。

僅結合起式和收式，說一下本門的看法。本門認為，熊
經鳥伸的主旨反映的是筋骨肢體運動與經絡氣血運動的呼應
關係。

熊和鳥各有其運動特點。熊取其人立（圖 10-1），展
現的是筋骨經絡縱向舒展的狀態。鳥取其張翼（圖 10-2），

圖 10-1 熊人立　　　　　圖 10-2 鳥張翼

展現的是筋骨經絡橫向舒展的轉態。

　　故熊經鳥伸都是針對筋骨經絡的鍛鍊，取的是熊鳥的動態。熊是晃身，搖晃身體；鳥是振翼，振動身體。這都是氣血開合鼓盪之法。熊經鳥伸的動作特異之處在起式和收式中都有展現。

　　總的來說，起式和收式的動作設計是對身體日常習慣的無序（不符合拳理）動作做了最大程度的限制，對梢節動作進行了最大程度的限制，直接激發身體根節的動作，刺激最深層次的部位。不僅能運動肢體，刺激內膜，同時能鼓盪氣血，調理呼吸，甚至還涉及了神意部分。

　　起式和收式限制了肢體的外在牽動式運動，使身體的各種運動都從內裡催發出來，使練習者體會到氣血、呼吸對運動的催動和鼓動作用。以內催外，以外助內，強化內在的主

導地位。所以，起式和收式同時有通周天之意義。

　　無論起式還是收式都重視下蹲起立這個基本動作。這代表了身體的上下運動，也是身體最基本的漲縮運動，是廣義的開合運動。

　　收式時先緩緩下蹲，同時雙手下按，合於丹田，此時靜心凝神、斂氣入骨、氣歸丹田。蹲至極低處時靜守一會兒，有周身緊抱之感，然後，緩緩起身。

　　在起身過程中身體左右轉動。這其實是中軸擰轉，有活動奇經八脈、梳理周天的功效，其中暗含小周天運轉和中脈周天運轉等，左右轉動則是帶脈周天運轉。

　　腰胯扭動有舒活全身筋骨之用。在此過程中，雙眼向斜上看出，領神，同時以泄心火。起身，起到頭時再極力拔身，將全身筋骨再舒張開一層，將氣貫注全身，然後放鬆，顛腳數次（不少於三次），震鬆全身，將鬱結之處和鬱結之氣全都震開，收功完畢。

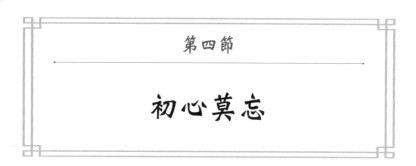

第四節

初心莫忘

本節在此跟大家談談以下三個問題：

（1）練內家拳的目的與初心。為何而練？練內家拳於我們來說到底算是怎麼回事？

（2）練功與生活。如何合理安排練功時間。如何把生活和練功安排好，最好能互相促進，而不是互相影響，自加壓力。

（3）關於內家拳的「學習」「鍛鍊」這個事本身的問題。

這三個問題，其實是圍繞著「我們怎麼看待練習內家拳這個事」產生的，而這三個問題的本質其實就是為什麼要練內家拳。要想理清楚這個問題，我們就要問問自己練內家拳的目的與初心。

本書讀者大多應該都愛好內家拳，我們都是同好。有一點我想我們大家是共通的：影響我們在內家拳道路上前進的最大障礙就是如何堅持練下去。

正因為如此，才提醒大家有必要把「我為什麼要練內家拳」這個問題想清楚。搞清楚這個問題，對於日後大家的堅持練習或深入發展都很有意義。這個問題搞不清，很多朋友恐怕就要止步於某個階段了。這實在讓人覺得可惜。

　　「為何練拳」是大家在漫漫學習之路上不斷前行的第一驅動力。我們的每一次選擇、每一步行動都是由於這個本源在內裡驅使。所以，如果在這個問題上稀裡糊塗，確實是影響我們的學習效果。可能有的朋友會覺得可笑，這個問題怎麼可能稀裡糊塗呢？我為啥練拳自己還不知道？

　　以我的一些粗淺經驗看來，當你反觀內心，一路細究下去，可能這個問題的實際答案跟你自己目前所想的區別很大，差距也很大。

　　所以，現在讓我們認真審視一下這個問題——我為什麼要練內家拳？這個問題其實可以分為兩部分。

一 「我」是誰

　　這是一個釐清自我定位的問題。從社會學角度看，「我」可能是學生、公務員、上班族、商務工作者等各行各業的人。但有一點是統一的——我們並不是職業選手。

　　我們可能就是喜歡內家拳，或是喜歡傳統文化，或是內家功法的受益者，所以我們應該明確一點，那就是我們是「業餘人士」。這並不算是妄自菲薄。用張烈老師的話講，業餘人士也不是那麼容易當好的，因為這種業餘人士的標準有點不太一樣。

　　張烈老師當年給我們的標準——這個關注家師部落格的朋友應該知道——就是「眼高手低」。這不是一個貶義詞，相反還是有些「高標準」的。

　　家師的意思是你可以練得不如專業的，但是對於理論和技術標準的認知絕對不可以太次，否則達不到「眼高」。反

過來，眼界高了，想要達到或維持這種理論程度，「手低」
也不會低到哪裡去，也是要達到一個基礎標準的，否則，眼
界也高不起來，因為缺乏自身的真實體認和印證。

　　一般來講，「眼高」要達到 80～90 分，「手低」不能
低於 60 分。按照這個標準，我們研究內家功理的態度和實
踐程度雖然不敢跟高水準相比，但是至少應該向基礎標準看
齊。再低就連「業餘」也算不上了。

　　業餘不等於降低標準。業餘也要有一個端正的態度、認
真的態度，是要達到一個基本的標準程度的。這是我們對自
己的定位。所以做一名合格的「業餘人士」，首先要盡好自
己的職責，扮演好自己的社會角色，即做好自己的工作，過
好自己的生活。

　　在此基礎上，再盤點一下自己還有多少業餘時間？還有
多少富餘精力？

　　然後從中安排自己的訓練計畫。時間和精力富裕則可以
練得系統、全面一點，時間不足則應擇要摘略、抓住重點。

　　不管怎麼說，既然決定練就要對自己所選擇的功法進行
細緻的研究、實踐，自己鍛鍊要能夠明白其中的道理、規
矩、方法，與同好交流要能夠講清「因為……所以……」，
能夠演示出「一、二、三、四」。千萬不可練了兩三年，還
是一問三不知，不知道所以然，那可就真是空耗了。

　　這是對自己負責，也是對所學的知識負責。

二　「我」為什麼要練內家拳

　　這是事關自己初心的問題。能看清自己的初心，進而堅

持自己的初心，就是能有所收穫和不斷進取的基礎。

以前討論這個問題的時候，大家的答案主要集中在以下幾種：為了身體健康；為了提升自信；為了修身養性；喜好傳統文化；喜好內家拳法；甚至還有是借內家樁法給參禪修丹打基礎，這也不必諱言。

當然，無論出於哪種目的，這些想法都是很好的（想幹壞事的人不會費這麼大勁來練內家拳，也練不了內家拳；真能練下去也會熄了幹壞事的心）。

但是我們仍想提醒大家：我們的初心固然是從這幾個方面出發的，但是如果大家的初心僅僅只是停留在這種對內家功法的認知的程度，恐怕是難以支持大家繼續進取的。如果只是抱持這種程度的願景，我們未必一定要選擇練內家拳，因為還有很多可替代的手段：欲求養生，可以跑步、做體操，也可以練瑜伽；欲求技擊，可以學拳擊、散打、摔跤，見效更快；欲求修身，可以博覽群書，參修踐行；欲求參禪悟道，各家皆有入門功法，也不缺一套拳。

所以，一旦出現困難險阻，或者僅僅是所習所得不符合自己所想所求，那麼就很容易生出退轉心，放棄或者轉投它處了。那麼，內家功法的醍醐三昧也就必然會與大家失之交臂了。

我們必須認清：內家拳的魅力並不在於某種特殊技術或技藝，也不在於一兩種特殊的功效。吸引我們學內家拳的緣由也不應該浮於表面。說到底，吸引我們的還是內家拳所修直指「人」之根本的緣故。

人之一身，有形者為體，無形者為神。體者，髮膚筋骨、臟腑、氣血之總成。神者，魂魄、意志、性情、心念之

集合。

人終其一生，無時無刻不在追尋著生命的意義和價值，追求著自身的昇華和提升。而人的一切行為創作無不由心神發願生念，由身體去執行。所以，中國古代各學派無不從修身功夫做起。修身功夫是傳統文化中自我提升、自我昇華、自我實現的根本手段。

內家拳外練形體、內修神意。有文字承載其理論，有數理明定其規範，有醫道襄助其內修，有兵法指導其外用，有儒釋道學說點化其靈明，可以說是中國各家傳統學術集成的一個縮影。

可以說，我們修煉內家拳其實就是親身實證中國的傳統文化、傳承中國的傳統文化。我們練習內家拳本來就是一個實證學（理）、修（身）、證（道）的過程。

內家拳之根本，是為了勝己。它代表人對自身生命的探索，對本身奧秘的發掘。此言聽上去玄虛，但當我們沉浸進去，親身體驗時即可自證自知。

我們練功就是煉體，是鍛鍊實踐與理論相印證、相契合的過程，是以自身實修印證理論的過程。這個過程不就是以自身為洪爐、以大道至理為槌砧來冶煉和鍛造自身嗎？這種鍛鍊方式所產生的興味與收穫哪裡是其他運動可以比擬的呢？

誠然，這種訓練耗時長，對修煉者的知識水準、心性、悟性要求高也是顯而易見的。那麼，大家就更得想清楚自己學習內家拳的根本初心是什麼。只有你對生命品質有追求、對精神境界有追求、對傳統文化中的哲思有追求，才有必要選擇內家拳。也只有具備一定的意志力和執行力才有可能完

成未來的訓練內容，真正掌握內家拳，為自己的生活服務，甚至為自己的生命（追求生命的意義與價值）服務。否則，極有可能是流於空談，空耗時光而已。

筆者的老師常愛說一句話：「人為萬物之靈，天生有向道之心。」大家的種種初心其實都是這種「大追求」所激起的漣漪，在我們明白了這種「大追求」後，明白自己的初心是發自於這種「大追求」後，仍可以自己的初心為初心。但所求所想已經發生了質變，如此才能取得更好的成果。

明白了這種「大追求」之後，對於是否堅持深入學習、深入追求才能做出符合自己需要的答案。至於如何協調練功與生活，也應有了答案。

道理其實很簡單：練功本來源於生活，因為練功所求來自生命所需，而生命即生活；練功又融於生活，因為練功本就是生活的一部分，是一種生活方式。

練內家拳並不是要把自己變成一個身懷絕技、孤芳自賞的人，而是學會更好地處理瑣事，更有智慧、快樂地生活，也就是所謂的「紅塵裡面好修行」。

可以說，練功即生活，生活中處處是練功。與生活相契合的才是真正的內家功法。

願大家都學有所得、習有所成。

結束語

桃李春風一杯酒，江湖夜雨十年燈。

不知不覺中，自己在內家拳這個「玄奇」的領域裡已經兜兜轉轉了近 20 年了。內家拳是改變人的身心器質的奇術。此生得入內家門牆，實乃三生之幸事，故生雖九死而無悔之心。然而學習內家拳的過程實在是太艱難了。回首前塵，真可謂「不如意事常八九，可與人言無二三」。

其實內家拳本身並不難學，難的是它的傳承方式太難為後來人了。

首先，理論晦澀難明。

大家可以看到，內家拳的典籍恍若天書，義理深奧，難以理解，表述方式更是多用文言文、歌謠等形式。其中，某些關鍵概念還大量借鑒丹道和禪修的術語、隱語，導致其內蘊的功理、功法看上去更像是謎語、偈子，需要人們去猜測，甚至用自己去試錯。

其次，傳承體系不全。

現在我們能接觸到的內家拳老師都是經歷過多次社會動盪的倖存者。他們中每個人能繼承下來一部分功法和技術就已經是難能可貴了，我們不能奢望從一位老師那裡就可看到一門拳法的全貌。

筆者還算是比較幸運的，至少見到了三五門比較完整的內家拳法。其中，一位老師是家傳，師爺教的是親兒子，所

以不藏私、東西全；一位老師，因師爺是其父至交，「文革」時期在他家住了多年，師徒情同父子，所以得了功法拳械的全盤傳授；還有一位老師是武癡，七歲開蒙，鑽研內家拳法一甲子，傾盡家資訪師問友，功夫和人品得到了門中幾位老師、師叔的認可，五六位大師合授其藝，功夫掌握得比較全面。

只是某一支的師爺走得早，筆者的老師掌握了這門拳法的大概，但是沒來得及精雕細刻，所以只敢算半部拳法。

正是因為筆者見識過了這些比較完整的內家拳，才深感「體系」的可貴。成體系的教學方法的效果真是一年能頂旁人三年，三年能頂十年。可以說，體系完整，則拳法威力倍增，反之，效果微乎其微。

所以不論是《方式》一書還是本書，其實都是試圖在告訴讀者，內家拳的完整的訓練體系是個什麼樣子。

最後，自身定位不清。

內家拳的內涵是比較豐富的。也可能是因為太豐富了，以致內家拳始終搞不清自己的定位。是養生術？是技擊術？是陶冶性情的藝術？是祛病去疾的醫術？是修禪問玄的道術？似乎什麼都沾點邊，但又似乎什麼都不突出。定位不準，發展目標就不清，導致練習者也很茫然。

這些年筆者見過很多愛好者，開始自稱是為了強身健體而學內家拳，想著學個站樁、學個套路就夠了。但是練著練著便開始被內家拳前輩的英雄事蹟所吸引，覺得自己也許是個不為人知的武學奇才，開始做起了高手夢。學了幾手拆招就想跟人去比試，結果吃了虧。不反思自己三天打魚，兩天曬網，而是覺得自己上了大當，師門上下、歷代祖師都是騙

子……

又或者練習靜功、椿功，身上有了些內感，便覺得自己是「神仙種子」，又不肯真的拜明師、守戒律，而是從網上下載氣功書籍、宗教帖子，走上了無師自修之路……

這些問題不解決，內家拳發展的路肯定會越走越窄。不信的話，大家可以看看現實情況：

隨著資訊技術的發展，以往門派內部秘而不宣的各種拳譜秘訣在網上一搜即得。過去要遠涉千里去尋訪的明師高友，現在透過手機影片、網路課程就能一睹其功架拳式。對於拳術上的疑問，師徒之間、同門之間、同好之間可以透過各種社交軟體隨時提問，即時回答，即時討論……還有很多老師、前輩、同道在各種資訊平臺上公開拳訣功法、分享心得體會、熱心指導後學。

各位內家拳愛好者參加各種各樣的內家拳網路教學課程，勤問苦練，參學百家。但是結果還是有很多網友們高喊看不懂、想不通、學不會……

我們可以看到，確實有很多真正的明師真誠地運用網路對自己所繼承的拳法進行了講解、詮釋、傳播，對此我們深表敬佩。但可惜的是有些老先生可能囿於門派之見，闡釋所學總免不了圍繞「某氏」或「某式」拳而作一家之言。我們經常可以看到，同一拳種的同一問題會出現不同支脈之間觀點相左、見解相斥的現象，導致後學者無所適從。

與此同時，還有一批內家拳愛好者以「我注六經」的豪氣在沒有傳承、網上自學，或是淺嘗輒止、一知半解的情況下，大膽地從自己的見識和視角出發，開始對內家拳進行「解讀」。說實話，這類「解讀」大部分流於膚淺、失之片

面，既不系統，又無條理，多是出於臆測、堆砌名詞而已。結果導致內家拳還沒有剝去「古」的外殼就又罩上了一層「新」的面紗。

那麼，如何突破橫亙在內家拳的傳播者和求學者之間的高牆呢？

以筆者淺見，當務之急是要建立一套與現代人的認知體系順暢對接的內家拳理論體系。作為內家拳繼承者，應該研究「90 後」「00 後」以至更年輕的內家拳愛好者的接受習慣，針對他們受過高等教育、習慣新時代的知識傳播方式和語言特點，先提供一種「科普級」的理論，在古老的學說與新生代之間架起一道橋樑。先保證學術的傳承不要斷檔。

基於這種理論的定位就是「科普」，所以它不必有多高深或是講多少精髓。它只要能把內家拳的最基本概念、最基礎理論和最常見問題講清楚、說明白，讓練習者能夠儘快理解內家拳，然後專注於練習，而不是常年的打機鋒（禪機）、參話頭就可以了。

這種理論應該是什麼樣子的呢？

它至少要讓一個剛剛對內家拳產生興趣的普通人聽後覺得：嗯，這個說法我能聽懂。往後看看，這套理論邏輯上基本是自洽的，理解起來似乎也不困難。於是他想，我要不練一練試試？然後，練了一段時間發現：還真能練出點東西來！要不我再多學一點……

可能正是這種「簡單」的要求，反而使得這樣的理論的提出頗有難度。或許傳統內家拳孤據理論高峰太久了吧，似乎不提「煉虛合道」、不談「破碎虛空」就不足以彰顯其神妙，反而使得這種平實的基礎理論「千呼萬喚不出來」。

要完成這種理論，真的需要有志於繼承、傳播內家拳的人拿出認真的態度、拿出做學問的態度、拿出釐清課題研究的態度去直面這個問題、研究這個問題、解答這個問題。如此才能讓內家拳在這個新時代傳續下去，讓它的發展能跟上時代的步伐。

我們並不奢求憑一己之力、一代之功就能完成內家拳的基礎理論體系建設。這一偉業勢必有賴於眾多同道的共同努力，並且可能需要花費幾代人的時間才能完成。但是，我們至少可以先提出這個設想，然後為這個未來必然會誕生的理論體系進行一些先期探索，並力爭構建起一個初級的框架、一個雛形。

即使我們沒有取得成功，哪怕我們今天提出的理論、假設經過實踐後證明全部是錯的，全部被推翻！但是從中獲得的經驗和教訓也能夠成為後來者前行的基石。

不管結果如何，開啟這個嘗試就足以讓我們為之自豪了。只有一代一代的內家拳繼承者薪火相傳、不懈努力，內家拳這一傳統文化孕育的璀璨明珠才能在這個新時代中繼續綻放光芒。

只要敢於嘗試，總是有希望的。在本書結尾，我們想提一個倡議：今後，讓我們以學術研究的思維方式來解析內家拳。

請大家注意：這個倡議絕不是說要把內家拳搞得多麼高、精、尖，最後搞成一種自我封閉式的、小圈子裡的、小眾的玩意兒，也不必像高校或科研機構那樣從事專業研究，普通的內家拳練習者也沒有那種條件。

我們只是希望內家拳練習者在思考拳學問題和闡發自己

思考成果的時候，能夠儘量「學術化」一點。例如，按照
「提出問題、分析問題、解決問題」這種初級、基礎的研究
思路來指導內家拳的學習和實踐，這對任何一個接受過現代
教育的人來說應該都不是難事。

　　具體來說，我們不妨從以下幾個方面開始嘗試：

一　樹立一種端正、嚴謹的「學術」態度

　　說實話，筆者學拳之初也深受內家拳歷代前輩的傳奇故
事的影響和吸引。例如，郭雲深祖師打遍天下的半步崩拳，
楊露禪先生寒暑不侵、鳥雀難飛的神奇內功，王薌齋先生的
搭手飛人……

　　當時我們練拳的指導思想和研究範本盡是這些「人間奇
蹟」，有點像現代人根據神話和演義來分析歷史事件和人
物。結果可想而知，那就是「做最美的夢，挨最毒的打」。

　　好在筆者追隨的老師沒有渲染這一套。他們的理論都很
平實，「物理說服」的能力也很強。在一次又一次接受了他
們「唯物主義鐵拳」的洗禮之後，我們一票師兄弟們都踏踏
實實地開始琢磨自己該怎麼練拳了。後來自己出去跟武林同
道交流印證，再後來還收了徒弟，更感受到內家拳是一門學
術，不是方術。那些傳說故事、江湖萍聚，佐酒尚可，論道
和授業之時是萬萬不可作為倚仗的。

　　所以，在研究內家拳的時候應該杜絕以下行為：

戲談——

　　陶醉於師門長輩的戰績傳說，或將無憑無據的傳奇故
事、武林傳說當作自己某些技術觀點的論據。動輒就用我們

門派的誰誰誰當年打過誰誰誰，得出「我練的拳比你們都高明」的結論。更有甚者，還在老故事的基礎上「打補丁」，豐富細節，彌補漏洞，從而誤導後人。

空談——

背拳譜、談玄理、摳字眼，對拳學理論進行「說文解字」式的解讀，言之無物。

臆斷——

憑空斷言「我覺得某拳是怎樣的」或者「我認為某個技術是怎麼回事」。

杜撰——

自我創造一套似是而非的武術理論，創造一些只有自己能聽懂的「名詞術語」，在自我編造的語境中自說自話。

我們建議在對內家拳進行理論研究或者探討實踐問題的時候，有一說一，有二說二。哪些東西是自己練出來的，哪些是自己看師長做過的，哪些是自己道聽塗說的，應該說清楚。咱們不排斥對一些問題進行大膽假設或推論，但是應該在提出這些假設或推論之後積極去實踐體認。不能把未經檢驗的假設和推論當成下一步研究的依據。

如果我們用學術研究的心態解讀內家拳，那麼當同道之間有分歧、有爭議時，我們可以歸因於某種研究不夠深入，或是某種觀點不夠細緻，或者某種解決問題的方案還比較粗糙。這些都是基於純粹的學術角度、有論據的判斷和有益的爭論，而不是簡單地將雙方拉入對錯之爭、真假之爭，強說某某之論才是唯一標準答案，甚至上升到派別之爭、正宗之爭，乃至發展到誓不兩立的地步。這都是毫無意義、浪費時間的行為。

同時，如果大家能用學術研究的心態來解讀內家拳，那麼每解決一個問題，我們就能收穫一個具體的學術成果。這些成果積累起來後內家拳的現代訓練體系就有了基本的構成元素。假以時日，我們就有望把原始的內家拳從一門技藝真正上升為一門學術。

二　對內家拳的古典理論進行梳理和注解

舊有的內家拳思維方式脫胎於傳統的知識體系（如陰陽五行學說等），並受到舊的社會活動方式的影響。

接觸過傳統內家拳的傳承方式的朋友可能有所體會：傳統內家拳的理論體系主要是建立在部分傳統哲學思想、部分中醫和修行界術語，以及文言文語境之上的。

例如，氣一元論、無極生太極、陰陽五行、丹田周天等。這些概念和理論不管是對當時的人還是現代人而言都是有一定難度的。而老一輩的教授方式往往還要在這套本已晦澀難明的理論上再進行加密、亂序、切割，使後學者更難以明瞭自己練習的目標和原理。

而受此氛圍影響，內家拳練習者的思維方式及其衍生出來的思考工具、鍛鍊方法就難免帶有一定的江湖色彩、派系之風。甚至部分人還存有本門拳法不容置疑、拒絕平等交流、抵制學術創新等心態。這自然也就使內家拳難以契合現代人的知識體系，更難以適應資訊時代的知識傳播形式和大眾學習習慣。

在內家拳古典理論中，「無極、一氣、太極、陰陽、五行、八卦」這些概念並非虛指。它們既是內家拳功法理論體

系的主幹，又是描述內家拳練習過程中某些身體內部的變化或某種專項技術的特定符號。它們確實有效地記錄和表述了一些用現代語言難以精準表達的武學概念和現象。尤其在闡述內家拳的哲學指導思想和解讀高境界功法技術時，這些理論是不可或缺的。

我們要解決的問題應當是將這些內家拳思維中的精華提煉出來，再用現代人能聽懂、能理解的表達方式講述出來。同時，充分利用當代各種學科知識、研究工具、傳播工具大爆發的趨勢，將內家拳先賢們的真知灼見轉變為現代人可以理解和接受的具體修煉方法，把古拳論、古拳譜、古拳法變成現代人學習內家拳的課程或資料庫。

當今各門各派其實都有一批受過高等教育的傳人。如果大家能用學校所學的現代思維來研究內家拳，那麼一方面可以留住內家拳既有的研究成果，讓原傳的東西、有效的技術別變味、別走樣、別丟失。

另一方面，可以對接新一代的內家拳愛好者們，將內家拳的訓練體系變得更加便於理解、便於操作，從而儘可能多地培養出高品質的內家拳傳承者、愛好者。

三　對內家拳的豐富內容進行分解歸納、分類研究、專項推廣

時代在不斷發展，社會在不斷進步，人們的生活節奏在加快，生活方式也在不斷變化⋯⋯現代人對拳學的追求，門派弟子能具體承擔的傳承責任，已經發生了巨大的改變。即使是內家拳本身也已經與清末民初時有很大不同了。隨著社

會的發展，拳學所承載的意義也早就不僅僅限於拳法本身了。

以太極拳為例，當初太極拳初進京城時是因為露禪公依靠實戰打出了「楊無敵」的名號，才立足於京師，進而廣泛傳播開來。但到後來出現了「打打太極拳」「太極拳好」時，就絕對不是因為太極拳實戰能力強悍了。這就是拳術在現代社會中價值意義的改變造成的結果，也是社會生活節奏變化、知識傳播方式變化、學習的方式變化產生的結果。

所以，對當代內家拳練習者，並且有志於成為研究者的人來說，有必要幫助自己所學的內家拳找準在現代社會的定位，幫助自己的師門找到適宜的受眾群。

要做到這一點，我們需要先對自己的所學進行剖析，篩選出真實、有效的東西，再進行分門別類的歸納整理，使之形成相對獨立的子體系。

例如，對於無極樁等靜養類功法，我們重點研究其養生的原理、方法和效果，不盲目誇大其作用，更不必刻意跨領域，比如搞個「無極樁在技擊中的應用方法」之類的課題就殊無必要。同理，對於揉手、散手等技擊性質的功法，我們就把它們拿到訓練場上去，重點研究其克敵制勝的方法和效果，但也不用搞「十二形散手的養生意義」之類的話題以體現形意拳的全面性。

總之，不搞大包大攬。把內家拳名下的一個個子體系釐清，把養生、強身、技擊等方面的專項練法、理論、功效等一步步整理清楚、解讀明白，形成規範化、系統化、專業化的功法和理論體系。

這樣我們今後才能將合適的功法傳給合適的人，讓合適

的人找到合適的功法。如此內家拳才能為大眾所廣泛接受。當然，我們的這種觀點肯定有人不認同。很多人認為拳術就是為了「打」。練內家拳的人要是追求強身健體，為什麼不去跑步、游泳、推舉啞鈴？

筆者認為，內家拳的格鬥功能確實應該保留。筆者自己也與同門、弟子常年研究和實踐這方面的課題。但是，我們也必須認識到，技擊只是內家拳功用的一部分。只強調它技擊的一面，看似抓住了拳術本質，其實是把內家拳給看「小」了。這種片面認識至少丟掉了內家拳一多半的學術價值。

從本書中關於易筋、洗髓、站樁等功法的論述可知，眾多愛好者選擇內家拳來強身健體是有道理的。內家拳的某些功用確實是跑步、游泳之類的運動難以達到的。所以，我們要客觀地看待內家拳的各方面內容，尊重各類愛好者的不同選擇。無論是為了技擊，還是為了養生，或者為了矯正身姿，甚至單純地想從文化內涵來學習內家拳，都是在擴大內家拳繼承者的隊伍，增加內家拳群體的人口基數。這對傳承來說是很有意義的，非常可貴。

四 建立一個普通內家拳愛好者能達到的「60分」標準

很多時候，現代人習拳難就難在師父們是在按照「一代宗師」的標準訓練弟子。看過很多內家同道回憶自己練拳時的感受，往往都是師父要求如何嚴格，徒弟練得如何痛苦。即使如此，仍是不能達標，內家真是難練啊……

　　師父們的這種高標準、嚴要求的出發點當然是好的，然而這種教法門檻高、運動量大、佔用徒弟時間和精力多。普通愛好者在這個訓練框架下還沒有取得成就就被熬走了、累跑了。在當今社會，年輕人的求學、工作、生活壓力越來越大，這種教法很難適應社會的發展。

　　同時，老師父們還普遍存在一種不重視入門功法的情緒。很多老師父講起高境界的東西、「最上一著」則滔滔不絕。但是如果求學者問及入門的東西，他們就沒興趣了，可能敷衍一句：「這就是基本功，你找我某某徒弟去學吧。」

　　這種思想會導致初級階段的功法體系不完善、不細緻，缺乏配套的衡量評判體系，整個教學體系表現為一種「V」字形結構。

　　而現代社會人們恰恰需要的是金字塔形結構的體系。大多數人需要的是「夠用就好」的知識或技術，而打算成為一代宗師的畢竟是極少數人。所以，在當今社會，一種厚實的初、中級階段的技術知識體系，同時保留著未來提升的接續埠才是最符合當下大眾需求的。

　　所以，我們提出了一個「60 分的內家拳」理念。這個「60 分」並不是「偷工減料、刪節版、湊合」的意思，而是表示「達標、合格、基本能用」的意思。

　　首先，能達到「60 分」就意味著內家拳的大部分內容已經能理解、掌握、運用了。

　　其次，能達到「60 分」就證明你所學的都是符合內家拳原則和標準的。以後再提升就是在這個基礎上的精益求精，而不是在「我練的東西是不是內家拳」這個層面上質疑所學了。

再次，這個標準並不低。這個「60分」可不是小學時周圍同學都是100分，你考個98分都不好意思跟人打招呼的那種。這個「60分」是大學時代的60分，意味著這門課過關了，不用補考，不影響拿畢業證。這其實並非那麼容易拿到，需要練習者付出接近專業級別的努力。

最後，這個「60分」代表著為師者已經對「教學內容及衡量標準」有了精準把握。這需要老師對內家拳有非常深入的研究，體現的是其對體系內的知識總量和教學次序的把握。也就是我們常說的老師沒有一桶水，怎麼敢說給學生半桶水？

所以，對於一般的愛好者而言掌握「60分」就足夠了。這樣可以引導初學者更加重視基礎知識，練習基礎技術，從而儘快掌握一個初級的功法體系框架，先達到「夠用」，讓其充分享受內家拳帶來的種種益處。然後，再鼓勵其中一部分人向70分、80分、90分邁進。

筆者寫的兩本書也是本著這個思想選擇內容、組織文字的。效果如何，不敢妄測。一片冰心，天地可鑒。

如果廣大內家拳同好接受了這個設想，能參與進來，經過大家集體努力，經過幾年，最多十幾年的嘗試、探索，應該就可以讓內家拳呈獻給世人的內容更真實、更有說服力、更有可操作性、更符合現代人的學習習慣，從而為內家拳贏得更多的愛好者、練習者，也為內家拳的復興培植一片豐厚的土壤。

後記

　　本書之立意絕非為哪門哪派樹碑立傳，而是希望透過整理傳統內家拳中一些共性元素，為內家武學理論的現代化構建一個體系框架，或者至少為構建這樣一個框架打一個基礎。

　　多年來，筆者不揣淺陋，一直試圖將內家拳的原始教學內容「翻譯」成現代人可以理解的表達方式，並且嘗試對內家拳的功法體系和技術在邏輯上進行初步梳理，使現代人能夠接近、讀懂、理解內家拳先賢們的學術成就和治學思想。

　　必須承認，傳統武術中的拳理、名詞、概念解析歸納起來並非易事。本書所做的各種解讀，只能是基於我們目前繼承、認知和實踐的水準，難免有管中窺豹、掛一漏萬之處。我們能夠承諾的就是堅決不說那些雲山霧罩、不著實地的「玄理」，也堅決不做那種考據式的尋章摘句、咬文嚼字；力求每一個觀點、每一條概念都以真正的自身體悟為佐證，聚沙成塔，集腋成裘，逐步呈現出一個現代人能理解、能操作、能驗證的內家武學體系的大致輪廓。

　　不管這個目標最終能否實現，本書的面世至少代表著我們進行了大膽的嘗試。後來之事，則有待後來之人修正補充、發展完善。

　　唯願本書成為引玉之磚、墊腳之石。

劉楊 2022 年秋

內家醒醐

著　　者│劉　楊

責任編輯│胡志華

發 行 人│蔡森明

出 版 者│大展出版社有限公司

社　　址│臺北市北投區（石牌）致遠一路 2 段 12 巷 1 號

電　　話│（02）28236031，28236033，28233123

傳　　真│（02）28272069

郵政劃撥│01669551

網　　址│www.dah-jaan.com.tw

E - m a i l│service@dah-jaan.com.tw

登 記 證│局版臺業字第 2171 號

承 印 者│傳興印刷有限公司

裝　　訂│佳昇興業有限公司

排 版 者│菩薩蠻數位文化有限公司

授 權 者│北京科學技術出版社

初版 1 刷│2024 年 4 月

定　　價│500 元

國家圖書館出版品預行編目（CIP）資料

內家醒醐／劉楊著.
——初版，——臺北市，大展出版社有限公司，2024.04
　　面；　公分
ISBN　978-986-346-457-0（平裝）
1.CST: 拳術 2.CST: 中國
528.972　　　　　　　　　　　　　　　　113002792